U0126167

莊子道化的人生哲學

吳順令著

臺灣 學生書局 印行

序

一

　　莊子為什麼要著書立說？王先謙在〈莊子集釋序〉中提到：
「莊子其有不得已於中乎！夫其遭世否塞，拯之末由，神徬徨乎馮
閡，驗小大之無垠，究天地之終始，懼然而為是言也。」❶莊子因
為害怕所以著書，那麼莊子害怕什麼呢？王先謙用混沌之死來說
明，他認為莊子描寫儵與忽鑿死渾沌的寓言，乃是一種極富深義的
先見之明，他說：「儵與忽鑿混沌死，其說若豫睹將來而推厥終
極」。❷混沌之死代表生命虛靜、天真之失去，虛靜失而「我執」
生，天真去而「機心」至。莊子看到人類將因此而逐物不反、爭戰
不休，因此擔心害怕。王先謙說：

> 子貢為挈水之橰，而漢陰丈人笑之，今之機械機事，倍於橰
> 者相萬也。使莊子見之，奈何？蠻、觸氏爭地於蝸角，伏尸
> 數萬，逐北旬日。今之蠻、觸氏不知其幾也，而莊子奈何？
> ……然而欲虛其國，刑其人，其不能以虛靜治，決矣。❸

---

❶　郭慶藩輯，《莊子集釋》，華正書局，頁 1。
❷　郭慶藩輯，《莊子集釋》，華正書局，頁 1。
❸　郭慶藩輯，《莊子集釋》，華正書局，頁 1。

「機械機事」是人類「知」見之誤用,「爭地於蝸角」是「我執」所產生的對立,本源之歧出,莊子預見人類未來之困境矣。因此著書以見意,庶幾補之哉!

　　莊子面對人類的困境,他不從現象之差異處下手,而是從根源處著眼。這一點郭象掌握得很好,他說:

　　　　夫莊子者,可謂知本矣,故未始藏其狂言,言雖無會而獨應者也。夫應而非會,則雖當無用;言非物事,則雖高不行,與夫寂然不動,不得已而後起者,固有間矣,斯可謂知無心者也。夫心無為,則隨感而應,應隨其時,言唯謹耳。故與化為體,流萬代而冥物,豈曾設對獨邁而游談乎方外哉!此其所以不經而為百家之冠也。❹

　　所謂「知本」就是「無心」、「無為」,就是「應而非會」,也就是「至人之用心若鏡,不將不迎,應而不藏」(〈應帝王〉)的意思,莊子從根本處看,以自然之道為心,故無心以應物,不容自己有所做為。這種「隨感而應,應隨其時」的態度,就像大自然之循環不已,個人融入大化流行之中,與萬物冥合而不分,這是大本大根。就像〈應帝王〉篇所載老聃對陽子居的一段話:

　　　　陽子居見老聃,曰:「有人於此,嚮疾強梁,物徹疏明,學道不倦,如是者,可比明王乎?」老聃曰:「是於聖人也,

---

❹　郭慶藩輯,《莊子集釋》,華正書局,頁3。

胥易技係，勞形怵心者也，且也虎豹之文來田，猿狙之便執
狸之狗來藉，如是者，可比明王乎？」陽子居蹴然曰：「敢
問明王之治。」老聃曰：「明王之治：功蓋天下而似不自
己，化貸萬物而民弗恃；有莫舉名，使物自喜；立乎不測，
而游於無有者也。」

所謂「胥易技係，勞形怵心」，郭象說：「以其文章技能係累其
身，非涉虛以御乎無方也。」❺諸子百家勞心勞形，在莊子看起來
都是枝微末節的「技術」而已，莊子認為最根本的方法不是積極的
作為，而是「功在無為而還任天下」（〈郭象注〉）。這是莊子人生
哲學之大方向。

二

　　本論文為什麼以《莊子「道化」的人生哲學》為題？可從二方
面來看，一是萬物都是道之所化，二是人類化歸於道的歷程。

　　在莊子的心中，並不認為有所謂造物者的存在，亦即沒有一個
人格性的天帝異於萬物而存在，整個宇宙就是一個大爐，萬物就在
這個大爐中產生。〈大宗師〉篇說：「今一以天地為大爐，以造化
為大冶，惡乎往而不可哉！」在大爐中萬物不停的相互轉化，所謂
「假於異物，託於同體」（〈大宗師〉）是也。〈至樂〉篇借寫莊子
妻死的故事說明這個道理：

---

❺　郭慶藩輯，《莊子集釋》，華正書局，頁296。

> 莊子妻死，惠子弔之，莊子則方箕踞鼓盆而歌。惠子曰：
> 「與人居，長子老身，死不哭亦足矣，又鼓盆而歌，不亦甚
> 乎！」莊子曰：「不然。是其始死也，我獨何能無概然！察
> 其始而本無生；非徒無生也，而本無形；非徒無形也，而本
> 無氣。雜乎芒芴之間，變而有氣，氣變而有形，形變而有
> 生。今又變而之死。是相與為春秋冬夏四時行也。人且偃然
> 寢於巨室，而我噭噭然隨而哭之，自以為不通乎命，故止
> 也。」

依莊子的理解，人之由來是道生氣，氣生形，有形而有生命。成玄
英疏曰：「大道在恍惚之內，造化芒昧之中，和雜清濁，變成陰陽
二氣，二氣凝結，變而有形；形既成就，變而生育。且從無出有，
變而為生，自有還無，變而為死。而生來死往，變化循環，亦猶春
秋冬夏，四時代序。是以達人觀察，何哀樂之有哉！」❻〈大宗
師〉篇載，「以無為首，以生為脊，以死為尻。」也充分說明
「無、有、無」的循環變化，萬物都在這個循環中。所以強調「道
化」的人生哲學，而不言「道」的人生哲學，就是著眼於道的「變
化」，而不落於靜態之「道體」來看，此其一。

又人順道化而生，本當順道化而行，惟人生而有形體知覺，形
體知覺產生我執，我執而產生偏離道化的循環，一切人生之錯置與
荒謬因此產生。因此莊子認為人類必須突破我執的拘限，回歸道化
的循環，生命才能圓滿。所以莊子特別著力在道「化」的過程，如

---

❻　郭慶藩輯，《莊子集釋》，華正書局，頁615。

〈逍遙游〉篇舉大鵬「道化」的過程，就是這類型的寓言：

> 北冥有魚，其名為鯤。鯤之大，不知其幾千里也。化而為
> 鳥，其名為鵬。鵬之背，不知其幾千里也；怒而飛，其翼若
> 垂天之雲。是鳥也，海運則將徙於南冥。南冥者，天池也。

魚化為鳥，代表生命之轉化；鵬之高飛，代表生命之超越；「南
冥」象徵道之所在。成玄英疏曰：「所以化為鳥，自北徂南者，鳥
是淩虛之物，南即啟明之方，魚乃滯溺之蟲，北蓋幽冥之地，欲表
向明背暗，捨滯求進，故舉南北鳥魚以示為道之逕耳。」❼此其
二。

三

　　莊子人生哲學之特色是什麼？分析的說，就是透過消解、超越
自我「形」、「知」、「情」的限制，追求與物和諧及「與天地精
神相往來」的絕對自由逍遙境界。綜合的說，就是一個韻律與和諧
人生的展示。庖丁解牛「奏刀騞然，莫不中音，合於桑林之舞，乃
中經首之會。」（〈養生主〉）是富韻律的；南郭子綦的「吾喪我」所
達到的「天籟」境界（〈齊物論〉），更是一首和諧的生命交響曲。
　　莊子很多地方用「美」來形容體道者的境界。如〈知北遊〉篇
說：「天地有大美而不言，四時有明法而不議，萬物有成理而不
說。聖人者，原天地之美而達萬物之理。是故至人無為，大聖不

---

❼　郭慶藩輯，《莊子集釋》，華正書局，頁4。

作，觀於天地之謂也。」〈天下〉篇說：「判天地之美，析萬物之理，察古人之全，寡能備於天地之美，稱神明之容。」莊子的意思，整個天地之間就是一個富有韻律且和諧的道化世界，人生的至樂就是體會這個富有韻律的和諧。〈天道〉篇說：「夫明白於天地之德者，此之謂大本大宗，與天和者也；所以均調天下，與人和者也。與人和者，謂之人樂；與天和者，謂之天樂。」

這個富韻律且和諧的宇宙就是莊子的「道」，而道之體會必須透過生命的實踐而後得，不是用「知」來理解。〈齊物論〉篇說：「道行之而成，物謂之而然」，就是這個意思。莊子為什麼要拋開用「知」的方式去理解生命的本質呢？他說：「夫知有所待而後當，其所待者特未定也。」（〈大宗師〉）成玄英疏曰：「夫知必對境，非境不當。境既生滅不定，知亦待奪無常。唯當境知兩忘，能所雙絕者，方能無可無不可，然後無患也已。」❽

莊子認為把道推出去當作一個對象來理解，造成「物論」雜陳，曲士蜂出的現象。因為把「道」當一個對象看，就有「道」與描述道的概念出現，就成為二，然後我們去理解這個「二」，就把我加進去而成為三。往下不斷推論成為無窮的糾纏。世人也就迷惑於自己所構建的知識網而自以為是。〈齊物論〉篇說：

> 天地與我並生，而萬物與我為一。既已為一矣，且得有言乎？既已謂之一矣，且得無言乎？一與言為二，二與一為三。自此以往，巧歷不能得，而況其凡乎！故自無適有以至

---

❽　郭慶藩輯，《莊子集釋》，華正書局，頁226。

於三，而況自有適有乎！無適焉，因是已！

所以，莊子的人生哲學是超越「知」解的模式，從身體力行當中體會人生。〈寓言〉篇說：「不言則齊，齊與言不齊，言與齊不齊也，故曰無言。言無言，終身言，未嘗言；終身不言，未嘗不言。」〈齊物論〉篇也說：「故分也者，有不分也；辯也者，有不辯也。曰：『何也？』『聖人懷之，眾人辯之以相示也。故曰：辯也者，有不見也。』」聖人只是「懷」而已，懷抱而體會之，而不是「辯之以相示也」。這是了解莊子人生哲學的要點。

四

本論文《莊子道化的人生哲學》就是順著這個理路來進行的，第一章，先探討莊子的語言風格，既然莊子的人生哲學是建構在懷抱不辯的基礎上，那莊子是如何來展示他的人生呢？〈天下〉篇說：

> 以謬悠之說，荒唐之言，無端崖之辭，時恣縱而儻，不以觭見之也。以天下為沈濁，不可與莊語，以卮言為曼衍，以重言為真，以寓言為廣。獨與天地精神往來，而不敖倪於萬物，不譴是非，以與世俗處。其書雖瑰瑋，而連犿無傷也。其辭雖參差，而諔詭可觀。彼其充實，不可以已，上與造物者遊，而下與外死生、無終始者為友。其於本也，弘大而辟，深閎而肆，其於宗也，可謂調適而上遂矣。雖然，其應於化而解於物也，其理不竭，其來不蛻，芒乎昧乎，未之盡

者。

謬悠，虛遠也；荒唐，廣大無邊也；無端崖，無限制也。觭見，偏
執一端之見；莊語，正面直說；巵言；無心之言；寓言，寄託寓意
的言論。莊子要描述的世界是「道化」的世界，是一個虛遠無邊的
世界，所以只能以「無心之言」來描述之，無心之言就是「巵
言」。郭象說：「夫巵，滿則傾，空則仰，非持故也。況之於言，
因物隨變，唯彼之從。」❾心態上不能有偏執之見，方法上也不用
正面直說，用比喻、象徵、形象的寄託語言來描述，這就是莊子的
語言風格。此乃莊子「說不可說」（即「言無言」）的描寫方式。

　　在莊子書中，還出現一種特殊的語言形式，就是辯證的語言，
它是採訴諸兩端，讓讀者自己作判斷的語言形式。如〈齊物論〉篇
的論述形式就多屬於此類。

> 夫言非吹也，言者有言。其所言者特未定也。果有言邪？其
> 未嘗有言邪？其以為異於鷇音，亦有辯乎？其無辯乎？道惡
> 乎隱而有真偽？言惡乎隱而有是非？道惡乎往而不存？言惡
> 乎存而不可？……彼亦一是非，此亦一是非，果且有彼是乎
> 哉？果且無彼是乎哉？

一段短短的文字，莊子用了大量的問句形式？這就是標準的辯證語
言形式。莊子用問句的方式呈顯，不給答案，基本上還是「巵言」

---

❾　郭慶藩輯，《莊子集釋》，華正書局，頁 947。

的形式，也就是把自己的立場拿開，讓事實客觀的呈現。事實是什麼呢？「朝三暮四」的寓言說明了這個秘密。就是「兩行」的世界。〈齊物論〉篇說：

> 何謂「朝三？」曰：「狙公賦芧，曰：『朝三而暮四。』眾狙皆怒。曰：『然則朝四而暮三。』眾狙皆悅。」名實未虧而喜怒為用，亦因是也。是以聖人和之以是非而休乎天鈞，是之謂兩行。

所謂「兩行」，就是你行我也行，大家都行。既然大家都行，哪來的是非分別呢？哪來的「儒墨之是非，以是其所非而非其所是」呢？莊子的語言就是如實的呈現這個意義而已。所以我們說，《莊子》這本書，是一個充滿了韻律與和諧的道化世界，要了解莊子，必須先了解這種語言形式，才能順利的進入莊子的世界。

五

第二章，論述莊子的道，莊子的道是其人生哲學的源頭，莊子認為「道」就在萬物之中。人生就是道。〈知北遊〉篇說：

> 天不得不高，地不得不廣，日月不得不行，萬物不得不昌，此其道歟！

道就在天高地廣，日月運行，萬物昌盛之中顯現出他的存在，此即東郭子問於莊子：「所謂道，惡乎在？」莊子答曰「無所不在」的

道理。雖然整個宇宙就是道化的流行，莊子對道體本身的直接描述並不多，他還是慣用形象化的語言來描述道的內涵，莊子選擇了大家最熟悉的具體物來描寫道，「天」就是被大量的運用的例子，如天成、天德、天道、天均、天府、天和、天籟、天倪、天樂等，他也用「一」、「環中」、「混沌」、「自然」來描寫道。這些自然的事物與意象，都被莊子拿來作為道的替身。但是莊子的興趣在人生而不在道，所以莊子常是站在人生的立場來談論道，然後將道融入人生當中。

六

第三章，討論莊子道化的生命哲學，這是莊子人生哲學的主軸，也是本論文著墨最深的一章，莊子是一個以天地之大情來看待宇宙萬物的體道者，他看到世人迷失方向，偏離了道化流行的軌道，每天與外物衝撞糾纏，永不停歇，直到生命終了為止，他發出了「不亦悲乎！」「可不哀邪！」「可不謂大哀乎」的深深慨歎！牟宗三先生說他是最具「存在之悲感」的人，道理在此。〈齊物論〉篇說：

> 一受其成形，不亡以待盡。與物相刃相靡，其行盡如馳，而莫之能止，不亦悲乎！終身役役而不見其成功，苶然疲役而不知其所歸，可不哀邪！人謂之不死，奚益！其形化，其心與之然，可不謂大哀乎？

人「一受其成形」，生命很容易就譜出變奏曲，所以莊子認為生命

重新回歸於道化流行，是人生必須走的路。〈天地〉篇說：

> 物成生理，謂之形；形體保神，各有儀則，謂之性。性修反
> 德，德至同於初。

「性修反德，德至同於初」，這就是生命的回歸。如果回歸是生命
必須走的路，那我們就要問阻擋生命回歸的的障礙是什麼呢？莊子
認為是「我」執的關係，所以莊子要「墮肢體、黜聰明」，要「吾
喪我」，只有擺脫「我」執之糾纏，生命才能與聞天籟，生命才能
回歸於道化的世界。宇宙萬物是多樣且豐富的，人必須忘「我」始
能體會。莊子千章萬句，就從「吾喪我」出發，只要排除我執，道
的世界就會在你的面前展開，那就是「天籟」，所以莊子的人生哲
學，其工夫就是一個超越「自我」的過程。

　　自我如何超越呢？就是心靈的放空，如果你放空，就像一條沒
有人駕駛的船，當我們碰到一條沒有人駕駛的船時，我們並不會生
氣，因為船是空的。那我們要放空什麼呢？莊子論述的重點放在知
的問題，命的問題，還有死生、形、與性的問題。

　　知的問題來自「成心」，成心來自「我」執的偏見，這是造成
一曲之士，不能見「道之全」的元兇，也因此而產生相互批評的現
象。〈天下〉篇說：

> 天下多得一察焉以自好。譬如耳目鼻口，皆有所明，不能相
> 通。

所以莊子認為只有去除彼此的成心，才能泯是非，才能回歸始卒若環的「環中」，〈齊物論〉篇說：「彼是莫得其偶，謂之道樞，樞始得其環中，以應無窮」，即為此意。

其次是命的問題，莊子說人生之一切遭遇都是命。〈德充符〉篇說：

> 死生、存亡、窮達、貧富、賢與不肖、毀譽、飢渴、寒暑，
> 是事之變，命之行也。

這些人生之變化都是命之流行，留之不停，推之不去。既然都是命，就必須知命安命，〈人間世〉篇說：「知其不可奈何而安之若命，德之至也。」

其次是死生的問題，莊子認為死生乃氣之散聚，整個天地間就是氣之循環，「通天下一氣耳」，人之生死就在這個循環中，〈知北遊〉篇說：「人之生，氣之聚也。聚則為生，散則為死。若死生為徒，吾又何患！故萬物一也。」知道人之生死都在這個一氣循環中，生死只是道化流行的過程，也就能坦然以對，也就不會有好生惡死，而能「哀樂不能入也」（〈養生主〉）。

至於形的問題，莊子認為形乃道化所生，〈德充符〉篇說：「道與之貌，天與之形。」〈至樂〉篇說：「氣變而有形，形變而有生」。既然形乃天所給與，所以不管殘全，都無分別。所以莊子對形的態度是「忘形」，也就是「形有所忘」，也就是「不位乎其形」（〈秋水〉），即是不為形所拘限，不使形取得生活上的主導權，然後再以自己的德性，來涵養自己的形體，使形與德合而為

一，以終其天年，即「盡其所受於天」（〈應帝王〉）。

　　至於「性」，莊子認為「性」是道在個體生命中的狀態，就是生命的「儀則」，既然人之本性，為道之所寄也，只有無心無為，即虛即靜，才能保存之，但是世人卻反其道而行，徵逐外物，而傷了本性。〈駢拇〉篇說：

　　　　自三代以下者，天下莫不以物易其性矣！小人則以身殉利；
　　　　士則以身殉名；大夫則以身殉家；聖人則以身殉天下。故此
　　　　數子者，事業不同，名聲異號，其於傷性以身為殉，一也。

〈繕性〉篇說：「喪己於物，失性於俗者，謂之倒置之民。」喪性失真，生命如倒懸，此莊子之所悲也。

　　生命因形軀之我見而生出這麼多的荒謬，造成生命之痛苦，只有回歸道化世界才能得解脫。莊子提出回歸道化世界的方法，先是「大其心」，〈秋水〉篇說：「井蛙不可以語於海者，拘於虛也；夏蟲不可以語於冰者，篤於時也；曲士不可以語於道者，束於教也。」所以必須像大鵬展翅高飛，衝破形軀之拘限，始能見天道之無窮。其次是「因是」，因是就是順著自然之道，不必勞神去堅持「朝三暮四」的分別，其次是「以明」，莊子面對諸子百家之差異，主張要以更寬闊之胸襟去包容，也就是以道的胸襟去包容一切差異，〈齊物論〉篇說：「道隱於小成，言隱於榮華。故有儒墨之是非，以是其所非而非其所是。欲是其所非而非其所是，則莫若以明。」其次是「心齋」，所謂心齋就是養其虛靜之氣，使之虛而無物。所謂「唯道集虛」就能「虛室生白」，就能「吉祥止止」。

　　莊子又強調「凝神一志」以修身養性來與道相通。〈達生〉篇敘述至人的修養方式，就是「壹其性，養其氣，合其德，以通乎物之所造。」莊子又提到「順應自然」，〈天運〉篇所謂「應之以人事，順之以天理，行之以五德，應之以自然，然後調理四時，太和萬物。」這是一段精采的「天人合一」的描述，把「人事」「五德」與「天理」「自然」結合起來，然後再順應四時之秩序，來完成萬物和諧的景象。

　　莊子又提到「坐忘」的修養方式，何謂坐忘呢？〈大宗師〉篇說：「墮肢體，黜聰明，離形去知，同於大通，此謂坐忘。」從「忘」而達到真人的境界。「忘己」、「忘物」、「忘天」、「忘神氣」、「與天下兼忘」，這都是莊子「忘」的修養工夫。人有太多自己是不對的，人有太多別人也是不對的，你不可以依附別人，也不能自以為是。

　　最後莊子提到「物化」和回歸樸素之渾沌，所謂物化者，萬物化而為一也，無物我之分也。回歸渾沌，回歸生命之本源也。這是莊子回歸道化的生命修養觀。

七

　　第四章，討論莊子道化的處世哲學，這一章分兩節討論，一是道化的處世論，一是道化的政治論。莊子道化的世界是一個天籟和諧的世界，他期望的人間也是如此，莊子〈天下〉篇說：「獨與天地精神往來，而不敖倪於萬物。不遣是非，以與世俗處。」這段話點出了莊子的處世哲學。「獨與天地精神相往來」，是強調精神之自由；而「不敖倪於萬物，不遣是非，以與世俗處」是強調與物和

諧相處。自由與和諧是莊子所提煉出來的處世觀。

　　至於莊子對政治的看法，仍是依循道化來思考的，首先他肯定一個道化的理想國，就是「至德之世」，一個道化的國君，就是「以天地為宗，以道德為主，以無為為常」。至於個人面對「僅免刑耳」的政治環境，莊子採取了「周將處夫材與不材之間。材與不材之間，似之而非也，故未免乎累。若夫乘道德而浮游則不然。無譽無訾，一龍一蛇，與時俱化，而無肯專為」（〈山木〉）「材與不材之間」是莊子因時因地的權宜，是莊子不得已的處世哲學，但那是「似之而非」的，也就是說那是一個手段而已。最後仍將歸之於「與時俱化，而無肯專為」，也就是回歸道化流行而無為。

　　所以莊子承認政治是社會的產物，這是無所逃於天地之間的大戒，他認為一個國君應該「無為而治」，在積極方面，要成就每一個人的個性，在消極方面，否定一切干涉性的措施。要「在宥天下」，即寬大自在，使物不失其性。要「不得已而應」，才能免於自以為是。最後莊子特別提出君主跟仁義道德之間的關係，他認為社會的混亂來自於昏君所造成，他們之所以敢於竊國柄，行暴虐，就在於他們打著仁義的招牌，行一己之私。儒家聖人制定的仁義禮法成了他們竊國殘害天下的藉口，莊子犀利的撕開統治者的偽裝，使他們原形畢露。

八

　　最後一章，討論莊子心目中的理想人格。本章以「逍遙」為莊子理想人格之標竿，其次分論真人、至人、聖人、神人之特質，最後以莊子形象化之理想人格做結。

　　所謂逍遙的涵義，莊子是以超脫形骸，泯絕知巧，不以人一身功名為累，並指虛無自然為大道之鄉，為逍遙之境。莊子也用「無待」來陳述生命不落於對待方式下觀萬物，則超脫大小、長短、夭壽、高下等的區別之後的逍遙。

　　至於莊子理想人格之類型，在莊子的稱謂中，能免除內外之刑，或超脫生死、時命、情欲之限制的理想人格，名號甚多，有真人、至人、神人、聖人、德人、大人、天人、全人等。但不管是哪一種稱號，其內涵都是體道者，只是功用不同罷了，並無高下之分。

　　最後莊子以形象之寓言描述理想之人物性格，生動深刻而真實貼切，讓人觀之如在目前，此有真實生命之體悟者方能為之。歷來論人生哲學者多以智測，少談證知；多抽象之論述，少具體之描繪。智測者不及生命之底層，抽象之論述者容易流於知性之理解，非生命學問之表述方式。莊子另闢蹊徑，「說不可說」，展示了體道者的音容笑貌。

九

　　這是本論文之簡要內容，寫完《莊子道化之人生哲學》之後，對莊子這個偉大的心靈體會更深，借司馬遷贊語孔子，「雖不能至，心嚮往之」來描繪這種心情，是再恰當不過了。

莊子道化的人生哲學

目　錄

序 …………………………………………………………………… I

第一章　緒　論 …………………………………………………… 1

　　第一節　莊子其書及其思想風格 ……………………………… 1
　　第二節　莊子其人及其時代 …………………………………… 13
　　第三節　莊子的語言風格 ……………………………………… 24

第二章　道　論 …………………………………………………… 59

　　第一節　道的涵義 ……………………………………………… 59
　　第二節　形象化的道 …………………………………………… 87
　　第三節　道與人生之關係 ……………………………………… 104

第三章　道化的生命哲學 ………………………………………… 107

　　第一節　生命的失落與回歸 …………………………………… 110

第二節　生命回歸之問題 ⋯⋯⋯⋯⋯⋯⋯⋯⋯⋯　128

第三節　生命回歸之方法 ⋯⋯⋯⋯⋯⋯⋯⋯⋯⋯　177

第四章　道化的處世哲學 ⋯⋯⋯⋯⋯⋯⋯⋯⋯⋯⋯⋯　213

第一節　道化的處世論 ⋯⋯⋯⋯⋯⋯⋯⋯⋯⋯⋯　217

第二節　道化的政治論 ⋯⋯⋯⋯⋯⋯⋯⋯⋯⋯⋯　236

第五章　道化的理想人格 ⋯⋯⋯⋯⋯⋯⋯⋯⋯⋯⋯⋯　261

第一節　逍遙的境界 ⋯⋯⋯⋯⋯⋯⋯⋯⋯⋯⋯⋯　263

第二節　理想人格的類型 ⋯⋯⋯⋯⋯⋯⋯⋯⋯⋯　274

第三節　形象化之理想人格 ⋯⋯⋯⋯⋯⋯⋯⋯⋯　306

第六章　結　　論 ⋯⋯⋯⋯⋯⋯⋯⋯⋯⋯⋯⋯⋯⋯⋯　319

參考書目 ⋯⋯⋯⋯⋯⋯⋯⋯⋯⋯⋯⋯⋯⋯⋯⋯⋯⋯　327

第一章　緒　論

第一節　莊子其書及其思想風格

壹、莊子其書

　　有關於《莊子》三十三篇的問題，歷來研究莊學者，看法分歧，但多贊成內七篇自成體系，思想較為統一，風格也趨於一致，是三十三篇思想的基礎，應是莊子本人手筆。至於外、雜篇則風格較不整齊，思想也較紛雜，可能為莊子後學之作，所以現存的《莊子》，可以說是一本莊子及其後學的莊學論文集。

　　雖然如此，卻也有人認為外、雜篇只是傳注的性質❶，甚至有人企圖打破內外雜篇的分類方式，認為內、外、雜篇根本不應該區畫，內篇不一定可信，外、雜篇也不一定可疑。如王叔岷先生就持這樣的看法。他說：「昔賢多疑莊子外、雜篇晚出，為後人偽託。莊子三十三篇誠有真偽問題，然不可憑內、外、雜為斷。蓋今本內、外、雜之區畫，乃定於郭象。則內篇未必盡可信，外雜未必盡

---

❶　徐復觀先生說：「外篇雜篇，原即含有莊學傳注的性質。」見《中國人性論史》，臺灣商務印書館，頁 366。

可疑。」❷這是對最初分類者持懷疑的角度來思考的。

　　成玄英在〈莊子序〉中，對莊子三十三篇，認同郭象之分法，並以「理」、「事」作為內外雜篇的分類依據，企圖了解郭象分類的依據，雖然沒能解決內、外、雜篇與莊子的關係，卻也間接的替我們指示了一個研究《莊子》的方向。

　　　內則談於理本，外則語其事跡。事雖彰著，非理不通；理既幽微，非事莫顯。欲先明妙理，故前標內篇。內篇理深，故每於文外別立篇目，郭象仍於題下即注解之，〈逍遙〉、〈齊物〉之類是也。自外篇以去，則取篇首二字為其題目，〈駢拇〉、〈馬蹄〉之類是也。……內篇明於理本，外篇語其事跡，雜篇雜明於理事。內篇雖明理本，不無事跡；外篇雖明事跡，甚有妙理。但立教分篇，據多論耳。❸

　　成玄英看出郭象對於內篇情有獨鍾，不但「文外別立篇目」，而且「於題下即注解之」，而外篇則祇是取篇首二字為題而已。原因是郭象認為內篇文字說理多且深刻，而外雜篇因為多具體事跡的陳述，已彰然昭著之故。成玄英認為郭象只是以論「理」和論「事」的不同來做分別而已，所謂「立教分篇，據多論耳」，換句話說，內、外、雜篇都是陳述一個道理，只是切入的角度不同而已，至於深層的思想內容並沒有高下之分。

---

❷　王叔岷，《莊學管窺》，臺北藝文印書館，頁 19－20。

❸　郭慶藩輯，《莊子集釋》，華正書局，頁 6－7。

　　成玄英這個評斷有獨到之見，可說是郭象的知音。也提示了我
們研究莊子的方向，那就是跳開內、外、雜篇分類的限制，從莊子
思想的脈絡去掌握，如此綱舉目張，條理清楚，魚目混珠的篇章自
然不見容於《莊子》，這是個大方向。誠如黃師錦鋐所言：「《莊
子》一書，除內篇外，其餘各篇，即使有與莊子思想共同的地方，
也是出於弟子們的紀錄，或是莊子學派後人的傳述，絕不是莊子本
人的著作。然薪火相傳，火之傳於薪，猶神之傳於形，前薪非後
薪，才知『指窮』之妙旨，前形非後形，則悟情數之感深，假使看
到形朽於一生，便謂神情共喪，火窮於一木，便謂終期都盡，那也
是不合《莊子》意旨。」❹黃師錦鋐掌握「薪盡火傳」的精神，就
是以莊子的思想主軸為思考點。

　　掌握這個原則，就可以進行莊子思想的了解，郭象把內七篇放
在一起，而且加以注解，並於文外別立篇目，成玄英也認為內七篇
「理深」，作為莊學的開山祖師莊子，把內七篇歸類給他，也是合
情合理。況且歷來研究《莊子》的學者，也大多認為內七篇思想統
一，風格一致，的確是一組自成系統之文章，是出自一人的手筆。
其思想架構，是《莊子》三十三篇之基礎。

　　鍾泰先生說：「〈天下篇〉深致慨於內聖外王之道暗而不明，
鬱而不發，而此七篇，則所以反復發明內聖外王之學者也。是故
〈逍遙游〉之辨小大，為內聖外王之學標其趣也；〈齊物論〉之泯
是非，為內聖外王之學會其通也；〈養生主〉內聖外王之學之基
也；〈人間世〉內聖外王之學之驗也；〈德充符〉則其學之成，充

---

❹　黃師錦鋐，《新譯莊子讀本》，三民書局，頁47。

實而形著於外也。若是，斯內可以聖，而外可以王矣。故以〈大宗師〉、〈應帝王〉二篇終之。宗師者，聖之異名。帝者，王之極致也。是故內七篇分之則為七，合之則只是一篇。」❺

褚伯秀說：「內篇之奧，窮神極化，道貫天人，隱然法道森嚴，與易老相上下，初學未得其要，鮮不迷眩日華之五色者矣。考其創意之辭，具有倫理，始於逍遙游，終以應帝王者，學道之要，在反求諸己，無適非樂，然後外觀萬物，理無不齊，物齊而己可忘，己忘而養生之主得矣！養生所以善己，應物所以善物，皆在德以充之，德充則萬物符契，宗之為師。標立道原，範模天下，為聖賢續命脈，為萬世開迷雲，大宗師之本立矣，措諸治道也何難？內則為聖為神，外則應帝應王，斯道之所以斂之一身，不為有餘，散之天下，不為不足也。」❻

林雲銘說：「逍遙游言人心多怵於小成，而貴於大；齊物論言人心多泥於己見，而貴於虛；養生主言人心多役於外應，而貴於順；人間世則入世之法；德充符則出世之法；大宗師則內而可聖，應帝王則外而可王。此七篇分著之義也，然人心惟大故能虛，惟虛故能順，入世而後出世，內聖而後外王，此又內七篇相同之理也。」❼

憨山釋德清曰：「且內七篇乃相因之次第，其逍遙游，乃明全體之聖人，所謂大而化之之謂聖，乃一書之宗本，立言之主意也。

❺　鍾泰，《莊子發微》，上海古籍出版社，1988，頁2。

❻　褚伯秀，《南海真經義海纂微》，卷二十二第八第九，民國五十一年，藝文圖書館，道藏本。

❼　林雲銘，《莊子因》，無求備齋莊子集成初編18，因四、五，藝文印書館。

次齊物論，蓋言舉世古今之人，未明大道之原，各以己見為是，故互相是非，首以儒墨相排，皆未悟大道，特以所師一偏之曲學以為必是。固執而不化，皆迷其真宰，而妄執我見為是，故古今舉世未有大覺之人，卒莫能正之，此悲世之迷而不解，皆執我見之過也。次養生主謂世人迷卻真宰，妄執血肉之軀為我，人人只知為一己之謀，所求功名利祿以養其形，戕賊其真宰而不悟，此舉世古今之迷，皆不知所養耳，若能養其生之主，則超然脫其物欲之害，乃可不虛生矣。果能知養生之主，則天真可復，道體可全，此得聖人之體也。次人間世，乃涉世之學問，謂世事不可以有心要為，不是輕易可涉，若有心要名干譽，恃才妄作，未有不傷生戕性者。若顏子葉公皆不安命，不自知而強行者也。必若聖人忘己虛心以遊世，迫不得已而應，乃免患耳。其涉世之難，委屈畢見，能涉世無患，乃聖人之大用也。次德充符，以明聖人忘形釋智，體用兩全，無心於世而與道遊，乃德充之符也。其大宗師總上六義，道全德備，渾然大化，忘己忘功忘名，其所以稱至人神人聖人者，必若此乃可為萬世之所宗而師之者，故稱之曰大宗師，是為全體之大聖，意味內聖之學必至此為極則，所謂得其體也。若迫不得已而應世，則可為聖帝明王矣，故次以應帝王，以終內篇之意，至若外篇，皆蔓衍發揮內篇之意耳。」❽

　　以上幾位都持一個共同的看法，就是莊子內七篇自成一個系統，而且首尾一貫，思想精純，由內聖到外王一氣呵成。所謂「內七篇分之則為七，合之則只是一篇」，至於外雜篇則只是疏解或發

❽　憨山釋德清，《莊子內篇注》，卷四，廣文書局，頁1-4。

揮內篇之旨而已，所謂「至若外篇，皆蔓衍發揮內篇之意耳」。綜論之，《莊子》一書是以莊子為首的內七篇開先鋒，續之以莊子及其弟子後學之申論、印證之外、雜篇，自成一個莊學系統。

貳、莊子與老子

　　老莊被列為道家兩個代表性的人物，他們之間的關係，司馬遷在《史記·老子韓非列傳》裡說莊子是「其學無所不闚，然其要本歸於老子之言」。❾徐復觀先生也認為莊子是老子的進一步發展，他說：

> 第一點：老子的宇宙論，……雖然是為了建立人生行為、態
> 度的模範所構造、建立起來的，但他所說的「道」、
> 「無」、「天」、「有」等觀念，主要還是一種形上學的性
> 格，是一種客觀的存在，人只有通過自己向這種客觀存在的
> 觀照觀察，以取得生活行為態度的依據，這是由下向上的外
> 在連結。但到了莊子，宇宙論的意義，漸向下落，向內收，
> 而主要成為人生一種內在地精神境界的意味，特別顯得濃
> 厚。……第二，老子的目的是要從變動中找出一個常道來，
> 作人生安全的立足點，對於「變」，常常是採取保持距離，
> 以策安全的方法。「變」是在某一狀況發展道高峰時的必然
> 結果，於是老子總是從高峰向後退，以預防隨高峰的顛墜而
> 顛墜。「知其雄，守其此雌」，「知其白，守其黑」，「知

---

❾　司馬遷，《史記》，楊家駱主編，鼎文書局，頁 2143。

其榮，守其辱」〈二十八章〉都是這種意思。而落實在生活
上，則守住「大成若缺，……大盈若沖，……大直若屈，大
巧若拙，大辯若訥」〈四十五章〉的態度。此種態度，依然
是有一定的方軌可循的。但莊子的時代，世變更為劇遽。人
們對於自然與人生的觀察與體會，也較老子時代更為深入。
莊子便感到一切都在「變」，無時無刻不在「變」，這即他
所說的「無動而不變，無時而不移」〈秋水〉。於是老子與
「變」保持距離的辦法，莊子覺得不澈底，或不可能，它乃
主張縱身於萬變之流，與變相冥合，以求得身心的大自由，
大自在，它由此而提出了老子所未曾達到的人生境界。如由
「忘」、「物化」、「獨化」等概念所表徵的境界，以構成
它「宏大而辟，深閎而肆」〈天下〉的思想構造。❿

　　徐先生提出莊子思想與老子不同的兩點特色，其一是把宇宙之間的
道理收攝到個人的內心世界來，再向外展開，成為一個以個人生命
為中心的學問。亦即著重在「內在」而不是「超越」層面；其次是
他認為莊子主張「縱身於萬變之流，與變相冥合，以求得身心的大
自由，大自在」，這與老子著重在不變的道的掌握，而不去碰觸變
動的現象有別。這些都是超越老子的發展。
　　老子的「道」是萬物生成的總原理，是人類價值生命的終極歸
趨。超越的「道」內在化於萬物謂之「德」，是人類生活實踐與精
神發展之依據。莊子繼承老子，把道的超越義，納到個人的生命

---

❿　徐復觀，《中國人性論史》，臺灣商務印書館，頁 364。

中。王邦雄先生也認為莊子思想的特色，就是把超越的道內在化。他說：「莊子最大的學術性格就是把老子的道，完全吸納到我們生命中，整個把道家的道、道家的理想、道的無限性，完全化入我們生命流行中，在我們的生命人格中，去開展出來、實現出來。……莊子講天人、聖人、至人、真人、都講人，天落在人的身上，所以道家的道內在化就是莊子。」⓫

陳德和先生認為莊子繼承了老子的主要觀念「反樸抱一」。他說：「老子『反樸抱一』的實踐理想完全被莊子所承繼。所謂『反樸抱一』，從莊子的立場講，就是修養自己，使自己能擺脫習氣官能的驅使、人為世法的籠絡與俗知鄙見的障蔽，讓生命在逍遙無待中，以絕對的寬容去接納天地萬物，而證成真人、至人、神人或全德之人的無上境界，由於內七篇中德和真的用法比較突出，所以老子的『反樸抱一』到了莊子就成為『全德葆真』，『全德』者，就是要把生命之德，就其原來面目，纖悉無遺的如如朗現，『葆真』就是要守住人的『真宰』、『靈府』，使能虛明清靜、與物宛轉而動靜無過。」⓬

〈天下〉篇評斷老子的思想，可以看作是莊子對老子的看法，「建之以常、無、有，主之以太一，以濡弱謙下為表，以空虛不毀萬物為實。」常、無、有是老子的思想核心，「太一」，成玄英疏曰：「太者，廣大之名，一以不二為稱。言大道曠蕩，無不制圍，

⓫　王邦雄，〈走進莊子之學的門徑〉，《鵝湖月刊》，第 136 期，頁 21，臺北鵝湖，1986 年 10 月。

⓬　陳德和，《從老莊思想詮詁莊書外雜篇的生命哲學》，文史哲出版社，頁16。

括囊萬有，通而為一，故謂之太一。」❸太一就是大道，主之以太一，就是以大道為主。也就是說老子的思想的形上基礎是「道」，由道來統攝一切，分開來說就是常、無、有三個概念。落實到現實世界，就是「以濡弱謙下為表，以空虛不毀萬物為實」，成玄英疏曰：「以柔弱謙和為權智外行，以空惠圓明為實智內德也。」❹空虛就是「滌除玄覽」《老子‧第十章》，是內心的虛靜，「不毀萬物」，就是任物自然。也就是說老子面對現實人生是採取以謙下柔和的態度，以虛靜之心任物自然的方式。

〈天下〉篇用了幾個字就把老子的主要思想觀念掌握住，從這裡我們也很清楚的看到莊子繼承老子「道」的痕跡，更可以看到莊子如何從老子的「以濡弱謙下為表」的權智跳出，全力發展「以空虛不毀萬物為實」的人生思想。這種既繼承又發展的關係正是老、莊的關係。〈天下〉篇以「古之博大真人」來稱呼老子，可說是莊子對老子最高的推崇了。

參、莊子的思想風格

作為一個道家的代表人物，莊子的思想風格，應是深具特色的。〈天下〉篇有一段自述：

> 芴漠無形，變化無常，死與生與，天地並與，神明往矣！芒忽何之，忽乎何適，萬物畢羅，莫足以歸，古之道術有在於

---

❸　郭慶藩輯，《莊子集釋》，華正書局，頁 1094。
❹　郭慶藩輯，《莊子集釋》，華正書局，頁 1094。

是者。莊周聞其風而悅之，以謬悠之說，荒唐之言，無端崖
之辭，時恣縱而不儻。不以觭見之也。以天下為沉濁，不可
語莊語，以卮言為曼衍，以重言為真，以寓言為廣。獨與天
地精神往來，而不敖倪於萬物，不譴是非，以與世俗處。其
書雖瑰瑋而連犿無傷也，其辭雖參差而諔詭可觀，彼其充實
不可已，上與造物者遊，而下與外死生無終始者為友。其於
本也，弘大而辟，深閎而肆，其於宗也，可謂調適而上遂
矣。雖然，其應於化而解於物也，其理不竭，其來不蛻，芒
乎昧乎，未之盡者。

牟宗三先生說：「此整段所述，即全部朗現之『天人』境界。亦猶
《華嚴經》之毘盧遮那佛法身境界也。凡達此境界，即可曰圓教境
界。……莊子『不離於宗』之天人境界亦是圓教境界，『其於本
也，弘大而辟，深閎而肆』辟至何竟？肆至何竟？無有竟也。即以
『上與造物者遊，而下與外死生無終始者為友』為竟。『其於宗
也，可謂調適而上遂矣。』上遂何竟？無有竟也。即以『獨與天地
精神往來，而不敖倪於萬物，不遣是非，以與世俗處』為竟。」[15]
對莊子的評價是最高的。但是牟先生在《才性與玄理》一書中另有
一段對莊子的評論，卻有所保留。他說：

莊書以「謬悠之說，荒唐之言，無端涯崖之辭」暗示其意，
烘托其理，恣縱芒忽，不可方物，彼誠「充實不可以已，上

---

[15] 牟宗三，《才性與玄理》，臺灣學生書局，頁174。

與造物者遊，而下與外死生無終始者為友。其於本也，宏大
而辟，深閎而肆。其於宗也，可謂調適而上遂矣。」〈天
下〉故能於道術成大家，非只一時之狂情。於人生之宗向，
夢覺之關鍵，皆有切至而究極之理存焉。雖未至乎中正，要
為玄理之大宗。然若透過其恣縱芒忽之辭，撥開其「摶扶搖
而上」之姿，直握其所烘托暗示之玄理，而以義理之文表而
出之，則非有玄解者不能。粗率任性之狂情無當也。文辭之
士無足言也。晉書稱其「清悟有遠識」，不誤也。「遠」者
「玄遠」之遠，乃玄解上之遠識，非世務之遠識也。❶

牟先生判定莊子是一位「道術」之大家，「玄理之正宗」，其有
「玄解上之遠識」，其對當時學風之影響是「發明奇趣，振起玄
風」，其全部朗現了從老子以來道家的「玄智玄理」，所以是一個
「宏大而辟，深閎而肆」，「調適而上遂」的人。又因為其朗現的
是玄理，所以解莊者也必須有「玄解」。依牟先生的說法，雖然肯
定莊子的學問人格，但卻也認為莊子還沒有達到「中正」的境界。
又牟先生認為莊子的「遠識」，是玄解之遠識，非世務之遠識，顯
然在牟先生的眼中，莊子並不是最高者。這與上面一段對莊子「圓
教」之評價，有明顯的落差，這是牟先生的判教，自有其理路。但
有關莊子對政治世務的看法，的確見仁見智，劉坤生先生說：

　　莊子的〈人間世〉在解放後所受的誤解最多，有人乾脆就將

---

❶　牟宗三，《才性與玄理》，臺灣學生書局，頁 171-172。

其稱為「活命哲學」。新的「莊學」家像張默生先生將該篇
列為《莊子》中的乙類作品，其亦當然是認為其內容和價值
比〈逍遙游〉、〈齊物論〉之類要差一等。這種看法是值得
商榷的。陳鼓應先生非常推崇道家，所以仍然給予該篇以積
極意義，認為「莊子揭露了人間世的險惡面」，但陳氏也只
能承認「它所提供的處世之道是無奈的」。看來，莊子在以
無為道化的生活落實在現實的層面，似乎只能是無奈而消極
的生活了。但是莊子在〈逍遙游〉中以自由解放的思想可以
暢遊域外，在〈齊物論〉中可以超越各家的理論，建立起
「無限的相對系統」，如何到了現實的生活層面就成了無奈
的庸人呢？❼

劉先生認為莊子既然「在〈逍遙游〉中以自由解放的思想可以暢遊
域外，在〈齊物論〉中可以超越各家的理論，建立起『無限的相對
系統』」實在難以說其在「現實的生活層面就成了無奈的庸人」，
這一點說得鏗鏘有力，若以牟先生對莊子學問人格用「圓教」來評
斷，又以「顯豁透脫」❽（More actual）來論述，不論是「全體透

❼　劉坤生，《莊子哲學本旨論稿·第四章對君主制的控訴與絕望──〈人間
　　世〉主旨的重新闡釋》，汕頭大學出版社，頁107。
❽　牟宗三先生說：顯豁則全部朗現，無淺無深，無隱無顯，而淺深隱顯融而為
　　一：淺即是深，顯即是隱。透脫，則全體透明，無體無用，無綱無維，而體
　　用綱維化而為一：全體在用，用即是體，全用在體，體即是用。故「其書雖
　　瑰瑋，而連犿無傷也。其辭雖參差，而諔詭可觀。」參差瑰瑋即透脫也。連
　　犿諔詭即左右逢源也。此即所謂全體透明。彼於〈天下篇〉自稱「不離於
　　宗」之天人，「不離於宗，謂之天人；不離於精，謂之神人；不離於真，謂

明」，或「左右逢源」，「全用在體，體即是用」，「無內無外」，「無人無我」的描述，牟先生把莊子的道通上下，即體即用的人格學問說得圓融無礙，也實在難以把莊子對「世務」之遠識從學問人格中剔除。

第二節　莊子其人及其時代

壹、莊子的時代

　　據錢穆《先秦諸子繫年》一書之考定，莊子生長在周顯王元年，即西元前 368 年。卒於周赧王二十六年，即西元前 289 年，享年八十歲。據《史記·老子韓非列傳》載：「莊子者，蒙人也，名周。周嘗為蒙漆園吏，與梁惠王、齊宣王同時。」⓳這是一個戰亂頻仍，生靈塗炭，民不聊生的時代。「當是之時，秦用商君，富國強兵；楚魏用吳起，戰勝弱敵；齊威王、宣王用孫子、田忌之徒，

之至人。以天為宗，以德為本，以道為門，兆於變化，謂之聖人。」不離於宗，謂之天人，是把內斂之相打散。「萬法歸一」謂之內斂，「一歸何處」？則示「一」必打散，「一」相亦泯，一相泯而後真一見，「真一」者，即莊子〈大宗師〉篇所謂「其好之也一，其弗好之也一。其一也一，其不一也一」之「一」。「真一」見則無內無外，無人無我，純然是「天」，故「精」、「真」是內斂地言之，則「宗」是外散的言之。故「不離於宗」之「天人」即是外散而顯豁透脫的風格。《才性與玄理》，臺灣學生書局，頁 172－173。

⓳　司馬遷，《史記·老子韓非列傳》，楊家駱主編，鼎文書局，頁 2143。

而諸侯東面朝齊。天下方務於合縱連橫，以功伐為賢」❷。莊子
〈則陽〉篇就記載當時齊國的狀況：

> 柏矩學於老聃，曰：「請之天下游。」老聃曰：「已矣！天
> 下猶是也。」又請之，老聃曰：「汝將何始？」曰：「始於
> 齊。」至齊，見辜人焉，推而強之，解朝服而幕之，號天而
> 哭之，曰：「子乎！子乎！天下有大菑，子獨先離之。曰
> 『莫為盜！莫為殺人！』榮辱立，然後睹所病；貨財聚，然
> 後睹所爭。今立人之所病，聚人之所爭，窮困人之身，使無
> 休時，欲無至此，得乎！古之君人者，以得為在民，以失為
> 在己；以正為在民，以枉為在己；故一形有失其形者，退而
> 自責。今則不然，匿為物而愚不識，大為難而罪不敢，重為
> 任而罰不勝，遠其塗而誅不至。民知力竭，則以偽繼之。日
> 出多偽，士民安取不偽！夫力不足則偽，知不足則欺，財不
> 足則盜。盜竊之行，於誰責而可乎？」

柏矩學成欲行道天下，老子卻絕望的說：「已矣，天下猶是也。」
及之齊，見刑戮之人乃「號天而哭之」，始知這是一個價值混亂的
時代，君不君，民不民，國君不負責任，為政強人所難，「匿為物
而愚不識，大為難而罪不敢，重為任而罰不勝，遠其塗而誅不
至」，百姓做不到，則「日出多偽」，終至為盜遭殺戮。

《莊子》其他篇章也多記載當時的社會狀況，「方今之時，僅

---

❷　司馬遷，《史記·老子韓非列傳》，楊家駱主編，鼎文書局，頁2144。

免刑焉，福輕乎羽，莫之知載，禍重乎地，莫之知避」（〈人間世〉）。又「今世之為人君者，輕用民死，死者以國量乎，澤若蕉」（〈人間世〉）。又「今世殊死者相枕也，桁楊者相推也，形戮者相望也」（〈在宥〉）。

　　面對這樣的場景，莊子不可能沒有感覺，這或許也是逼使莊子面對生死問題，甚至是生命安頓問題的反省與自覺的主要因素。莊子的存在悲感就是在這種氛圍當中產生的。王先謙說：「莊子其有不得已於中乎！夫其遭世否塞，拯之末由，神徬徨乎馮閎，驗小大之無垠，究天地之終始，懼然而為是言也。」❷❶碰到這樣的亂世，莊子憂患意識油然而生，發而為言，字字肺俯，千載而後，如響斯應。

貳、莊子其人

一、莊子的生活態度

　　莊子的形象總是給人一個寬廣的想像空間，那個嘲弄、鄙視官位，寧為爬行泥污的烏龜；那個鼓盆而歌，超越禮俗的曠達不羈。……他那獨特的生命在萬古長空中閃閃發光。

　　《史記·老子韓非列傳》云：

> 其言恍洋自恣以適己，故自王公大人不能器之。楚威王聞莊周賢，使使厚幣迎之，許以為相，莊周笑謂楚使曰：千金，重利；卿相，尊位也。子獨不見郊祭之犧牛乎？養食之數

---

❷❶　郭慶藩輯，《莊子集釋》，華正書局，頁1。

　　　歲，衣以文繡，以入太廟。當是之時，雖欲為孤豚，豈可得
　　　乎？子亟去，無汙我。我寧遊戲汙瀆之中以自快。無為有國
　　　者所羈，終身不仕，以快無意焉。❷❷

司馬遷所敘述的莊子是一個要求「適己」、「自快」、「以快吾意
焉」的人。所以拒絕出仕，以免「為有國者所羈」。莊子要的是絕
對的自由，〈列禦寇〉篇載：「或聘於莊子，莊子應其使曰：『子
見夫犧牛乎？衣以文繡，食以芻菽，及其牽而入於大廟，雖欲為孤
犢，其可得乎！』」❷❸莊子在意的是想當一隻自由自在的「孤犢」
而不可得。唐君毅先生說：「莊子之下手處，或初所感之問題，畢
竟在覺心之受桎梏而求解，亦覺人生不能無待，處人間世之難，兼
感於當世之教人以仁義禮樂者，無救於天下之亂。莊子根本用心之
方向，在求逍遙灑脫之無待，以虛為心齋。」❷❹

　　莊子傲視王侯的生命態度。與孟子很像，不同的是「當孟子奔
走列國之間，遊說諸侯，以求實現自己兼善天下的仁政思想，莊子
卻在南方的山林水澤旁踽踽獨行，思索著如何超越苦難，尋求人生
自由的途徑。」❷❺為求生命的絕對自由，莊子面對生活中的一切選
擇，都以能否得到自由為依歸。

---

❷❷　司馬遷，《史記·老子韓非列傳》，楊家駱主編，鼎文書局，頁 2145，民國
　　　79 年出版。
❷❸　郭慶藩輯，《莊子集釋》，華正書局，頁 1062。
❷❹　唐君毅，《中國哲學原論·導論篇》，臺灣學生書局，頁 108。
❷❺　鄭廣智、魏崇新，〈超越外物，超越生命〉，《江蘇廣播電視大學學報》，
　　　總第 20 期，頁 25。

　　莊子的生活很貧窮，有人諷刺他「處窮閭隘巷，困窘織屨，槁項黃馘」（〈列禦寇〉）。〈外物〉篇也記載：「莊周家貧，故往貸粟於監河侯。」雖然曾經當過短暫的漆園吏，但是一生當中大部分在下層社會遊走。從《莊子》書中看得出來，莊子熟悉漁人、船夫、工匠、屠者、農人的生活狀況，此外，莊子也很了解隱者階層的生活態度。這與他平民化的生活應該是息息相關的。

〈山木〉

莊子衣大布而補之，正緳係履而過魏王。魏王曰：「何先生之憊邪？」莊子曰：「貧也，非憊也。士有道德不能行，憊也；衣弊履穿，貧也，非憊也，此所謂非遭時也。王獨不見夫騰猿乎？其得楠梓豫章也，攬蔓其枝而王長其間，雖羿、蓬蒙不能眄睨也。及其得柘棘枳枸之間也，危行側視，振動悼慄，此筋骨非有加急而不柔也，處勢不便，未足以逞其能也。今處昏上亂相之間，而欲無憊，奚可得邪？此比干之見剖心徵也夫！」

從莊子的口中自述其「貧」，說明莊子的生活的確窘迫。莊子把自己之貧歸於「非遭時也」，所謂「處勢不便」所以不能一展長才。〈秋水〉篇借孔子被宋人包圍所感嘆的一段話，口氣如出一轍。

孔子游於匡，宋人圍之數匝，而弦歌不輟。子路入見，曰：「何夫子之娛也？」孔子曰：「來，吾語女。我諱窮久矣，而不免，命也；求通久矣，而不得，時也。當堯、舜而天下

> 無窮人，非知得也；當桀、紂而天下無通人，非知失也：時
> 勢適然。」

　　這種對當時執政者的控訴是非常清楚且嚴厲的，雖然莊子藉此
教訓了魏王，其實也教訓了普天下胡作非為的國君，也為自己的
「貧」、「憊」找到理由。然而若真的有機會讓莊子從政，莊子真
的願意嗎？司馬遷說他是一個「無為有國者所羈，終身不仕，以快
吾意焉」的人，其背後的真實情況又如何呢？

> 〈秋水〉
> 莊子釣於濮水。楚王使大夫二人往先焉，曰：「願以境內累
> 矣！」莊子持竿不顧，曰：「吾聞楚有神龜死已三千歲矣。
> 王巾笥而藏之廟堂之上。此龜者，寧其死為留骨而貴乎？寧
> 其生而曳尾於塗中乎？」二大夫曰：「寧生而曳尾塗中。」
> 莊子曰：「往矣！吾將曳尾於塗中。」

這段故事與《史記》所載同，不同在結論。《史記》的重點在強調
莊子的個性是「無為有國者所羈，終身不仕，以快無意焉」，〈秋
水〉篇的重點則在願富貴而死，還是因貧窮而生？這已不是個性的
問題，而是生死的關鍵。〈秋水〉篇有一段話，莊子借北海若的話說：

> 知道者必達於理，達於理者必明於權，明於權者不以物害
> 己。至德者，火弗能熱，水弗能溺，寒暑弗能害，禽獸弗能
> 賊。非謂其薄之也，言察乎安危，寧於禍福，謹於去就，莫

之能害也。

「知道者必達於理，達於理者必明於權，明於權者不以物害己」，這恐怕才是莊子從政與否的秘密，因為他知「道」，所以他知道通權達變，「與時俱化」，他不會為外物而害己，在從政這條路，莊子以「道」為依歸，莊子沒有預設任何立場。

〈秋水〉

惠子相梁，莊子往見之。或謂惠子曰：「莊子來，欲代子相。」於是惠子恐，搜於國中三日三夜。莊子往見之，曰：「南方有鳥，其名為鵷鶵，子知之乎？夫鵷鶵發於南海而飛於北海，非梧桐不止，非練實不食，非醴泉不飲。於是鴟得腐鼠，鵷鶵過之，仰而視之曰：『嚇！』今子欲以子之梁國而嚇我邪？」

這段話看出惠施的生命世界是固執於政治的，因為其固執，所以「滯溺榮華，心貪國相」❷❻，是莊子心中的「蜩與學鳩」（〈逍遙遊〉），是生命世界的「小知」、「小年」（〈逍遙遊〉）。莊子則是體道清高，無情爭奪。一鵷鶵一鴟鳶，其高下不可以道里計。

〈列禦寇〉

宋人有曹商者，為宋王使秦。其往也，得車數乘。王說之，

---

❷❻　郭慶藩輯，《莊子集釋》，華正書局，頁 606。

益車百乘。反於宋，見莊子，曰：「夫處窮閭阨巷，困窘織
屨，槁項黃馘者，商之所短也；一悟萬乘之主而從車百乘
者，商之所長也。」莊子曰：「秦王有病召醫。破癰潰痤者
得車一乘，舐痔者得車五乘，所治愈下，得車愈多。子豈治
其痔邪？何得車之多也？子行矣！」

面對受名利權勢、榮華富貴迷惑的世俗人，莊子以其生命的真性情
映照出其卑微與可憐，曹商的無知被莊子的真性情訓得窘態畢現。
曹商的卑微在於以名利權勢、榮華富貴來衡量一個人的價值，且以
此嘲笑挖苦一個真知者，此莊子所以毫不留情的給予撻伐的原因。
陸西星說：「孟子謂之為妾婦，莊子鄙之為舐痔，亦固其宜焉
耳。」**㉗**

二、莊子的情感世界

莊子是一個任性天真的人，他體道，他「充實，不可以已」
〈天下〉，他「應於化而解於物」〈天下〉，所以他能看透人世間
一切的虛假，而且透過各種可能的方式做深刻的批判，讓大家看到
他的內心世界，也讓大家看到一個「道化」生命的本來面貌。

〈天運〉
商大宰蕩問仁於莊子。莊子曰：「虎狼，仁也。」曰：「何
謂也？」莊子曰：「父子相親，何為不仁！」曰：「請問至
仁。」莊子曰：「至仁無親。」大宰曰：「蕩聞之，無親則

㉗ 陸西星，《莊子南華真經副墨》，自由出版社，頁 1132。

不愛，不愛則不孝。謂至仁不孝，可乎？」莊子曰：「不
然，夫至仁尚矣，孝固不足以言之。此非過孝之言也，不及
孝之言也。夫南行者至於郢，北面而不見冥山，是何也？則
去之遠也。故曰：以敬孝易，以愛孝難；以愛孝易，以忘親
難；忘親易，使親忘我難；使親忘我易，兼忘天下難；兼忘
天下易，使天下兼忘我難。夫德遺堯、舜而不為也，利澤施
於萬世，天下莫知也，豈直大息而言仁孝乎哉！夫孝悌仁
義，忠信貞廉，此皆自勉以役其德者也，不足多也。故曰：
至貴，國爵并焉；至富，國財并焉；至願，名譽并焉。是以
道不渝。」

「至人無親」是莊子的境界，無親而後有親是莊子的弔詭，人容易
陷入枝微末節的執著，容易陷入小德小信的迷思，不懂得放開，不
懂得「忘」。成玄英疏曰：「夫至仁者，忘懷絕慮，與大虛而同
體，混萬物而為一，何親疏之可論乎！泊然無心而順天下之親疏
也。」❷❸郭象注曰：「父子親愛，出自天然，此乃真仁，何勞再
問？」❷❾〈德充符〉篇莊子與惠施針對「有情」與「無情」，有一
番精采對話：

惠子謂莊子曰：「人故無情乎？」莊子曰：「然。」惠子
曰：「人而無情，何以謂之人？」莊子曰：「道與之貌，天

---

❷❸ 郭慶藩輯，《莊子集釋》，華正書局，頁498。
❷❾ 郭慶藩輯，《莊子集釋》，華正書局，頁497。

與之形，惡得不謂之人？」惠子曰：「既謂之人，惡得無
情？」莊子曰：「是非吾所謂情也。吾所謂無情者，言人之
不以好惡內傷其身，常因自然而不益生也。」惠子曰：「不
益生，何以有其身？」莊子曰：「道與之貌，天與之形，無
以好惡內傷其身。今子外乎子之神，勞乎子之精，倚樹而
吟，據槁梧而瞑。天選子之形，子以堅白鳴！」

莊子所謂的「無情」，是指「人之不以好惡內傷其身，常因自然而
不益生也。」世人言情，反受情之好惡所害而傷身。一個人應該因
任自然，保持心境上的恬靜無情，才是養生之道。〈至樂〉篇寫莊
子妻死的故事：

莊子妻死，惠子弔之，莊子則方箕踞鼓盆而歌。惠子曰：
「與人居，長子老身，死不哭亦足矣，又鼓盆而歌，不亦甚
乎！」莊子曰：「不然。是其始死也，我獨何能無概然！察
其始而本無生；非徒無生也，而本無形；非徒無形也，而本
無氣。雜乎芒芴之間，變而有氣，氣變而有形，形變而有
生。今又變而之死。是相與為春秋冬夏四時行也。人且偃然寢
於巨室，而我噭噭然隨而哭之，自以為不通乎命，故止也。」

莊子的生命與萬物為一，所以其看萬物如看己身，其心之所向即物
之所向，毫無隔閡，而「以反人為實，而欲以勝人為名」（〈天
下〉）的惠施來說，那是不可思議的。惠施以理智思辨是無法達到
莊子所體會的境界的。〈秋水〉篇說：

> 莊子與惠子遊於濠梁之上。莊子曰：「儵魚出游從容，是魚
> 之樂也。」惠子曰：「子非魚，安知魚之樂？」莊子曰：
> 「子非我，安知我不知魚之樂？」惠子曰：「我非子，固不
> 知子矣；子固非魚也，子之不知魚之樂，全矣！」莊子曰：
> 「請循其本。子曰『汝安知魚樂』云者，既已知吾知之而問
> 我。我知之濠上也。」

莊子對「父子」、「夫妻」、「朋友」甚至是大自然的一條魚，他
都是一體看待。

　　萬物都是氣的變化，終將回歸道的循環往復中，個人不應該因
個人的情緒而妨礙大自然的運行，「安時處順」才是生命的準則。
他跟惠施的感情很好，惠施死，莊子感嘆的說：「自夫子之死也，
吾無以為質矣，吾無以言之矣！」（〈徐無鬼〉）黃師錦鋐說：「莊
子的情感，是對天地之間的至情，而不是個人的私情，他看整個宇
宙，都是充滿生機，天地間的一草一木，甚至一塊石頭，一具骷
髏，都是有生命的東西。對他們都能夠發生感情，也因為他對萬物
都有感情，所以對萬物就沒有厭惡、愛憎、是非的觀念，對任何物
體都一視同仁，物我之間，沒有什麼差別，既然沒有什麼差別，那
就不必要加以感情上的區分，所以就變成無情，其實莊子的無情，
正是他對於宇宙的大感情。」❸⓿

---

❸⓿　黃師錦鋐，《新譯莊子讀本》，三民書局，頁 9，2003。

第三節　莊子的語言風格

壹、語言的限制

　　《莊子》難讀，林希逸《莊子口義》序說讀此書有五難：「此書所言仁義性命之類，字義皆與吾書不同，一難也；其意欲與吾夫子爭衡，故其言多過當，二難也；鄙略中下之人，如佛書所謂為最上乘者，故其言每過高，三難也；又其筆端，鼓舞變化，皆不可以尋常文字蹊徑求之，四難也；況語脈機鋒，多如禪家頓宗所謂劍刃上事，吾儒書中未嘗有此，五難也。」❸林希逸從「不同」、「過當」、「過高」、「變化」、「機鋒」來描寫莊子的語言，說出了莊子另闢蹊徑，變化多端不可捉摸的語言風格，雖然如此，林希逸並不因為其難讀而誤解莊子，他清楚的說出莊子是「最上乘者」，其語言之精準類似禪家之機鋒。可見在難讀的背後仍舊有方法可以理解莊子，這是我們要參透的地方。

　　莊子的「道」雖是「有情有信」，但卻是「無為無形，可傳而不可受，可得而不可見」（〈大宗師〉）的存在。所以想透過感官、文字言說的方式去認識把握它是不可得的。「道不可聞，聞而非也；道不可見，見而非也；道不可言，言而非也，知形之不形乎，道不當名。」（〈知北遊〉）所以要知「道」，必須超越感官和語言文字的限制，才能有得。如〈知北遊〉篇所言：「至則不論，論則不至，明見無值，辯不若默，道不可聞，聞不若塞，此之謂大

---

❸　林希逸，《莊子口義》，弘道文化事業，頁 2─3。

得。」

〈知北遊〉

天地有大美而不言，四時有明法而不議，萬物有成理而不說。聖人者，原天地之美而達萬物之理。是故至人無為，大聖不作，觀於天地之謂也。

天地、四時、萬物都無聲無息的存在、運行與生滅。人居其間，只需融入、效法、遵循。如孔子所說：「予欲無言，天何言哉？四時行焉，百物生焉，天何言哉？」（《論語·陽貨》）

〈齊物論〉

夫道未始有封，言未始有常，為是而有畛也。請言其畛：「有左，有右，有倫，有義，有分，有辯，有競，有爭，此之謂八德。六合之外，聖人存而不論；六合之內，聖人論而不議。春秋經世先王之志，聖人議而不辯。故分也者，有不分也；辯也者，有不辯也。」曰：「何也？」「聖人懷之，眾人辯之以相示也。故曰：辯也者，有不見也。」

大道無所不在，有何封限？言隨物化，豈有定常？所以提出定義、主張，都是不對的。體道聖人永遠只是「冥心會道，懷藏物我，包括是非，枯木死灰，曾無分別矣。」（成玄英疏）❸❷劉坤生先生說：

---

❸❷　郭慶藩輯，《莊子集釋》，華正書局，頁86。

「在莊子看來，提出任何一種是非理論的主張，都難免是一種偏見，引起無結果的爭論，莊子將其分為八種現象，實際上是各『是其所非，而非其所是』，形成淆然樊亂的現象，如此，離真理不是越來越遠嗎？從根本上說，莊子視客觀世界永遠的變化流動不止，〈齊物論〉所謂『其分也，成也；其成也，毀也。凡物無成與毀，復通為一。』是只有這種成毀不止的變化是其共同唯一的特徵。所以任何語言要對其作完全的說明和表達，顯然是困難的。我們日常所謂的『正名指實』，在莊子看來是有問題的。因為通過語言名稱來把握一個『實在』，追究下去說明它只是一種『假象』。」❸劉先生接著引方東美先生的論點說：「方東美先生曾就莊子此一問題，從『定義法的荒謬』、『因果法的謬誤』、『實體論證的謬誤』三個方面對莊子的這種觀點在現代科學認知論中的意義進行了論證。例如，方先生舉世界一流的英國天文學家愛丁頓（A.S. Eddington）在他的名著《物理世界本質》（*The Nature of the Physical World*）中，就有定義法的錯誤，凸顯了莊子對語言侷限性看法的合理性。比如，要問什麼是物質（matter）？答說物質是質量（mass）那什麼是質量（mass）呢？又說是質波（pulse），那質波又是從何而來呢？則又答說物質的根本性質是質量。這種循環定義正是莊子所言『其所言者，特未定也』（〈齊物論〉）。」❹

　　也因此，在莊子一書中，沉默總是代表一種體道的境界而受到肯定。

---

❸　劉坤生，《莊子哲學本旨論稿》，汕頭大學出版社，頁 152。
❹　劉坤生，《莊子哲學本旨論稿》，汕頭大學出版社，頁 152。

〈知北遊〉

知北游於玄水之上，登隱弅之丘，而適遭無為謂焉。知謂無
為謂曰：「予欲有問乎若：何思何慮則知道？何處何服則安
道？何從何道則得道？」三問而無為謂不答也。非不答，不
知答也。知不得問，反於白水之南，登狐闋之上，而睹狂屈
焉。知以之言也問乎狂屈。狂屈曰：「唉！予知之，將語
若。」中欲言而忘其所欲言。知不得問，反於帝宮，見黃帝
而問焉。黃帝曰：「無思無慮始知道，無處無服始安道，無
從無道始得道。」知問黃帝曰：「我與若知之，彼與彼不知
也，其孰是邪？」黃帝曰：「彼無為謂真是也，狂屈似之；
我與汝終不近也。夫知者不言，言者不知，故聖人行不言之
教。」

「知」三問「無為謂」，而無為謂都不回答，問狂屈，則欲言又
止，問黃帝，則明確的說之。「言」與「不言」到底孰對孰錯？黃
帝自己說：「無為謂真是也，狂屈似之；我與汝終不近也。」因為
「無思無慮始知道，無處無服始安道，無從無道始得道。」陸西星
說：「大抵此種不言的學問，要人直下領悟，擬議即差，商榷即
乖。又使說透天機，談盡玄妙，自耳根入者，終無受用。」❸❺
　　有趣的是黃帝既然知道「知者不言，言者不知」，為什麼他還
明知故犯呢？我想這就是莊子語言風格的玄機所在，他透過黃帝
「隨立隨掃」的方式，讓世人知道道之不可說。他雖然自己說自己

---

❸❺　陸西星，《莊子南華真經副墨》，自由出版社，頁766。

不如「無為謂」和「狂屈」，但是讀者卻覺得他是站在置高點來分析「言」與「不言」的區別。讓人有所警惕而不至於落入語言的陷阱。〈知北遊〉篇又說：

> 泰清問乎無窮，曰：「子知道乎？」無窮曰：「吾不知。」又問乎無為，無為曰：「吾知道。」曰：「子之知道，亦有數乎？」曰：「有。」曰：「其數若何？」無為曰：「吾知道之可以貴、可以賤、可以約、可以散，此吾所以知道之數也。」泰清以之言也問乎無始，曰：「若是，則無窮之弗知與無為之知，孰是而孰非乎？」無始曰：「不知深矣，知之淺矣；弗知內矣，知之外矣。」於是泰清中而歎曰：「弗知乃知乎！知乃不知乎！孰知不知之知？」無始曰：「道不可聞，聞而非也；道不可見，見而非也；道不可言，言而非也！知形形之不形乎！道不當名。」無始曰：「有問道而應之者，不知道也；雖問道者，亦未聞道。道無問，問無應。無問問之，是問窮也；無應應之，是無內也。以無內待問窮，若是者，外不觀乎宇宙，內不知乎大初。是以不過乎崑崙，不游乎太虛。」

此段除了再度說明「道不可聞，聞而非也；道不可見，見而非也；道不可言，言而非也！知形形之不形乎！道不當名」的道理外，莊子特別叮嚀這種問答式的求道方式是不足取的。「有問道而應之者，不知道也；雖問道者，亦未聞道。道無問，問無應。」這段話橫掃千軍，斬釘截鐵，就是叫人閉嘴，像禪宗公案師徒間之對話般

之犀利。

　　〈田子方〉篇記載兩段故事，一是魏文侯聞道時「口鉗而不能言」，一是老聃沉浸在道的境界時也是「口辟焉而不能言」。這兩段故事借形象化的人物來印證不言之價值。

> 田子方侍坐於魏文侯，數稱谿工。文侯曰：「谿工，子之師邪？」子方曰：「非也，無擇之里人也。稱道數當，故無擇稱之。」文侯曰：「然則子無師邪？」子方曰：「有。」曰：「子之師誰邪？」子方曰：「東郭順子。」文侯曰：「然則夫子何故未嘗稱之？」子方曰：「其為人也真。人貌而天虛，緣而葆真，清而容物。物無道，正容以悟之，使人之意也消。無擇何足以稱之！」子方出，文侯儻然，終日不言。召前立臣而語之曰：「遠矣，全德之君子！始吾以聖知之言、仁義之行為至矣。吾聞子方之師，吾形解而不欲動，口鉗而不欲言。吾所學者，直土埂耳！夫魏真為我累耳！」

田子方的老師東郭順子，有人之形體卻不受其拘限，而獨任天然，他虛心容物若鏡，無道之人見之而有所悟。故田子方稱其師是一個體道的真人。魏文侯聞之，若有所悟，而感嘆以前所學直是一逢水便融化的土人而已。故「口鉗而不欲言」，而認為當魏君亦只是一小道而適足憂心勞累而已。〈逍遙游〉篇載：「堯治天下之民，平海內之政，往見四子藐姑射之山，汾水之陽，窅然喪其天下焉。」其義與此段所述略同。堯之窅然「冥」物，正是不欲有言也。

〈田子方〉

孔子見老聃，老聃新沐，方將被髮而乾，蟄然似非人。孔子
便而待之。少焉見，曰：「丘也眩與？其信然與？向者先生
形體掘若槁木，似遺物離人而立於獨也。」老聃曰：「吾游
心於物之初。」孔子曰：「何謂邪？」曰：「心困焉而不能
知，口辟焉而不能言。……」

老聃「游心於物之初」就是游於道，游於道故能墮肢體而黜聰明，
能超越人之形體之拘限，孔子欲求其所以然而問之，而老聃卻說
「不能知」、「不能言」，成玄英疏曰：「辯之則乖其體，知之則
喪其真，是知至道深玄，超言意之表，故困焉辟焉。」**❸❻**

〈應帝王〉篇裡的王倪，也是四問四不知。

齧缺問於王倪，四問而四不知。齧缺因躍而大喜，行以告蒲
衣子。蒲衣子曰：「而乃今知之乎？有虞氏不及泰氏。有虞
氏，其猶藏仁以要人；亦得人矣，而未始出於非人。泰氏，
其臥徐徐，其覺于于；一以己為馬，一以己為牛；其知情
信，其德甚真，而未始入於非人。」

齧缺四問四不知，這段問答在〈齊物論〉篇出現過，原文為：

齧缺問乎王倪曰：「子知物之所同是乎？」曰：「吾惡乎知

---

❸❻ 郭慶藩輯，《莊子集釋》，華正書局，頁712。

之！」「子知子之所不知邪？」曰：「吾惡乎知之！」「然
則物無知邪？」曰：「吾惡乎知之！」雖然，嘗試言之。庸
詎知吾所謂知之非不知邪？庸詎知吾所謂不知之非知邪？

這段問答從各個角度提問，都得到一個相同的答案，就是「吾惡乎
知之！」照〈應帝王〉篇蒲衣子的解釋，像王倪這種境界的人，就
像遠古時代的泰氏，泰氏與萬物混同、沒有差別心的人，人我兩
忘，「一以己為馬，一以己為牛；其知情信，其德甚真，而未始入
於非人。」這種人哪裡還有自己的意見呢？

　　這些體「道」之人對有關道的問題，都選擇沉默，理由很簡
單，就是道不可言說。然則道真的不可言說嗎？如果道果真不可言
說，則莊子所有的言說都應該就此打住，不須再說。但是顯然不是
如此。莊子不但繼續說，而且還說了不少。像〈知北遊〉篇中所載
孔子問老聃「至道」，老聃雖說難言，但還是說了。

　　　孔子問於老聃曰：「今日晏閒，敢問至道。」老聃曰：「汝
　　　齊戒，疏瀹而心，澡雪而精神，掊擊而知！夫道，窅然難言
　　　哉！將為汝言其崖略。」

〈大宗師〉篇也載南伯子葵問女偊「道可得學邪」？雖然女偊很果
決的說：「惡！惡可！」，但是最後還是說出了學道的步驟，並且
在南伯子葵追問之下，又說出其學道之師承。

〈大宗師〉
南伯子葵曰:「子獨惡乎聞之!」曰:「聞諸副墨之子,副
墨之子聞諸洛誦之孫,洛誦之孫聞之瞻明,瞻明聞之聶許,
聶許聞之需役,需役聞之於謳,於謳聞之玄冥,玄冥聞之參
寥,參寥聞之疑始。」

再看看莊子常常把「言」和「道」並舉,也可以看出他並沒有忽視
語言的價值。

道惡乎隱而有真偽?言惡乎隱而有是非?道惡乎往而不存?
言惡乎存而不可?道隱於小成,言隱於榮華。(〈齊物論〉)

夫道未始有封,言未始有常。(〈齊物論〉)

夫大道不稱,大辯不言。……道昭而不道,言辯而不及。
(〈齊物論〉)

所以儘管莊子描寫了這麼多無言的體道之人,但是莊子並沒有斷掉
語言這條路。他之所以如此謹慎的面對語言的使用,其實是用心良
苦的。劉澤民先生說:「莊子是在苦口婆心地告誡人們,不要走入
語言使用的誤區。他悲嘆世人『貴語賤意』落入言荃,為語言所奴
役而不自知,為『榮華』之言所惑,巧言以飾知。『學者,學其所
不能學也;行者,行其所不能行也;辯者,辯其所不能辯也。』
(〈庚桑楚〉)大家爭相胡說八道,說些自己都不明白的話,以致

『終身言，未嘗言。』（〈寓言〉）莊子不滿於世人對語言侷限性的忽視和無知，感嘆『吾安得夫忘言之人而與之言哉！』（〈外物〉）……在莊子眼裡，並非所有的言說都是等同的，也有『至言』、『俗言』之分：『是故高言不止於眾人之心，至言不出，俗言勝也。』（〈天地〉）可見他並沒有意思要棄絕語言，……他只是要『殫殘天下之聖法，而民始可與議論。』（〈胠篋〉）」❸劉澤民先生這段分析掌握得很好，莊子是要提醒世人要注意語言的運用。

　　所以莊子的意思是要「忘言」，而不是廢言，忘言就是「隨立隨掃」，語言之目的，就像可以抓魚、兔的荃蹄，是要表現大道，而不是爭論是非，只是世人不知而已。〈外物〉篇說：

> 荃者所以在魚，得魚而忘荃；蹄者所以在兔，得兔而忘蹄；言者所以在意，得意而忘言。吾安得夫忘言之人而與之言哉！

成玄英疏曰：「夫得魚兔本因荃蹄，而荃蹄實異魚兔，亦猶玄理假於言說，言說實非玄理，魚兔得而荃蹄忘，玄理明而名言絕。」❸世人不知，拘泥語言文字而不通大道。若《圓覺經》所謂「標月指」之謬誤也。〈天道〉篇說：

> 世之所貴道者，書也。書不過語，語有貴也。語之所貴者，

---

❸　劉澤民，〈莊子的語言觀〉，《蘭州大學學報》，頁 125－131，1995。
❸　郭慶藩輯，《莊子集釋》，華正書局，頁 946。

> 意也，意有所隨。意之所隨者，不可以言傳也，而世因貴言
> 傳書。世雖貴之哉，猶不足貴也，為其貴非其貴也。故視而
> 可見者，形與色也；聽而可聞者，名與聲也。悲夫！世人以
> 形色名聲為足以得彼之情。夫形色名聲，果不足以得彼之
> 情，則知者不言，言者不知，而世豈識之哉！

「道」最尊貴，語言與書籍都是幫我們理解大道的工具，但是世俗
人不知本末，執著語言文字，而忘了語言文字背後的「道」，這叫
做「貴非其貴也」。

〈天運〉篇也說：

> 孔子謂老聃曰：「丘治《詩》、《書》、《禮》、《樂》、
> 《易》、《春秋》六經，自以為久矣，孰知其故矣；以奸者
> 七十二君，論先王之道而明周、召之跡，一君無所鈎用。甚
> 矣夫！人之難說也，道之難明邪？」老子曰：「幸矣，子之
> 不遇治世之君也！夫六經，先王之陳跡也，豈其所以跡哉！
> 今子之所言，猶跡也。夫跡，履之所出，而跡豈履哉！」

老聃說六經是「先王之陳跡也」，但是陳跡的背後是「所以跡」，
就是大道，那才是讀書的目的。

由以上分析，明顯的看出莊子對語言的態度，莊子的目的只是
呈顯其所體會之大道，而道是整體的，始終如一，物我不分的。不
需要透過言語而能自然呈顯，所以真正體道的過程是生命回歸大化
的過程，是一個實踐的過程。他可以與語言不相干，語言的出現反

而可能造成體道之障礙。但是一個真正了解大化流行的人，也很清楚外在的一切事物，都不應該是一個回歸道化的生命的障礙，只要能超越對立世界，像大鵬高飛九萬里，所看到的就是一個無窮的宇宙，〈則陽〉篇說：「道物之極，言默不足以載；非言非默，議有所極。」體道之人，要言要默，隨心所欲，又何必擔心語言之種種可能的限制呢？

既然莊子要透過語言文字來表達，他勢必要面對語言的限制，他勢必要避免世人的誤解，所以莊子提出了他個人獨特的表述方式，也就是〈天下〉篇所描述的。

> 以謬悠之說，荒唐之言，無端崖之辭，時恣縱而儻，不以觭見之也。以天下為沈濁，不可與莊語，以卮言為曼衍，以重言為真，以寓言為廣。獨與天地精神往來，而不敖倪於萬物，不譴是非，以與世俗處。其書雖瑰瑋，而連犿無傷也。其辭雖參差，而諔詭可觀。彼其充實，不可以已。

莊子為什麼要用「謬悠之說，荒唐之言，無端崖之辭」來表達呢？又為什麼要「以卮言為曼衍，以重言為真，以寓言為廣」呢？因為「天下為沉濁，不可與莊語」啊！

莊子精采之處就是他透過他創造的語言形式解決了這個困境，讓世人能接受又不會產生誤解的形式。刁生虎先生分析的很好，他說：「其語言哲學的最大貢獻並不在於像傳統學界所指出的那樣，是認識到了『不可說』，而是在於發現了『說不可說』。從『說什麼』轉向了『怎麼說』，這無疑是一種更具哲學深度的認識。通過

揭示語言和思想中的內在矛盾而走上通往真理的無盡長途，其方法和路徑便在於使其言說方式從『思維的說』轉向『詩意的說』，而語言作為人類文化最基本的表達形式，通常被分為日常語言，科學語言和詩歌語言三種類型，『科學語言』和『詩歌語言』是日常語言的變體，只不過涉及的是相反方向的變體，科學語言像清晰描述的方向改變口語，直到完全排除一切附帶的象徵意義。相反，詩歌語言向象徵言說的方向改變口語，直到完全排除每一種清晰的描述。……由是觀之，所謂『思維的說』實際就是科學語言，是指運用主客二分、理性邏輯的對象化語言以及給定的思維程序和知識體系去對世界的本質加以言說。而所謂『詩意的說』實際上就是詩歌的語言，是指運用天人合一，直覺體悟的非對象化語言，也即隱喻語言對世界的本質加以言說。由此可見，言說方式本來就不是只有一種，言說主體可以採用『思維的說』，即對象化的科學語言去說，也可以採用『詩意的說』，及非對象化的的隱喻語言去說，所謂的『不可說』只是指不能用『思維的說』這一邏輯形式言說，不等於就不能用其他的言說方式比如『詩意的說』去說。」❸

由此可見莊子對語言的本質有清楚的認識，他了解世人容易受語言之限制，所以他拋棄了世人最習慣的語言形式，就是邏輯的語言，或者說是科學的語言，因為那是先把宇宙二分、對立之後所使用的語言。那是不可能碰觸道的世界的。但是為了表達他所體會的大道，莊子巧妙地使用「寓言」、「重言」、「卮言」，也就是

---

❸　刁生虎，〈隱喻與莊子哲學〉，《商丘師範學院學報》，第 21 卷第 1 期，2005 年 1 月。

「形象的語言」，所謂形象的語言就是拋棄主觀的立場，以客觀的心態描述一個具體事件，讓大家去感受、體會。

其次莊子還使用「辯證的語言」，這是老子「正言若反」的延伸。莊子不使用直接指出答案的方式，而是把正反兩種意見擺在一起，讓大家綜合的去思考，進一步去超越。

所謂邏輯的語言，是讓世人偏離道化世界的元兇之一，名家是這方面的極端代表。

〈秋水〉
莊子與惠子遊於濠梁之上。莊子曰：「儵魚出游從容，是魚之樂也。」惠子曰：「子非魚，安知魚之樂？」莊子曰：「子非我，安知我不知魚之樂？」惠子曰「我非子，固不知子矣；子固非魚也，子之不知魚之樂，全矣！」莊子曰：「請循其本。子曰『汝安知魚樂』云者，既已知吾知之而問我。我知之濠上也。」

楊儒賓先生解釋這段文字說：「〈惠施〉所說的知道，是種『認知』的知，這種知的活動是主體藉著語言、概念去操控客體，將他抽象化、定型化，使它成為『對象』的一種理智功能。相反地，當莊子說『魚樂』時，此時的敘述不是一種認知的敘述，這是種讚嘆性的詩的語言，因此這種『知』不是認知的知，是物我交融，……莊子與魚的關係早在莊子站在濠梁之上，即已目領神會。他最後所以要說『請循其本』，即表示他與惠施的『辯論』，其實僅是一場遊戲，答案早就擺在言辯之前的『遊於濠梁之上』的情景當

中。」❹

誠如〈齊物論〉篇所說：「道行之而成，物謂之而然。」道需要實踐而得，不是透過語言的辨析可以獲得的。名相是表意顯實，離開這層關係，語言文字之名相只是一種遊戲而已，更甚者，陷溺其中，偏離大道，恐怕會「駘蕩而不得，逐萬物而不反，是窮響以聲，形與影競走也」（〈天下〉）。名家的問題就是在這裡。

莊子認為邏輯性的語言文字是自己限制自己的一種人類產物，因為邏輯性的語言把主客之間的關係固定住，動彈不得。葉維廉先生有一段文字把這個觀念說得很好：「在注意及決定事物的狀態和關係之前的一瞬，亦即『指義前』的一瞬，是屬於原來的、真實的世界。這個世界是超乎人的接觸、超乎概念、超乎語言的。『指義』的行為，則是屬予以語、義運思的我們（觀、感的主體），居中調度和裁定事物的狀態、關係和意義。指義行為，是從原來沒有關係決定性的存在事物裡，決定一種關係，提出一種說明，原來的存在事物，在我們做了選擇與決定之前，是無所謂『關係』的。也可以這麼說，它們的關係是多重的，觀者從不同的角度去接觸它們，可以有多種不同的空間關係，多種不同的理解與說明。換言之，指義行為一包括和事物接觸後所引發出來的思考行為。這種行為，基本上是對直現事物的一種否定、一種減縮、一種變異。所以，當黑格爾說：思維是一種否定的行為，即是此意。」❹

---

❹ 楊儒賓，《莊周風貌》，黎明文化出版事業公司，頁 167。

❹ 葉維廉，《比較詩學》，東大圖書公司，頁 88。

貳、形象的語言

　　世俗之人落入邏輯語言之圈套而不能自拔，莊子別開生面，發明「寓言」、「重言」與「卮言」，避免重蹈覆轍，因為所言皆具體生動，如在目前，所以我統括謂之「形象的語言」。苗潤田先生曾對形象思維有過一段論述，他說：「形象思維就是主體憑藉形象進行的思維。在這種形象思維活動中，人們以大量感性的生活素材為基礎，用想像、聯想、幻想、等多種手段，通過對豐富多彩的生活素材加工、提煉，創造出具有一定思想內容的鮮明、生動和真切可感的具體形象，以皆是社會生活及周圍事物的本質和存在狀態。」❷劉坤生先生說：「寓言和重言，嚴格說來，是在服從『卮言』形式，是在隨機自然語言需要的前提下，莊子採取的用文學形象作為媒介來說理的兩種形式，因為是要『隨人從變』，當然就不能在形式上自成系統，形成自己的邏輯和話語系統，而採用形象語言隨機來說理，實是最為得體的形式。」❸

　　　　寓言十九，重言十七，卮言日出，和以天倪。寓言十九，藉
　　　　外論之。親父不為其子媒。親父譽之，不若非其父者也；非
　　　　吾罪也，人之罪也。與己同則應，不與己同則反；同於己為
　　　　是之，異於己為非之。

成玄英疏曰：「寓，寄也。世人愚迷，妄為猜忌，聞道己說，則起

---

❷　苗潤田，〈論莊子的思維方式〉，《天津師大學報》，1995 年第一期。
❸　劉坤生，《莊子哲學本旨論稿》，汕頭大學出版社，頁 153。

嫌疑，寄之他人，則十言而九信矣。故鴻蒙、雲將、肩吾、連叔之
類，皆寓言耳。」郭象注曰：「言出於己，俗多不受，故借外耳。
肩吾連叔之類，皆所借也。」莊子使用寓言是想「藉外論之」，以
取信於人。除此之外，王先謙說：「宣云寄寓之言，十居其九，案
意在此而言寄於彼。」❹

> 重言十七，所以己言也。是為耆艾，年先矣，而無經緯本末
> 以期年者者，是非先也。人而無以先人，無人道也；人而無
> 人道，是之謂陳人。

王先謙引姚鼐的話說：「莊生書凡託為人言者，十有其九，就寓言
中，其託為神農、黃帝、堯舜、孔顏之類言足為世重者，又十有其
七。」❺借世人所重之古人來強化他的論述。

> 巵言日出，和以天倪，因以曼衍，所以窮年。不言則齊，齊
> 與言不齊，言與齊不齊也。故曰：「無言。」言無言，終身
> 言，未嘗不言；終身不言，未嘗不言。有自也而可，有自也
> 而不可；有自也而然，有自也而不然。惡乎然？然於然；惡
> 乎不然？不然於不然。惡乎可？可於可；惡乎不可？不可於
> 不可。物固有所然，物固有所可。無物不然，無物不可。非
> 巵言日出，和以天倪，孰得其久！

---

❹　王先謙，《莊子集解》，世界書局，頁258。
❺　王先謙，《莊子集解》，世界書局，頁258。

郭象注曰：「夫厄，滿則傾，空則仰，非持故也，況之於物，因物隨便，唯彼之從。故曰日出，日出，謂日新也，日新則盡自然之分，自然之分盡則和也。」厄言是拋開主觀的成見與立場，隨物任化的語言，也就是自然的語言。

張默生先生說：「莊子全書，無一不是厄言，寓言、重言都在厄言中包含著，所以說是三位一體。」**⑯**所以三言可以「厄言」概括之。底下就莊子形象之語言舉「奇人」與「奇事」兩端論述之。

一、奇人的形象

(一)得道的「至人」「真人」「聖人」「神人」形象

得道之人，必有異於常人之處，莊子為了凸顯這個特質，常用超乎世俗眼光來描寫。這是阻斷習慣性思考的有效方式。

〈逍遙游〉

藐姑射之山，有神人居焉，肌膚若冰雪，淖約若處子。不食五穀，吸風飲露。乘雲氣，御飛龍，而遊乎四海之外。其神凝，使物不疵癘而年穀熟。

〈齊物論〉

至人神矣！大澤焚而不能熱，河漢沍而不能寒，疾雷破山、飄風振海而不能驚。若然者，乘雲氣，騎日月，而游乎四海之外，死生無變於己，而況利害之端乎！

---

⑯ 張默生，《莊子新釋》，漢京文化公司，頁 16。

〈大宗師〉

古之真人，不逆寡，不雄成，不謀士。若然者，過而弗悔，
當而不自得也。若然者，登高不慄，入水不濡，入火不熱。
是知之能登假於道者也若此。古之真人，其寢不夢，其覺無
憂，其食不甘，其息深深。

此三段文字都有一個特色，就是莊子用寓言的方式，描寫體道者的
形象是如何的超越世俗的羈絆，如何的逍遙自在，與不干預外物使
外物順性而生的特質，這種類似神話的描寫，吸引大家擺脫平面的
思惟，跳脫世俗規範之糾纏，讓人耳目一新。

(二)道德高尚而形體殘缺的畸人形象

莊子擅長描寫形體殘缺卻又德性高尚之人，蓋其能擺脫形體之
拘限故也。像〈德充符〉篇幾乎就是一篇畸人列傳。他總共虛構了
六個奇特的人。第一位是魯國的兀者王駘，雖然是個兀者，但是其
弟子卻可以與孔子平分，奇特的是他的教學是「立不教，坐不議，
虛而往，實而歸。」原來他就是一個「死生亦大矣，而不得與之
變，雖天地覆墜，亦將不與之遺」的得道聖人。第二位是申屠嘉，
雖被斷足，卻是一個能語挫子產的「知其不可奈何而安之若命，唯
有德者能之」的人。第三位是魯國兀者叔山無趾，他藐視孔子，甚
至老子要他勸孔子「以死生為一條，以可不可為一貫」，他竟藐視
的說：「天刑之，安可解。」其目高一切之形象，相當突出。第四
位是哀駘它，他是衛國的「惡人」，「以惡駭天下」，但卻是「丈
夫與之處者，思而不能去也，婦人見之，……寧為夫子妾」的「才
全」者。第五位和第六位的長相更是奇特，但憑藉其德性讓兩個國

君看到正常人反而不正常了。「闉跂支離無脤說衛靈公，靈公說之；而視全人，其脰肩肩。甕㼜大癭說齊桓公，桓公說之；而視全人：其脰肩肩。」

(三)身懷絕技的人物形象

莊子從日常生活當中，觀察眾生群像，尤其對「道」、「技」融合為一的人物描寫的特別精采。蓋莊子對與萬物冥合者感同身受之故。

> 〈達生〉
>
> 孔子觀於呂梁，縣水三十仞，流沫四十里，黿鼉魚鱉之所不能游也。見一丈夫游之，以為有苦而欲死也。使弟子並流而拯之。數百步而出，被髮行歌而游於塘下。孔子從而問焉，曰：「吾以子為鬼，察子則人也。請問：蹈水有道乎？」曰：「亡，吾無道。吾始乎故，長乎性，成乎命。與齊俱入，與汨偕出，從水之道而不為私焉。此吾所以蹈之也。」孔子曰：「何謂始乎故，長乎性，成乎命？」曰：「吾生於陵而安於陵，故也；長於水而安於水，性也；不知吾所以然而然，命也。」

丈人游水之技術已經出神入化，讓孔子以為是「鬼」而求教之曰：「蹈水有道乎？」丈人卻輕描淡寫的說，哪有什麼道？不過就是「從水之道而不為私」而已。這種拋開個人成見而「安於水」的境界，正是莊子所欲表達的人生觀。

〈養生主〉

庖丁為文惠君解牛，手之所觸，肩之所倚，足之所履，膝之所踦，砉然響然，奏刀騞然，莫不中音，合於桑林之舞，乃中經首之會。文惠君曰：「譆，善哉！技蓋至此乎？」庖丁釋刀對曰：「臣之所好者，道也，進乎技矣。始臣之解牛之時，所見無非全牛者。三年之後，未嘗見全牛也。方今之時，臣以神遇，而不以目視，官知止而神欲行。依乎天理，批大郤，導大窾，因其固然。」

庖丁解牛的技術已達藝術化的境界，像一首歌，像舞蹈。任誰都會為之癡迷。這樣的境界當然必須是有「道」為內容的，有道的體會才能順物任化，才能依乎牛之紋理，而不會左衝右突，傷痕累累。莊子要表達的不就是這一點嗎？再看看〈田子方〉篇記載的伯昏無人與列禦寇之論射箭，也是精采絕倫。

列禦寇為伯昏無人射，引之盈貫，措杯水其肘上，發之，適矢復沓，方矢復寓。當是時，猶象人也。伯昏無人曰：「是射之射，非不射之射也。嘗與汝登高山，履危石，臨百仞之淵，若能射乎？」於是無人遂登高山，履危石，臨百仞之淵，背逡巡，足二分垂在外，揖御寇而進之。御寇伏地，汗流至踵。伯昏無人曰：「夫至人者，上闚青天，下潛黃泉，揮斥八極，神氣不變。今汝怵然有恂目之志，爾於中也殆矣夫！」

列禦寇之箭術已練到穩定「猶象人也」，也就是像個木頭人，但是伯昏無人卻批評他「是射之射，非不射之射」，成玄英疏曰：「言汝雖巧，仍是有心之射，非忘懷無心，不射之射也。」❹伯昏無人的境界超出列禦寇之上的主要原因在有心與無心的差別。莊子形容伯昏無人之「登高山，履危石，臨百仞之淵，背逡巡，足二分垂在外」之技術，當今之馬戲團也只能瞠乎其後了，但是莊子並不是強調其技術之高超，而是借技術來說明「無心」之功效。

〈達生〉

> 梓慶削木為鐻，鐻成，見者驚猶鬼神。魯侯見而問焉，曰：
> 「子何術以為焉？」對曰：「臣工人，何術之有！雖然，有
> 一焉。臣將為鐻，未嘗敢以耗氣也，必齊以靜心。齊三日，
> 而不敢懷慶賞爵祿；齊五日，不敢懷非譽巧拙；齊七日，輒
> 然忘吾有四枝形體也。當是時也，無公朝。其巧專而外骨
> 消，然後入山林，觀天性；形軀至矣，然後成見鐻，然後加
> 手焉；不然則已。則以天合天，器之所以疑神者，其是
> 與！」

跟庖丁的說法如出一轍，梓慶鬼斧神工之技術，來自其修養之進境，而不只是技術。「臣工人，何術之有？」梓慶把修養的工夫和技術融合成藝術化的境界，創造出精采的作品。莊子要表達的還是在道之修養與體會。

---

❹　郭慶藩輯，《莊子集釋》，華正書局，頁725。

〈達生〉

仲尼適楚，出於林中，見佝僂者承蜩，猶掇之也。仲尼曰：
「子巧乎，有道邪？」曰：「我有道也。五六月累丸二而不
墜，則失者錙銖；累三而不墜，則失者十一；累五而不墜，
猶掇之也。吾處身也，若厥株拘；吾執臂也，若槁木之枝。
雖天地之大，萬物之多，而唯蜩翼之知。吾不反不側，不以
萬物易蜩之翼，何為而不得！」孔子顧謂弟子曰：「用志不
分，乃凝於神。其佝僂丈人之謂乎！」

佝僂者能夠抓樹上之蟬像從地上拾物般容易，是透過不斷的練習而
來的，重點還是心性之修養能專一不為外物所干擾。所謂「用志不
分，乃凝於神」，這種小孩玩的遊戲，落入莊子的手中，就變成形
象鮮明的畫面，且發人深省。

二、奇特事物之形象

(一)奇物

莊子筆下，出現許多雄奇壯觀的景象，超出世人之所聞見，如
〈人間世〉篇描寫大櫟樹，其大竟可以遮蔽數千牛，他說：

匠石之齊，至於曲轅，見櫟社樹。其大蔽數千牛，絜之百
圍，其高臨山十仞而後有枝，其可以為舟者旁十數。

這種大樹人間少有，如身在神話的世界。誇大的描寫，欲拔世人淺
小之心靈也。

〈人間世〉

> 南伯子綦游乎商之丘，見大木焉有異，結駟千乘，隱將芘其
> 所藾。子綦曰：「此何木也哉！此必有異材夫！」仰而視其
> 細枝，則拳曲而不可以為棟梁；俯而視其大根，則軸解而不
> 可以為棺槨；咶其葉，則口爛而為傷；嗅之，則使人狂酲，
> 三日而不已。子綦曰「此果不材之木也，以至於此其大也。
> 嗟乎神人，以此不材！」

誇大的描寫欲致此樹之怪，其無用幾至於於萬劫不復之境地，但是
一無是處，絕處逢生，反成大用。莊子要表達的竟是世俗人難以想
像的。

〈逍遙游〉

> 北冥有魚，其名為鯤。鯤之大，不知其幾千里也。化而為
> 鳥，其名為鵬。鵬之背，不知其幾千里也；怒而飛，其翼若
> 垂天之雲。

鯤鵬皆不知其幾千里之大，欲張人之耳目，跳開形軀之限制，超拔
俗世之上矣。

(二)奇事

　　莊子不但借奇人、奇物來表達他的人生理想，也借奇事來抒發
他的想法。〈外物〉篇載任公釣魚，極盡誇張荒唐之能事。

> 任公子為大鈎巨緇，五十犗以為餌，蹲乎會稽，投竿東海，

　　旦旦而釣，期年不得魚。已而大魚食之，牽巨鉤陷，沒而下，鶩揚而奮鬐，白波若山，海水震蕩，聲侔鬼神，憚赫千里。任公子得若魚，離而腊之，自制河以東，蒼梧已北，莫不厭若魚者。已而後世輇才諷說之徒，皆驚而相告也。夫揭竿累，趣灌瀆，守鯢鮒，其於得大魚難矣，飾小說以干縣令，其於大達亦遠矣，是以未嘗聞任氏之風俗，其不可與經於世亦遠矣！

　　用五十頭牛當餌，投竿東海，釣到的大魚可以分享從浙水以東一直到蒼梧山以北，讀者看到這種景象，只能瞠目結舌，嘆為觀止了。這是莊周大胸襟大氣魄所展示出來的大格局，大氣象了。莊周文章看似荒誕不經，但是其蘊含之人生哲理，卻是豐富而且精闢的。世人平生受制軀體之限制，思考平面低俗，莊子以此振聾發聵之寓言，猛敲世人之腦袋，其風格可謂獨樹一幟。

　　〈至樂〉

　　莊子之楚，見空髑髏，髐然有形。撽以馬捶，因而問之，曰：「夫子貪生失理，而為此乎？將子有亡國之事、斧鉞之誅，而為此乎？將子有不善之行，愧遺父母妻子之醜而為此乎？將子有凍餒之患，而為此乎？將子之春秋故及此乎？」於是語卒，援髑髏，枕而臥。夜半，髑髏見夢曰：「子之談者似辯士，視子所言，皆生人之累也，死則無此矣。子欲聞死之說乎？」莊子曰：「然。」髑髏曰：「死，無君於上，無臣於下；亦無四時之事，從然以天地為春秋，雖南面王

樂，不能過也。」莊子不信，曰：「吾使司命復生子形，為
子骨肉肌膚，反子父母、妻子、閭里、知識，子欲之乎？」
髑髏深矉蹙頞曰：「吾安能棄南面王樂而復為人間之勞
乎！」

人可以與髑髏對話是莊子之妙筆，宣穎曰：「託之髑髏妙矣，生死
等耳，但不言死之樂，不足以明生之憂，雖然，以生者之營營言
之，則死者無為誠樂矣。」❹❽

〈達生〉

桓公田於澤，管仲御，見鬼焉。公撫管仲之手曰：「仲父何
見？」對曰：「臣無所見。」公反，誒詒為病，數日不出。
齊士有皇子告敖者，曰：「公則自傷，鬼惡能傷公！夫忿滀
之氣，散而不反，則為不足；上而不下，則使人善怒；下而
不上，則使人善忘；不上不下，中身當心，則為病。」桓公
曰：「然則有鬼乎？」曰：「有。沈有履。灶有髻。戶內之
煩壤，雷霆處之；東北方之下者，倍阿鮭蠪躍之；西北方之
下者，則泆陽處之。水有罔象，丘有峷，山有夔，野有彷
徨，澤有委蛇。」公曰：「請問委蛇之狀何如？」皇子曰：
「委蛇，其大如轂，其長如轅，紫衣而朱冠。其為物也，惡
聞雷車之聲，則捧其首而立。見之者殆乎霸。」桓公囅然而

---

❹❽ 宣穎，《莊子南華經解》，嚴靈峰輯，《無求備齋老列莊三子集成補編》
33，頁438。

　　　笑曰：「此寡人之所見者也。」於是正衣冠與之坐，不終日
　　　而不知病之去也。

所謂見怪不怪，莊子藉此寓言說明世人之無知所招惹之無謂煩惱。
王夫之說：「神不凝者，物動之。見可欣而悅之，猶易制者，見可
厭而弗惡，難矣；見所未嘗見者，弗怪而弗懼，愈難矣。乃心一動
而神不守，且病其形。夫物之所自造，無一而非天，天則非人見聞
之可限矣。而已其習見習聞，為欣為厭為怪，皆心知之妄耳。心知
本無妄，而可有妄；則天下雖無妄，而豈無妄乎？」❹
　　莊子透過這些形象化的具體故事，寄託了他的人生理想，世人
在被這些動人的故事所吸引的同時，生命也接受了洗滌與轉化，這
就是莊子的用心。賴偉衛先生說：「莊子擅于縱橫飄逸地將天地鬼
神、火雲日月、以及自然現象和動植物塗上一層俶詭和朦朧的色
彩，造成一種『霧失樓臺，月迷津渡』的審美韻味和氛圍，使你看
不真切，卻又感到有一種甚為分明的東西在閃爍，你似乎有所領
悟，卻『欲辯已忘言』。」❺

參、辯證的語言

　　除了形象化的語言外，莊子還運用了「弔詭」的語言，所謂弔
詭的語言，其實就是「辯證的語言」，莊子喜歡把答案丟給讀者去

---

❹　王夫之，《莊子解》，里仁書局，頁 161。
❺　賴偉衛，〈莊子寓言的審美特徵〉，《湖南教育學院學報》，Vol. No 3，
　　1994。

處理，而不肯做直接的回答。這部分大都出現在莊子用理性的語言
在論述時，莊子擔心的還是讀者落入語言的相對性當中，所以故作
正反兩方面的問答，讓讀者知所警惕。

〈齊物論〉
古之人，其知有所至矣。惡乎至？有以為未始有物者，至
矣，盡矣，不可以加矣！其次以為有物矣，而未始有封也。
其次以為有封焉，而未始有是非也。是非之彰也，道之所以
虧也。道之所以虧，愛之所以成。果且有成與虧乎哉？果且
無成與虧乎哉？有成與虧，故昭氏之鼓琴也；無成與虧，故
昭氏之不鼓琴也。

〈齊物論〉
予惡乎知說生之非惑邪！予惡乎知惡死之非弱喪而不知歸者
邪！麗之姬，艾封人之子也。晉國之始得之也，涕泣沾襟；
及其至於王所，與王同筐床，食芻豢，而後悔其泣也。予惡
乎知夫死者不悔其始之蘄生乎？夢飲酒者，旦而哭泣；夢哭
泣者，旦而田獵。方其夢也，不知其夢也。夢之中又占其夢
焉，覺而後知其夢也。且有大覺而後知此其大夢也，而愚者
自以為覺，竊竊然知之。君乎，牧乎，固哉！丘也與女，皆
夢也；予謂女夢，亦夢也。是其言也，其名為弔詭。

楊儒賓先生說：「以上的問題永遠是無對無錯，亦對亦錯。因為這
些語言本不是命題語言，這些語言是『弔詭』之辭。『弔詭』之辭

是隸屬精神流行的『辯證語言』。它永遠待有『自相否定』的內在本質，所以才說完 A，馬上又有非 A（～A）出現。說完非 A（～A），馬上又有非非 A（～（～A））緊跟而來。」⑤語言本身就有侷限性，而且有固執性，用來表達道的流動與無限性，是不得已的，所以必須隨立隨掃，〈天下〉篇說：

> 其於本也，弘大而辟，深閎而肆，其於宗也，可謂調適而上遂矣。雖然，其應於化而解於物也，其理不竭，其來不蛻，芒乎昧乎，未之盡者。

成玄英疏曰：「蛻，脫捨也。妙理虛玄，應無窮竭，而機來感己，終不蛻而捨之也。」⑤宏大深遠的大道，流行變化為萬物，所以只能用因應隨物的態度才能確實掌握大道與物情。才能源源不絕，才能不為所限。

〈大宗師〉
庸詎知吾所謂天之非人乎？所謂人之非天乎？

就形式來說，莊子是以天人為架構，從天人對揚辯證發展到天人合德。成中英稱之為「和諧化的變證」。⑤陳德和先生說：「精神的

---

⑤　楊儒賓，《莊周風貌》，黎明文化出版公司，頁 20。
⑤　郭慶藩輯，《莊子集釋》，華正書局，頁 1102。
⑤　成中英，《知識與價值──和諧、真理與正義的探索》（邁向和諧變證觀的建立），臺北聯經，1986。

開顯與揚昇，通常都得經歷對立與反省的過程，此在儒家如此，老莊更不例外。《道德經》中到處充斥著對立性與否定性的語詞，證明老子哲學中具有濃厚批判精神，且老子批判的目的不是為了純然的否定，而是要辯證的超越。它是融通淘汰、蕩相遣執的作用，最後歸趨則是在成全，所以《道德經》又要說『正言若反』（〈七十八章〉）。莊子也一樣。」❺❹王邦雄先生在解〈道德經·第五章〉：「天地不仁，以萬物為芻狗；聖人不仁，以百姓為芻狗。」和（〈三十八章〉）「上德不德，是以有德；下德不失德，是以無德。」時說道：「『不德』與『不仁』的『不』，不是本質的否定，而是辯證的超越。否則，不德有德，即構成矛盾的不可理解。……不德是對生命的本質與方向，不做任何的規定，不落在可道可名的規格模套中，……『不仁』就是心從『仁』的道德自覺中解放出來，不必有人文理想的負擔，如是生命就可還歸自然。老子由不仁的無心，說不德的超越作用，通過不德的超越作用，人才能存全真實的生命，人有真實的生命，就是有德。人之有德，有真實的生命，人人實現自我的生命，就是常道。」❺❺

〈齊物論〉

　　物無非彼，物無非是。自彼則不見，自知則知之。故曰：彼
　　出於是，是亦因彼。彼是方生之說也。雖然，方生方死，方

---

❺❹　陳德和，《從老莊思想詮詁莊疏外雜篇的生命哲學》，文史哲出版社，頁
　　16。
❺❺　王邦雄，《儒道之間》，臺北漢光，1985，頁 125－126。

死方生；方可方不可，方不可方可；因是因非，因非因是。
是以聖人不由，而照之於天，亦因是也。是亦彼也，彼亦是
也。彼亦一是非，此亦一是非，果且有彼是乎哉？果且無彼
是乎哉？彼是莫得其偶，謂之道樞。樞始得其環中，以應無
窮。是亦一無窮，非亦一無窮也。故曰：莫若以明。

彼是同時並生，生死、是非、可不可皆一體不分，執著於一方都造
成一方的壓迫與不是，擬成了心知的是非，就毀了生命的自在。
《老子・五十八章》：「禍兮福之所倚，福兮禍之所伏，孰知其
極，其無正。」所以莊子說：「彼是莫得其偶，謂之道樞。樞始得
其環中，以應無窮。是亦一無窮，非亦一無窮也。故曰：莫若以
明。」（〈齊物論〉）

　　〈齊物論〉
　　道惡乎隱而有真偽？言惡乎隱而有是非？道惡乎往而不存？
　　言惡乎存而不可？道隱於小成，言隱於榮華。故有儒墨之是
　　非，以是其所非而非其所是。欲是其所非而非其所是，則莫
　　若以明。

王邦雄先生說：「儒墨的是非，由『其分也，成也』的成心架構而
成，兩加以榮華而失真的言辯，自是而非他，把對方排除在大道之
外，正是『其成也，毀也』的寫照。所成者自家之道的小，所毀者
百家之道的大，自成一套封閉的價值系統，而看不到另一加派所抉
發的『是』，故跳開儒墨，才能同時看到儒墨，用內在的清明，照

現對方的『是』此之謂『因是』，儒墨兩家皆是而無非，皆真而無假，兩家的道得以並行於世，此之謂『兩行』。」❺❻

　　莊子最後提出「言默不足以載，非言非默，議有所極」的觀點：

　　〈則陽〉

　　少知曰：「季真之莫為，接子之或使。二家之議，孰正於其
　　情，孰遍於其理？」大公調曰：「雞鳴狗吠，是人之所知；
　　雖有大知，不能以言讀其所自化，又不能以意其所將為。斯
　　而析之，精至於無倫，大至於不可圍。或之使，莫之為，未
　　免於物而終以為過。或使則實，莫為則虛。有名有實，是物
　　之居；無名無實，在物之虛。可言可意，言而愈疏。未生不
　　可忌，已死不可徂。死生非遠也，理不可睹。或之使，莫之
　　為，疑之所假。吾觀之本，其往無窮；吾求之末，其來無
　　止。無窮無止，言之無也，與物同理；或使莫為，言之本
　　也。與物終始。道不可有，有不可無。道之為名，所假而
　　行。或使莫為，在物一曲，夫胡為於大方？言而足，則終日
　　言而盡道；言而不足，則終日言而盡物。道物之極，言默不
　　足以載；非言非默，議有所極。」

這段話把莊子對語言的態度說得淋漓盡致，一開始少知問「莫為」
與「或使」誰是誰非？莫為就是無為，或使就是有為，道的特質到

---

❺❻　王邦雄，〈老莊道家論齊物兩行之道〉，《鵝湖學誌》，第 30 期，頁 53。

底是無為還是有為呢？要回答這個問題必須看你從什麼角度來說，王夫之說得好，他說：「莫為或使，之二說皆是也，皆非也。皆非故皆是，皆是則是其所是，而故皆非矣。夫言或使者，如轂之有軸，磨知有臍，為天之樞，道之管，而非也。道一環也。環中虛，虛不能使實也。言莫為者，如環中之虛，而既有環矣。環者，物之有名實可紀，精可志者也，有時而無處，而出非無實也。之二說者，皆未得環中之妙以應無窮，而疑虛疑實，故皆非也。」❺❼王夫之之意，無為從道體說，有為從物說，二者皆是，但是如果各是其所是，那就都不對了。道若一環，有虛有實，偏於虛或偏於實，都是不對的。

　　道本就是變化流行，無以名之，勉強稱之曰道，只不過是假借代號罷了。或使和莫為各自限於一偏，當然不能談道。所以關鍵在能不能全面的認識道，如果能，那麼整天談道也都能符合道；如果不能，怎麼說都錯。道是無窮的，所以我們不能限定它的表達的方式，容許可言、可不言才是最高明的態度。莊子的意思盡在於此。

　　綜合形象的語言和辯證的語言，牟宗三先生總括之曰「描述的講法」，異於老子「分解的講法」他說：

　　　　至於莊子，則隨詭辭為用，化體用而為一。其詭辭為用，亦非平說，而乃表現。表現者，則所謂描述的講法也。彼將老子由分解的講法所展現者，一起消融於描述的講法中，而芒忽恣縱以烘託之，此所謂表現也。芒忽恣縱以烘託之，即消

❺❼　王夫之，《莊子解》，里仁書局，頁237。

融於「詭辭為用」中以顯示之。此所謂描述的講法，非通常義。除對遮「分解的講法」外，以以下三層義理明之。首先，「以卮言為曼衍，以重言為真，以寓言為廣」。此中之卮言、重言、寓言，即是描述的講法。並無形式的邏輯關係，亦無概念的辨解理路。卮言曼衍，隨機而轉；重言尊老，並無我見。寓言寄意，推陳出新。隨時起，隨時止。「道惡乎往而不存，言惡乎存而不可」(〈齊物論〉)。聲入心通，無不圓足。故「謬悠之說，荒唐之言，無端崖之辭」，正是卮言、重言、寓言之意也。其次，在此漫畫式的描述講法中，正藏有「詭辭為用」之玄智。此謂「無理路之理路」，亦曰「從渾沌中見秩序」。全部莊子是一大混沌，亦是一大玄智，亦整個是一大詭辭。老子之所分解地展示者，全消融於此大詭辭之玄智中，而成為全體透明之圓教。最後，此大詭辭之玄智，如再概念化之，嚴整地說出，便是一種「辯證的融化」。「恢詭譎怪，道通為一」。無成無毀，無有無無。「俄而有無矣，而未知有無之果孰有孰無也」(〈齊物論〉)。此之謂辯證的融化。老子是概念的分解，莊子是辯證的融化。而「辯證的融化」卻是藏在謬悠、荒唐、無端崖之芒忽恣縱之描寫中。平常之描寫，大體是平面的平鋪直述，而此芒忽恣縱之描寫卻是有一種立體的詭辭玄智藏於其中。此可曰「辯證的描述」。凡描述俱是具體的敘事，而此則雖是具體的，卻無事可敘，只是藉事以寄意。此辯證的融化，經過立體的詭辭玄智而至乎「無適焉，因是已」之「道通為一」，則亦當體具足，一切放平。但此具足

　　放平卻不是事的平鋪，亦不是分解概念的平擺，而卻是自
　　然、自在、灑然自足之玄智境界。一自然，一切自然。一自
　　足，一切自足。故如如平鋪，而無之無適也。❺❽

牟宗三先生用了很多名詞來描寫莊子的語言風格，如「漫畫式的描
述」、「詭辭為用」、「無理路之理路」、「從渾沌中見秩序」、
「辯證的融化」、「辯證的描述」又用「莊子是一大混沌，亦是一
大玄智，亦整個是一大詭辭」來綜合之，可見莊子的語言的確不是
那麼好掌握的，否則又怎麼需要這麼多的形容詞來範圍呢？

---

❺❽　牟宗三，《才性與玄理》，臺灣學生書局，頁176－177。

第二章　道　論

　　莊子的「道」為宇宙萬物之本原，道生天地，為「萬物之所繫，而一化之所待」（〈大宗師〉）。「道」與人生關係密切，人之生乃道之所化，如何知生、養生，安生，皆不能不知「道」。識道，工夫才有下手處，生命才有著力點。此談人生哲學不能不從道入手故也。

第一節　道的涵義

壹、總論

〈大宗師〉

　　夫道，有情有信，無為無形；可傳而不可受，可得而不可見；自本自根，未有天地，自古以固存；神鬼神帝，生天生地；在太極之先而不為高，在六極之下而不為深，先天地生而不為久，長於上古而不為老。

　　莊子講道之「有情有信」與老子所言同，老子說：「道之為物，惟恍惟惚，惚兮恍兮，其中有象，恍兮惚兮，其中有物，窈兮

冥兮，其中有精。其精甚真，其中有信。」（〈二十一章〉）憨山釋德清以「體」「用」的觀念來解釋情與信，他說：「有情謂雖虛而有實體，不失其用曰信。」❶陸西星則從「有欲」來講，他說：「何謂有情有信？自有欲以觀其徼者言之也，情者，靜之動也，信者，動之符也。」❷他是從老子首章「常無欲以觀奇妙，常有欲以觀其徼」的「無欲」、「有欲」來看情與信的意義，但重點在「用」。如果把道依「有」「無」兩個特質來理解，「有情有信」從「體」「無」來看，「無為無形」從「用」「有」來看，似乎是比較圓滿的解釋。如成玄英所言：「明鑒洞察，有情也；趣機若響，有信也。恬淡寂寞，無為也。視之不見，無形也。」❸也就是〈齊物論〉篇所言：「若有真宰，而特不得其朕，可行已信，而不見其形，有情而無形」也。

所謂「可傳而不可受，可得而不可見」，成玄英說得很好，他說：「寄言詮理，可傳也。體非量數，不可受也。方寸獨悟，可得也。離於形色，不可見也。」❹道可透過語言文字來傳達，所謂「說不可說」之表達方式也，但是道體圓融整全，變化無端，非親身體會，不可能透過語言之傳達即可領受。又萬物皆是道之化生，萬物皆有道，惟形軀之所限，易生迷妄，故迷時失道，惟悟才是道。所以每個人都可以因心悟而有所得，但道非對象之存在，所以不可目見。

---

❶　憨山釋德清，《莊子內篇注》，卷四，廣文書局，頁25。
❷　陸西星，《莊子南華真經副墨》，自由出版社，頁264。
❸　郭慶藩輯，《莊子集釋》，華正書局，頁247。
❹　郭慶藩輯，《莊子集釋》，華正書局，頁247。

「自本自根，未有天地」，道是萬物之根本，所以它在一切萬物之先，它是最根本者，也就是沒有其他東西做為其根本，所以是「自本自根」。宣穎說：「道為事物根本，更無有為道之根本者，自本自根耳。」❺

「神鬼神帝」喻道使萬物「神」妙。道本身神妙不可言，其化生萬物，萬物即具備道之特質，故亦能神妙。

「生天生地」，郭象對「生」的解釋是「不生之生」，他說：「無也，豈能生神哉？不神鬼帝而鬼帝自神，斯乃不神之神也；不生天地而天地自生，斯乃不生之生也。」❻此言道與萬物的關係，是由無「顯現」為有的過程，而不是因果之「生」的關係。

「在太極之先而不為高，在六極之下而不為深，先天地生而不為久，長於上古而不為老。」，這段話強調的是「道無所不在」，因為無所不在，所以也就沒有時空之限制，內外之分別了。成玄英疏曰：「言道之無所不在也，故在高為無高，在深為無深，在久為無久，在老為無老，無所不在，而所在皆無也。且上下無不格者，不得以高卑稱也；外內無不至者，不得以表裡名也；與化俱移者，不得言久也；終始常無者，不可謂老也。」❼

這段文字是莊子最直接敘述道的一段話，把道的幾個特點，扼要的點了出來。即道的真實性、先在性、根源性、永恆性、普遍性、獨立性，生物性、變化性。這段文字雖短，卻把莊子的道的內

---

❺ 宣穎，《莊子南華經解》，嚴靈峰輯，《無求備齋老列莊三子集成補編》33，頁 208。

❻ 郭慶藩輯，《莊子集釋》，華正書局，頁 248。

❼ 郭慶藩輯，《莊子集釋》，華正書局，頁 248。

涵描寫的具體而微，底下再舉莊子的其他篇章作進一步說明。

貳、分論

一、道的型態

〈應帝王〉篇記載壺子與卜者季咸的較量，說明道的四種型態。

鄭有神巫曰季咸，知人之死生、存亡、禍福、壽夭，期以歲
月旬日，若神。鄭人見之，皆奔而走。列子見之而心醉，
歸，以告壺子，曰：「始吾以夫子之道為至矣，則又有至焉
者矣。」壺子曰：「吾與汝既其文，未既其實。而固得道
與？眾雌而無雄，而又奚卵焉！而以道與世亢，必信，夫故
使人得而相汝。嘗試與來，以予示之。」明日，列子與之見
壺子。出而謂列子曰：「嘻！子之先生死矣！弗活矣！不以
旬數矣！吾見怪焉，見濕灰焉。」列子入，泣涕沾襟以告壺
子。壺子曰：「鄉吾示之以地文，萌乎不震不正，是殆見吾
杜德機也。嘗又與來。」明日，又與之見壺子。出而謂列子
曰：「幸矣！子之先生遇我也，有瘳矣！全然有生矣！吾見
其杜權矣！」列子入，以告壺子。壺子曰：「鄉吾示之以天
壤，名實不入，而機發於踵。是殆見吾善者機也。嘗又與
來。」明日，又與之見壺子。出而謂列子曰：「子之先生不
齊，吾無得而相焉。試齊，且復相之。」列子入，以告壺
子。壺子曰：「吾鄉示之以太沖莫勝，是殆見吾衡氣機
也。鯢桓之審為淵，止水之審為淵，流水之審為淵。淵有九

名，此處三焉。嘗又與來。」明日，又與之見壺子。立未
定，自失而走。壺子曰：「追之！」列子追之不及。反，以
報壺子曰：「已滅矣，已失矣，吾弗及已。」壺子曰：「鄉
吾示之以未始出吾宗。吾與之虛而委蛇，不知其誰何，因以
為弟靡，因以為波流，故逃也。」

壺子前後展示四種形象，皆道之象也。第一項壺子顯示「杜德機」
之地文，所謂杜德機就是把生機隱藏起來，像〈齊物論〉篇裡的南
郭子綦，顯示的形如槁木，心如死灰的形象，這是「吾喪我」之後
的沉靜形象，不知道者從形色觀之，或以為了無生機，而不知此乃
道之「靜」的形象。

　　第二項壺子顯示「善者機」之天文，亦即生機也，此時生命若
和光普照，生機蓬勃。這是生命活潑流動之生機，是大化流行之自
然現象。郭象分析此兩種道的形象說：「夫至人，其動也天，其靜
也地，其行也水流，其止也淵默。淵默之與水流，天行之與地止，
其於不為而自爾，一也。今季咸見其尸居而坐忘，即謂之將死，睹
其神動而天隨，因謂之有生。誠能應不以心而理自玄符，與變化升
降而以世為量，然後足為物主而順時無極。故非相者所測耳。」❽
郭象說出了體道之人能順大道之變化而變化，應物無方，純任理之
所不得不然，理當為安靜之地文，則顯現為安靜之地文，理當為活
動之天文則顯現為活動之天文。無心應之而莫不應。

　　第三種形象，壺子顯示「衡氣機」，衡是「平」的意思，鍾泰

------

❽　郭慶藩輯，《莊子集釋》，華正書局，頁 299－300。

先生說：「衡之為言平也，氣，陰陽之氣也。陰陽以交融而莫相勝，故曰衡也。」❾此時陰陽動靜合而為一，「本跡相即，動寂一時。」❿以道的顯現過程來看，這是「道生一」的階段。

第四種形象，壺子顯示「未始出吾宗」，這是道的根本處，道雖然變化無常，然歸本於虛極。如成玄英所言：「夫妙本玄源，窈冥恍惚，超茲四句，離彼百非，不可以心慮知，安得以形名取，既絕言象，無的宗塗，不測所由，故失而走。」⓫

這是莊子透過壺子的具體形象，顯示道的四個形態，這四個型態其實可以簡約為三型態，也就是把地文與天文合而為天地萬物之型態，也就是道的具體之型態。如〈齊物論〉篇說：

> 有始也者，有未始有始也者，有未始有夫未始有始也者。有有也者，有無也者，有未始有無也者，有未始有夫未始有無也者。俄而有無矣，而未知有無之果孰有孰無也。

這段描述明確的說明道的三種型態。第一種型態是「有未始有夫未始有始也者」和「有未始有夫未始有無也者」，這是壺子顯示的「未始出吾宗」的道之本源的型態；其次「有未始有始也者」和「有未始有無也者」，這是壺子顯示的「衡氣機」的型態，也是「一」的型態；最後「有始也者」和「有有也者，有無也者」，就

---

❾　鍾泰，《莊子發微》，上海古籍出版社，頁176。
❿　郭慶藩輯，《莊子集釋》，華正書局，頁302。
⓫　郭慶藩輯，《莊子集釋》，華正書局，頁304。

是壺子顯示的「善者機」與「杜德機」的型態，這是天地萬物形成的型態。〈天地〉篇載：

> 泰初有無，無有無名。一之所起，有一而未形。物得以生，謂之德；未形者有分，且然無間，謂之命；留動而生物，物成生理，謂之形；形體保神，各有儀則，謂之性。

這段文字也說出道的三個型態，最根源之道曰「無」，無的特質是「無有無名」，成玄英疏曰：「太初之時，惟有此無，未有於有。有既未有，名將安寄，故無有無名。」⑫其次為「一」，成玄英疏曰：「一者，有之初，至妙者也，至妙，故未有物理之形耳。」⑬此老子首章所言「無，名天地之始；有，名萬物之母」的「有」。「一」就是萬物之母的有。所以接下來莊子就說「有一而未形。物得以生，謂之德」。萬物得「一」而生，這是道的第三種型態，宣穎說：「物得此未形之一以生，則性中各有一太極，故謂之得。」⑭宣穎之一太極，就是指道之本身。即道經過「一」之變化而來之型態，這個型態即具體萬物之型態。

　　如果再簡約之，莊子的道其實可以分為「有」與「無」兩個型態。〈人間世〉篇載孔子回答顏回「心齋」時說：「若一志，無聽之以耳而聽之以心，無聽之以心而聽之以氣。聽止於耳，心止於

---

⑫　郭慶藩輯，《莊子集釋》，華正書局，頁 425。
⑬　郭慶藩輯，《莊子集釋》，華正書局，頁 425。
⑭　宣穎，《莊子南華經解》，嚴靈峰輯，《無求備齋老列莊三子集成補編》33，頁 325。

符。氣也者，虛而待物者也。唯道集虛。虛者，心齋也。」成玄英
疏曰：「惟此真道，集在虛心，故如虛心者，心齋妙道也。」這裡
莊子把「氣」當作是「虛無」之道，也就是把前面所說的「一」與
道合在一起說，跟具體的物，如耳、心做分別，這是從有形與無形
來思考的分類法，所以如果以「形」之有無來分，就可把道分為
「無」和「有」兩種型態。葉舒憲先生說：「『道』的往復運動產
生出『無』與『有』的對待和轉化關係。二者之中『無』才是更加
具有本源性的一極，所以莊子可以將作為起點和終點的『無』看做
『道』的代稱。」⑮鄔昆如先生也說：「『無』是一切否定的根
本，同時也是最高的肯定。『無』之所以能成為最高的肯定，就是
因為它解脫了一切束縛。『無』的消極面固然說明『道』體之不可
知，不可言傳；但是，其積極面則指出沒有絲毫的阻礙，根本不受
外界的限制，更不受任何感官世界的束縛。」⑯從這兩位先生的說
明，我們可以再把莊子道的三態再簡約為二態，即「無」與
「有」，所謂「無」指的是道超越具體事物的無性，「有」指的是
道化為萬物的具體世界。

二、道的無性

　　莊子的道是超越時空的無限，其生化萬物神妙，卻不見其形。
〈知北遊〉篇載：「惛然若亡而存，油然不形而神，萬物畜而不
知，此之謂本根。」〈知北遊〉篇又借無始之言曰：

---

⑮　葉舒憲，《莊子的文化解析》，湖北人民出版社，頁85。
⑯　鄔昆如，《莊子與古希臘哲學中的道》，臺北中華書局，1976，頁146。

道不可聞，聞而非也；道不可見，見而非也；道不可言，言
而非也！知形形之不形乎！道不當名。

成玄英疏曰：「道無聲，不可以耳聞，耳聞非道也；道無色，不可
以眼見，眼見非道也；道無名，不可以言說，言說非道也。……夫
能形色萬物者，固非形色也，乃曰形形不形也。」❼道生萬物，萬
物有形，有形不可能生有形，所以道是無形。〈齊物論〉篇說：

> 若有真宰，而特不得其眹。可行己信，而不見其形，有情而
> 無形。百骸、九竅、六藏，賅而存焉，吾誰與為親？汝皆說
> 之乎？其有私焉？如是皆有為臣妾乎？其臣妾不足以相治
> 乎？其遞相為君臣乎？其有真君存焉？如求得其情與不得，
> 無益損乎其真。

真宰即是道，它是「有情而無形」，如果滯溺於形骸，將不能體會
此真宰。

三、道不可言說

〈知北遊〉
泰清問乎無窮，曰：「子知道乎？」無窮曰：「吾不知。」
又問乎無為，無為曰：「吾知道。」曰：「子之知道，亦有
數乎？」曰：「有。」曰：「其數若何？」無為曰：「吾知

---

❼　郭慶藩輯，《莊子集釋》，華正書局，頁 757－758。

　　道之可以貴、可以賤、可以約、可以散，此吾所以知道之數
也。」泰清以之言也問乎無始，曰：「若是，則無窮之弗知
與無為之知，孰是而孰非乎？」無始曰：「不知深矣，知之
淺矣；弗知內矣，知之外矣。」於是泰清中而歎曰：「弗知
乃知乎！知乃不知乎！孰知不知之知？」無始曰：「道不可
聞，聞而非也；道不可見，見而非也；道不可言，言而非
也！知形形之不形乎！道不當名。」無始曰：「有問道而應
之者，不知道也；雖問道者，亦未聞道。道無問，問無應。
無問問之，是問窮也；無應應之，是無內也。以無內待問
窮，若是者，外不觀乎宇宙，內不知乎大初。是以不過乎崑
崙，不游乎太虛。」

　　泰清問到於「無窮」和「無為」，一知一不知，泰清困惑不得
解，乃再求之於「無始」，無始告訴他，不知才是深刻且內在的，
成玄英疏曰：「不知合理，故深玄而處內；知之乖道，故粗淺而疏
外。」[18]無始又說「道不可聞」「道不可見」「道不可言」「道不
當名」。除此之外，無始再從問答之間談「道無問，問無應」的觀
念，也就是說道既不可聞、見、言、名，則任何問「道」都是不對
的，既然所問不對，則回答者當然也就不對。所以「無問問之，是
問窮也；無應應之，是無內也」，就是說，不當問而問之，這是空
問；不該回答而回答，這是心中沒有體道。以一個不了解道的人去
回答一個莫名其妙的問題，這對體道是一點幫助都沒有的。因此泰

----

[18]　郭慶藩輯，《莊子集釋》，華正書局，頁757。

輕感慨的說，原來「弗知乃知乎！知乃不知乎！孰知不知之知？」

同樣的問答出現在〈知北遊〉篇中東郭子問莊子：

> 東郭子問於莊子曰：「所謂道，惡乎在？」莊子曰：「無所
> 不在。」東郭子曰：「期而後可。」莊子曰：「在螻蟻。」
> 曰：「何其下邪？」曰：「在稊稗。」曰：「何其愈下
> 邪？」曰：「在瓦甓。」曰：「何其愈甚邪？」曰：「在屎
> 溺。」東郭子不應。莊子曰：「夫子之問也，固不及質。
> 正、獲之問於監市履狶也，每下愈況。汝唯莫必，無乎逃
> 物。至道若是，大言亦然。周、遍、咸三者，異名同實，其
> 指一也。嘗相與游乎無有之宮，同合而論，無所終窮乎！嘗
> 相與無為乎！澹而靜乎！漠而清乎！調而閒乎！寥已吾志，
> 無往焉而不知其所至，去而來不知其所止，吾已往來焉而不
> 知其所終，彷徨乎馮閎，大知入焉而不知其所窮。物物者與
> 物無際，而物有際者，所謂物際者也。不際之際，際之不際
> 者也。謂盈虛衰殺，彼為盈虛非盈虛，彼為衰殺非衰殺，彼
> 為本末非本末，彼為積散非積散也。」

此段言道無所不在，道是「周遍咸」，道是「無逃乎物」。「道與
萬物的關係，乃是本體與現象的關係，而現象也者，乃是本體所現
之象。本體與現象，原本就是一而二，二而一。」❶❾道表現而為萬
物，任何一物都是道的整體表現。所以即物即道。而「物物者與物

---

❶❾ 李日章，《莊子逍遙境的裡與外》，麗文文化事業，頁27。

無際」，就是說道與物之間沒有界限，但物與物之間卻是有界限的，所以說：「而物有際者，所謂物際者也。」而「不際之際」指的是看似有際其實無際的現象；「際之不際」則是指看似無際卻表現為有際的道之本體。合而言之「不際之際，際之不際」就是說現象即本體，本體即現象。道表現而為物，物本身即是道，所以不是由物外面再去獲得道，萬物之本身都是道之整體。

其次莊子也再度說明「道不可問答」的觀念，雖然莊子回答了東郭子的問「道」，但是莊子接著說：「夫子之問也，固不及質。」質就是真實的意思，成玄英疏曰：「道無不在，豈唯稊稗，故答子之問，猶未逮真也。」[20]成玄英指說莊子的回答是不真實的，其實應該包含東郭子的問題也是不真實的。因為道既超越名相，東郭子的「期而後可」，已經犯了欲令莊子指明道之所在的錯誤。

又道既然在萬物之中，萬物本身就是道，不能在道之外找尋一個我在，這也是莊子為什麼一再強調道的不可問答的原因吧！〈知北遊〉篇說：

> 舜問乎丞：「道可得而有乎？」曰：「汝身非汝有也，汝何得有夫道！」舜曰：「吾身非吾有也，孰有之哉？」曰：「是天地之委形也；生非汝有，是天地之委和也；性命非汝有，是天地之委順也；子孫非汝有，是天地之委蛻也。故行不知所往，處不知所持，食不知所味。天地之彊陽氣也，又

---

[20] 郭慶藩輯，《莊子集釋》，華正書局，頁 751。

　　胡可得而有邪！」

「生非汝有」、「性命非汝有」、「孫子非汝有」，所以一切都隨
順自然，萬般不由人。莊子又借弇堈弔說：「視之無形，聽之無
聲，於人之論者，謂之冥冥，所以論道而非道也。」（〈知北遊〉）
連用「冥冥」來稱呼道都不對，只要論道都不是道。

　　〈天運〉

　　孔子行年五十有一而不聞道，乃南之沛見老聃。老聃曰：
　　「子來乎？吾聞子，北方之賢者也，子亦得道乎？」孔子
　　曰：「未得也。」老子曰：「子惡乎求之哉？」曰：「吾求
　　之於度數，五年而未得也。」老子曰：「子又惡乎求之
　　哉？」曰：「吾求之於陰陽，十有二年而未得也。」老子
　　曰：「然，使道而可獻，則人莫不獻之於其君；使道而可
　　進，則人莫不進之於其親；使道而可以告人，則人莫不告其
　　兄弟；使道而可以與人，則人莫不與其子孫。然而不可者，
　　無它也，中無主而不止，外無正而不行。由中出者，不受於
　　外，聖人不出；由外入者，無主於中，聖人不隱。」

孔子雖然弟子三千，但仍不見道，故往求之於老聃，老聃問孔子求
道的方法，孔子答之曰求之於「度數」和「陰陽」，這個回答引來
老聃的一段論述，說明道不可獻，道不可進，道不可告人，道不可
與人的道理。道是要靠生命之體會，如果心中無主，道是不會在生
命中留存的。

四、道與氣

道生氣，氣凝結而有萬物，萬物滅而歸道，這是道化流行的方式。

〈至樂〉

莊子妻死，惠子吊之，莊子則方箕踞鼓盆而歌。惠子曰：
「與人居，長子老身，死不哭亦足矣，又鼓盆而歌，不亦甚
乎！」莊子曰：「不然。是其始死也，我獨何能無概然！察
其始而本無生；非徒無生也，而本無形；非徒無形也，而本
無氣。雜乎芒芴之間，變而有氣，氣變而有形，形變而有
生。今又變而之死。是相與為春秋冬夏四時行也。人且偃然
寢於巨室，而我嗷嗷然隨而哭之，自以為不通乎命，故止
也。」

成玄英疏曰：「大道在恍惚之內，造化芒昧之中，和雜清濁，變成
陰陽二氣，二氣凝結，變而有形，形既成就，變而生育，且從無出
有，變而有生，自有還無，變而為死，而生來死往，變化循環，亦
猶春秋冬夏，四時代序，是以達人觀察，何哀樂之有哉？」㉑很明
顯的莊子認為「氣」生萬物，〈田子方〉篇說：「至陰肅肅，至陽
赫赫，肅肅出乎天，赫赫發乎地，兩者交通成和而物生焉，或為之
紀而莫見其形。」把氣分陰陽，陰陽交合而萬物生焉。

㉑　郭慶藩輯，《莊子集釋》，華正書局，頁615。

〈知北遊〉

生也死之徒，死也生之始，孰知其紀！人之生，氣之聚也。
聚則為生，散則為死。若死生為徒，吾又何患！故萬物一
也。是其所美者為神奇，其所惡者為臭腐。臭腐復化為神
奇，神奇復化為臭腐。故曰：「通天下一氣耳。」聖人故貴
一。

氣聚則生，氣散則死，故宇宙萬物之生死皆係於一氣，生與死只是
氣之散聚。所以萬物變化而且互變。變化使萬物互通，因互通而化
異為同，合同為一，所謂「自其同者視之，萬物一也」（〈德充
符〉）。

五、道是自然萬物的秩序與原理

〈在宥〉篇說：「何謂道？有天道，有人道。」「天道」即自
然萬物的秩序與原理。「人道」即人世間的社會政治原理與法則，
亦即人依循道的原理所創造出來的政治社會秩序。總體的秩序法則
就叫做「道」，放到宇宙萬物，即有形天地間的秩序法則就叫做
「理」，所以〈知北遊〉篇說：「萬物有成理而不說。」〈秋水〉
篇也說：「知道者必達於理。」

〈達生〉篇裡頭的梓慶，它之所以能創造出「驚猶鬼神」的
鐻，就是讓自己剝掉一切的束縛與限制，「然後入山林，觀天性；
形軀至矣，然後成見鐻，然後加手焉；不然則已。則以天合天，器
之所以疑神者，其是與！」所謂的「天性」就是樹木之本性，就是
「天」，就是「道」。「以天合天」就是梓慶的天性與樹木的天性
合而為一。

〈養生主〉篇中的庖丁不也是「臣之所好者道也」的藝術創造者嗎？他能把解牛的動作做到「莫不中音，合於桑林之舞，乃中經首之會」的藝術境界，就是順者牛的天性。他說：

> 臣之所好者，道也，進乎技矣。始臣之解牛之時，所見無非全牛者。三年之後，未嘗見全牛也。方今之時，臣以神遇，而不以目視，官知止而神欲行。依乎天理，批大郤，導大窾，因其固然。

這個「依乎天理」和「因其固然」正是依順牛之本來之特性，不加個人主觀之意見。〈達生〉篇描述丈人游泳的技能讓孔子以為是鬼，但是丈人卻說要達到這種境界，其實很簡單，只是順水性而已。他說：

> 請問：「蹈水有道乎？」曰：「亡，吾無道。吾始乎故，長乎性，成乎命。與齊俱入，與汨偕出，從水之道而不為私焉。此吾所以蹈之也。」孔子曰：「何謂始乎故，長乎性，成乎命？」曰：「吾生於陵而安於陵，故也；長於水而安於水，性也；不知吾所以然而然，命也。」

就是這句「從水之道而不為私焉」，點出了遵循天道的秘密所在。舉凡莊子這類型的故事，都透露道是萬物的秩序與原理，只要順著這個原理，就能與道合一。

〈天道〉

天尊，地卑，神明之位也；春夏先，秋冬後，四時之序也；萬物化作，萌區有狀；盛衰之殺，變化之流也。夫天地至神，而有尊卑先後之序，而況人道乎！宗廟尚親，朝廷尚尊，鄉黨尚齒，行事尚賢，大道之序也。語道而非其序者，非其道也；語道而非其道者，安取道哉！

天地四時都有尊卑先後，更何況是人倫之間，所以宗廟必據昭穆，朝廷以官爵為尊卑，鄉黨以年齡為次第，行事擇賢任用，這都是符合大道的秩序。陸西星曰：「凡物有先有從，乃造化之定理，聖人取象於天地，觀變於四時，體撰於萬物，則見尊卑先後區狀勝衰，皆有一定自然之序，用是而主張綱維，以立人道之極。」❷❷這段話把宇宙萬物的秩序與社會秩序並列，並歸結為人倫社會之秩序乃遵循大道的秩序，把「天道」「人理」之間的關係密切結合。

六、道生物不測

〈天運〉

天其運乎？地其運乎？日月其爭於所乎？孰主張是？孰維綱是？孰居無事推而行是？意者其有機緘而不得已邪？意者其運轉而不能自止邪？雲者為雨乎？雨者為雲乎？孰隆施是？孰居無事淫樂而勸是？風起北方，一西一東，有上彷徨。孰噓吸是？孰居無事而披拂是？敢問何故？

---

❷❷　陸西星，《莊子南華真經副墨》，自由出版社，頁502。

天、地、日、月之運行，雲行、雨施、風動，這些自然現象，是誰主導？莊子認為這麼有秩序而豐富的自然現象，絕對不可能是一個有心做作的人可以辦得到的。所以莊子說「孰居無事推而行是」？這句話就是用疑問詞來加強他的肯定，這個主導運轉天地萬物的本身就是一個自然，就是無為，就是道。陸西星說：「居無事三字最妙，蓋主張綱維，猶涉有為。居無事則全漠然而無所為矣。」㉓無為而萬物生，無為而天地運，無為而風雨施，道之生物何其奧妙難知啊！

〈則陽〉

少知曰：「四方之內，六合之裡，萬物之所生惡起？」大公調曰：「陰陽相照相蓋相治，四時相代相生相殺。欲惡去就於是橋起，雌雄片合於是庸有。安危相易，禍福相生，緩急相摩，聚散以成。此名實之可紀，精微之可志也。隨序之相理，橋運之相使，窮則反，終則始，此物之所有。言之所盡，知之所至，極物而已。睹道之人，不隨其所廢，不原其所起，此議之所止。」

少知問大公調萬物是如何產生的？大公調舉了萬物之間相反相成及物極必反的原理，這些都是自然而然，沒有辦法用知識去理解與推知，語言知識只能就有形之物說之，至於生物者為何？則不可知矣。所謂「言之所盡，知之所至，極物而已」。成玄英疏曰：「夫

㉓　陸西星，《莊子南華真經副墨》，自由出版社，頁 526。

四序循環，更相治理，五行運動，遞相驅役，物極則反，終而復始。……夫真理玄妙，絕於言知，若以言詮辯，運知思慮，適可極於有物而已，故未能造於玄玄之境。」❷❹面對道之生物不測，也只能言語道斷，心行路絕了。

〈則陽〉

少知曰：「季真之莫為，接子之或使。二家之議，孰正於其情，孰遍於其理？」大公調曰：「雞鳴狗吠，是人之所知；雖有大知，不能以言讀其所自化，又不能以意其所將為。斯而析之，精至於無倫，大至於不可圍。或之使，莫之為，未免於物而終以為過。或使則實，莫為則虛。有名有實，是物之居；無名無實，在物之虛。可言可意，言而愈疏。未生不可忌，已死不可徂。死生非遠也，理不可睹。或之使，莫之為，疑之所假。吾觀之本，其往無窮；吾求之末，其來無止。無窮無止，言之無也，與物同理；或使莫為，言之本也。與物終始。道不可有，有不可無。道之為名，所假而行。或使莫為，在物一曲，夫胡為於大方？言而足，則終日言而盡道；言而不足，則終日言而盡物。道物之極，言默不足以載；非言非默，議有所極。」

道化萬物，是如何產生？就像雞鳴狗吠這種現象，是怎麼來的？雖然大家都習以為常，認為這是自然的現象，但仔細深究則窅然難

知。「莫為」與「或使」二人各執一偏，一執有為，一執無為，企
圖解釋這個現象，大公調回答說：雞鳴狗吠，出乎造化自然，不能
以意測之，不能以言語說之，故「莫為」失之虛無；「或使」失之
滯有。也就是說道體之生物變化，根源莫測，不可意致也。成玄英
疏曰：「過去以往，生化無窮，莫測根源，焉可意致，假令盛談無
有，既其偏滯，未免於物，故與物同於一理也。……夫至道不絕，
非有非無，故執有無，二俱不可也。」㉕

〈知北遊〉

　　今彼神明至精，與彼百化，物已死生方圓，莫知其根也。扁
　　然而萬物自古以固存。六合為巨，未離其內；秋豪為小，待
　　之成體；天下莫不沉浮，終身不故；陰陽四時運行，各得其
　　序；惛然若亡而存；油然不形而神；萬物畜而不知。此之謂
　　本根，可以觀於天矣！

成玄英疏曰：「夫物或生或死，乍方乍圓，變化自然，莫知根
緒。」㉖大道生物，「莫知其根也」，「萬物畜而不知」也，這就
是道生物不測的特質。

㉕　郭慶藩輯，《莊子集釋》，華正書局，頁 918－919。

㉖　郭慶藩輯，《莊子集釋》，華正書局，頁 736。

七、道變化無窮

(一)自化

〈秋水〉

物之生也，若驟若馳，無動而不變，無時而不移，何為乎，何不為乎？夫故將自化。

成玄英疏曰：「萬物紛亂，同稟天然，安而任之，必自變化，何勞措意為與不為！」❷所謂「自化」，就是萬物自己變化。萬物都是道的化身，所以萬物的變化，就是道的變化。道在萬物之中，萬物與道為一體，所以萬物自己變化，沒有外力措意其間。〈齊物論〉篇載：「夫吹萬不同，而使其自己也，咸其自取，怒者其誰也！」郭象注曰：「夫天籟者，豈復別有一物哉？即眾竅比竹之屬，接乎有生之類，會而共成一天耳。」❷

(二)萬物皆化

莊子認為宇宙萬物間存在著一個普遍的現象，那就是變化。〈天地〉篇說：「天地雖大，其化均也。」成玄英疏曰：「夫二儀生育，覆載無窮，形質之中，最為廣大，而新新變化，其狀不殊，念念遷謝，實惟均等，所謂亭之也，故云天地與我並生。」❷萬物由道所顯現，並且變化不止，而且這種變化是普遍的存在，無一例

---

❷ 郭慶藩輯，《莊子集釋》，華正書局，頁 588。
❷ 郭慶藩輯，《莊子集釋》，華正書局，頁 50。
❷ 郭慶藩輯，《莊子集釋》，華正書局，頁 403。

外，「念念遷謝，實惟均等」。

〈知北遊〉篇說：「人生天地之間，若白駒之過郤，忽然而已。注焉勃焉，莫不出焉；油然漻然，莫不入焉。已化而生，又化而死。生物哀之，人類悲之。」人之出生入死皆道之變化，道透過萬物來表現而已，又有何悲喜之牽掛哉？〈大宗師〉篇也說：

> 藏舟於壑，藏山於澤，謂之固矣！然而夜半有力者負之而走，昧者不知也。藏小大有宜，猶有所遯。若夫藏天下於天下而不得所遯，是恆物之大情也。特犯人之形而猶喜之。若人之形者，萬化而未始有極也，其為樂可勝計邪！故聖人將遊於物之所不得遯而皆存。善夭善老，善始善終，人猶效之，而況萬物之所係，而一化之所待乎！

莊子以「藏舟於壑，藏山於澤，謂之固矣」來比喻不了解宇宙萬物是不斷「變化」的人，人因為不能了解這個變化的必然性，而有好生惡死之情緒，至於聖人則不然。郭象注曰：「夫聖人遊於變化之塗，放於日新之流，萬物萬化，亦與之萬化，化者無極，亦與之無極，誰得遯之哉！」⑩

(三)物化

〈齊物論〉

昔者莊周夢為胡蝶，栩栩然胡蝶也。自喻適志與！不知周

---

⑩　郭慶藩輯，《莊子集釋》，華正書局，頁246。

也。俄然覺，則蘧蘧然周也。不知周之夢為胡蝶與，胡蝶之
夢為周與？周與胡蝶，則必有分矣。此之謂物化。

　　蝴蝶與莊周從形體本身看是兩個不同的物體，但這兩個不同的
物體卻是由道之大化而來，即透過陰陽二氣而產生，宇宙就像一個
大鎔爐，萬物不斷的從鎔爐裡被鑄造出來，然後又回到鎔爐之中，
再以新的型態出現。「今一以天地為大鑪，以造化為大冶，惡乎往
而不可哉！」（〈大宗師〉）也就是說萬物在宇宙之間不斷的相互轉
化，這就是莊子所說的物化。宣穎曰：「周可以為蝶，蝶可以為
周，可見天下無復彼物此物之跡，歸於化而已。」❸❶〈逍遙游〉篇
載「北冥有魚，其名為鯤，鯤之大，不知其幾千里也，化而為鳥，
其名為鵬。」成玄英說：「化魚為鳥，欲明變化之大理也。」❸❷
〈大宗師〉借子輿的話說：

　　　　浸假而化予之左臂以為雞，予因以求時夜；浸假而化予之右
　　　　臂以為彈，予因以求鴞炙；浸假而化予之尻以為輪，以神為
　　　　馬，予因以乘之，豈更駕哉！且夫得者，時也；失者，順
　　　　也。安時而處順，哀樂不能入也，此古之所謂縣解也，而不
　　　　能自解者，物有結之。

---

❸❶　宣穎，《莊子南華經解》，嚴靈峰輯，《無求備齋老列莊三子集成補編》
　　　33，頁113。
❸❷　郭慶藩輯，《莊子集釋》，華正書局，頁3。

子輿認為面對道之自然變化，我們只能「安時而處順」，不應有所執著，就像子來將死，也說：「夫大塊以載我以形，勞我以生，佚我以老，息我以死。故善吾生者，乃所以善吾死也。今大冶鑄金，金踊躍曰：『我且必為鏌鋣！』大冶必以為不祥之金。今一犯人之形而曰：『人耳！人耳！』夫造化者必以為不祥之人。」（〈大宗師〉）違逆即不道，不道則不安。成玄英疏曰：「苟隨任以安排，亦於何而不適者也。」❸❸

八、道循環往復

〈寓言〉

萬物皆種也，以不同形相禪，始卒若環，莫得其倫，是謂天均。

「以不同形相禪」指的是萬物之間可以互相轉化，這是莊子講的「物化」，「始卒若環」則是強調宇宙萬物之相互轉化之循環不已。如成玄英疏曰：「物之遷貿，譬彼循環，死去生來，終而復始，此出禪代之狀也。」❸❹就像「陶鈞」般的循環不已。

〈天地〉

泰初有無，無有無名。一之所起，有一而未形。物得以生，謂之德；未形者有分，且然無間，謂之命；留動而生物，物

---

❸❸ 郭慶藩輯，《莊子集釋》，華正書局，頁 262。
❸❹ 郭慶藩輯，《莊子集釋》，華正書局，頁 951。

成生理，謂之形；形體保神，各有儀則，謂之性。性修反
德，德至同於初。同乃虛，虛乃大。合喙鳴；喙鳴合，與天
地為合。其合緡緡，若愚若昏，是謂玄德，同乎大順。

此段描寫道之雙迴向性，所謂雙迴向的意思是當道由「無」而
「有」之後，這個萬物的有，會再經過修養工夫一層一層的剝落生
命受形軀之所限，讓精神超升，讓生命化歸入道之「無」。萬物之
生由無，而一，而德，而命，而形，而性，此萬物之所以成。然後
生命之完成則必須再回歸到德，再回到初，回到虛，如此有形之小
我就能再度擴大自己的生命世界，再度與天地冥合，「同乎大
順」。萬物就在道的變化循環中完成其自己。

〈秋水〉
道無終始，物有死生，不恃其功。一虛一滿，不位乎其形。
年不可舉，時不可止。消息盈虛，終則有始。是所以語大義
之方，論萬物之理也。物之生也，若驟若馳。無動而不變，
無時而不移。何為乎，何不為乎？夫固將自化。

道本身無終始，但是道化萬物，卻有一個變化的歷程。每一個存在
本身都是有始有終，但是每一個存在之終，都是另一個存在之始，
所謂「終則有始」是也。所以整個宇宙是循環不已，「始卒若環」
的。因此〈田子方〉篇又說：「生有所乎萌，死有所乎歸，始終相
反乎無端，而莫知乎其所窮。」

九、道的根源性

道為生命之實現原理,「殺生者不死,生生者不生。」(〈大宗師〉)不死不生即是道,道超越死生而使物有死生,道不死而殺物之生,道不生而生物之生。道不是靜止的,但也不隨物遷流。

〈德充符〉

死生亦大矣,而不得與之變,雖天地覆墜,亦將不與之遺,審乎無假,而不與物遷;命物之化,而守其宗。

這段話雖然是孔子稱讚兀者王駘,但其實就是道的根源性的描述。憨山釋德清曰:「謂其人超然物外,不隨物遷,惟任物自化,而彼但守其至道之宗也。」**㉟**

〈大宗師〉

道可傳而不可受,可得而不可見。……自本自根,未有天地,自古以固存,神鬼神帝,生天生地。

〈知北遊〉

有先天地生者物邪?物物者非物,物出不得先物也,猶其有物也。猶其有物也,無已!

這些都說明道的至高無上的根源性。雖然如此,道並沒有主宰萬物

㉟ 憨山釋德清,《莊子內篇注》,卷三,廣文書局,頁3。

之特性，反而是讓萬物自己表現，「咸其自取，怒者其誰耶？」
（〈齊物論〉）

十、道通為一

〈齊物論〉

天地一指也，萬物一馬也。可乎可，不可乎不可。道行之而
成，物謂之而然。惡乎然？然於然。惡乎不然？不然於不
然。物固有所然，物固有所可。無物不然，無物不可。故為
是舉莛與楹，厲與西施，恢詭譎怪，道通為一。其分也，成
也；其成也，毀也。凡物無成與毀，復通為一。唯達者知通
為一，為是不用而寓諸庸。庸也者，用也；用也者，通也；
通也者，得也。適得而幾矣。因是已，已而不知其然，謂之
道。勞神明為一而不知其同也，謂之「朝三」。何謂「朝
三？」曰：「狙公賦芧，曰：『朝三而暮四。』眾狙皆怒。
曰：『然則朝四而暮三。』眾狙皆悅。」名實未虧而喜怒為
用，亦因是也。是以聖人和之以是非而休乎天鈞，是之謂兩
行。

葉舒憲先生說：「從循環變易的角度去看待『一』、『分』、
『成』、『毀』的運動過程，似乎比流行已久的『此物之分，彼物
之成』的解釋更加切近『通』與『復』的辯證蘊含。王孝魚先生
說：『天地之間的萬物。其分化與完成，其完成與毀滅，乃是一個
相為連貫的完整過程。其分化就是在完成，其完成就是在毀滅。所
以凡是萬物，並無成與毀的截然界限，而是要通而為一。也可以這

樣說，無成就無毀，無毀也就無成，我們不應該被一時的現象所
迷，以成毀為定型，一成而不可移易。』這種用『連貫的過程』來
考察分、成。毀之間相互關聯的見解，似較切近道家思想的特徵，
若再補足『復通為一』一項，就顯得更加周全完整。」❻

十一、道是一個整體

〈天下〉

天能覆之而不能載之，地能載之而不能覆之，大道能包之而
不能辯之。知萬物皆有所可，有所不可，故曰：選則不遍，
教則不至，道則無遺者矣。

〈天下〉

天下大亂，賢聖不明，道德不一。天下多得一察焉以自好。
譬如耳目鼻口，皆有所明，不能相通。猶百家眾技也，皆有
所長，時有所用。雖然，不該不遍，一曲之士也。判天地之
美，析萬物之理，察古人之全，寡能備於天地之美，稱神明
之容。是故內聖外王之道，闇而不明，鬱而不發，天下之人
各為其所欲焉以自為方。悲夫！百家往而不反，必不合矣！
後世之學者，不幸不見天地之純，古人之大體。道術將為天
下裂。

道是一個整體，包含一切，化而為萬物則受形軀之所限，若耳

---

❻ 葉舒憲，《莊子的文化解析》，湖北人民出版社，頁363。

只能聞聲，目只能視色，鼻只能聞香，口只能辨味。各從其所好而不能遍舉，此莊子感嘆「道術將為天下裂」的原因。

〈天道〉

　　夫子曰：「夫道，於大不終，於小不遺，故萬物備。廣廣乎其無不容也，淵淵乎其不可測也。

道大無窮，無所不包。成玄英疏曰：「二儀雖大，猶在道中，不能窮道之量；秋毫雖小，待之成體，此則於小不遺。既其能小能大，故知備在萬物。」❸❼

第二節　形象化的道

　　莊子為了更形象的闡述道，選擇了一系列的形象來證道，從而達到「立象以盡意」目的。

壹、天

一、天的意義

　　道的虛無、無為、無限很難被理解，所以莊子選擇了大家最熟悉的具體物——天來說明道的特質，如天成、天德、天道、天均、天府、天和、天籟、天倪、天年、天樂等等。天是萬物中最大的，「天地者，形之大者也」（〈則陽〉），「天之蒼蒼，其正色邪？其

---

❸❼　郭慶藩輯，《莊子集釋》，華正書局，頁486－487。

遠而無所至極邪？」（〈逍遙游〉）那麼用天來比擬道的「未始有封」（〈齊物論〉）的無限性，是非常恰當的。

如果以道的特質來看，道「生天生地」，是萬物之父母，〈達生〉篇也說：「天地者，萬物之父母也。」；道之無為，〈至樂〉篇也說：「天無為以之清，地無為以之寧。故兩無為相合，萬物皆化生」，〈天道〉篇也說：「天不產而萬物化，地不長而萬物育。」〈天地〉篇則更直接說：「無為為之之謂天。」等於直接把「道」換成「天」了。

〈齊物論〉

方生方死，方死方生；方可方不可，方不可方可；因是因非，因非因是。是以聖人不由，而照之於天，亦因是也。

成玄英疏曰：「天，自然也。聖人達悟，不由是得非，直置虛擬，照以自然之智。只因此是非而得無非無是，終不奪有而別證無。」[38]憨山釋德清曰：「言聖人不由世人之是非，而獨照明於天然之大道，故是為真是，故曰亦因是也。此言聖人之因是，乃照破之真是，不似世人以固執我見為是。而妄以人為非也，此即老子之人法天。」[39]宣穎亦曰：「自然之明，故曰天。」[40]天就是自然，就是道。

---

[38] 郭慶藩輯，《莊子集釋》，華正書局，頁 67。
[39] 憨山釋德清，《莊子內篇注》，卷二，廣文書局，頁 31。
[40] 宣穎，《莊子南華經解》，嚴靈峰輯，《無求備齋老列莊三子集成補編》33，成文出版社，頁 87。

天即自然，自然就是自己如此，〈齊物論〉篇云：「百骸、九竅、六藏，賅而存焉，吾誰與為親？汝皆說之乎？其有私焉？如是皆有為臣妾乎？其臣妾不足以相治乎？其遞相為君臣乎？其有真君存焉？如求得其情與不得，無益損乎其真。」郭象注曰：「付之自然，而莫不皆存也。」❹

二、天與人的關係

莊子把天人對舉，明確提出天人的關係是自然與人為的對比。所以反對「以人助天」或「以人滅天」。〈德充符〉篇說：

> 故聖人有所遊，而知為孽，約為膠，德為接，工為商。聖人不謀，惡用知？不斲，惡用膠？無喪，惡用德？不貨，惡用商？四者，天鬻也，天鬻者，天食也。既受食於天，又惡用人！有人之形，無人之情。有人之形，故群於人，無人之情，故是非不得於身。眇乎小哉，所以屬於人也！謷乎大哉，獨成其天！

成玄英疏曰：「至人不殀孽謀謨，何用智慧？不散亂雕斲，何用膠固？本不喪道，用德何為？不貴難得之貨，無勞商賈。……天，自然也。以前四事，蒼生有之，稟自自然，各率其性，聖人順之，故無用己也。」❷

天之所為即自然之所為。在〈秋水〉篇當中，莊子把天當作是

---

❹　郭慶藩輯，《莊子集釋》，華正書局，頁57。
❷　郭慶藩輯，《莊子集釋》，華正書局，頁218。

事物的本來面目，自然的狀態。「人」則是對自然狀態的改變：

> 「天在內，人在外，德在乎天。知天人之行，本乎天，位乎
> 得；蹢躅而屈伸，反要而語極。」曰：「何謂天？何謂
> 人？」北海若曰：「牛馬四足，是謂天；落馬首，穿牛鼻，
> 是謂人。故曰，無以人滅天，無以故滅命，無以得殉名。謹
> 守而勿失，是謂反其真。」

成玄英疏曰：「夫因自然而加人事，則羈絡之可也。若乃穿牛絡
馬，乖於造化，可謂逐人情之矯偽，滅天理之自然。」莊子不希望
因人為而傷害自然。人貪欲用智，以遂私慾，而傷害自己本性，也
傷害萬物之本性。所謂「以人滅天」「已故滅命」是也。

〈大宗師〉
子貢曰：「敢問畸人。」曰：「畸人者，畸於人而侔於天。
故曰：天之小人，人之君子；人之君子，天之小人也。」

憨山釋德清曰：「孔子言彼方外者，亦畸人也，但彼畸於人而侔合
乎天，若世之獨行君子，矜矜自持，不能逍遙自在者，是乃天之小
人，則為人中之君子，人中之君子，則為天之小人，第未能與天為
一耳。」❹

---

❹　憨山釋德清，《莊子內篇注》，卷四，廣文書局，頁 50－51。

三、天人合一

天人本不二，天即人，人即天，非人外有天也。人自脫離天之軌道，而自以為是，而有天人之分矣。人如能正知、真知而不妄知，則其所為即天之所為，也就不必再分天與人了。分天人乃方便說明人之妄知而失其真知之現象。

〈大宗師〉

知天之所為，知人之所為者，至矣！知天之所為者，天而生也；知人之所為者，以其知之所知，以養其知之所不知，終其天年而不中道夭者，是知之盛也。雖然，有患。夫知有所待而後當，其所待者特未定也。庸詎知吾所謂天之非人乎？所謂人之非天乎？且有真人而後有真知。

憨山釋德清曰：「知天知人之知，乃指真知，謂妙悟也。天，乃天然大道，即萬物之所宗者。所為，謂天地萬物乃大道全體之變，故曰天之所為，蓋天然無為而曲成萬物，非有心也。人之所為，謂人稟大道，乃萬物之一數，特最靈者，以賦大道之全體而為人之性，以主其形，即所謂真宰者。故人之見聞知覺，皆真宰以主之，日用頭頭，無非大道之妙用，是知人即天也，苟知天人合德，乃知之至也。」❹

人在天地之間是非常渺小的，〈秋水〉篇說：「號物之數謂之萬，人處一焉；人卒九州，穀食之所生，舟車之所通，人處一焉；

---

❹ 憨山釋德清，《莊子內篇注》，卷四，廣文書局，頁5。

此其比萬物也，不似豪末之在於馬體乎？」又人之形體乃天地之所化，〈知北游〉篇說：

> 舜問乎丞：「道可得而有乎？」曰：「汝身非汝有也，汝何
> 得有夫道！」舜曰：「吾身非吾有也，孰有之哉？」曰：
> 「是天地之委形也；生非汝有，是天地之委和也；性命非汝
> 有，是天地之委順也；子孫非汝有，是天地之委蛻也。故行
> 不知所往，處不知所持，食不知所味。天地之彊陽氣也，又
> 胡可得而有邪！」

這段話強調人之生乃自然之變化耳，乃大化之流行，人即道，道即人，非人外有道，故不能抽離一個我來認識道。人與天地萬物都是道之所生，所以〈齊物論〉篇說：「天地與我並生，萬物與我為一。」人從有形的角度看，他只是萬物之一，所以渺小。但是若從人是道之化身來看，每個人都是「謦乎大哉」（〈德充符〉），關鍵在於人是否能擺脫外物之糾纏，而順道之規律而行。「不以物挫志」（〈天地〉），「不以物害己」（〈秋水〉）。

〈大宗師〉

> 知天之所為，知人之所為者，至矣！知天之所為者，天而生
> 也；知人之所為者，以其知之所知，以養其知之所不知，終
> 其天年而不中道夭者，是知之盛也。雖然，有患。夫知有所
> 待而後當，其所待者，特未定也。庸詎知吾所謂天之非人
> 乎？所謂人之非天乎？且有真人而後有真知。

郭象注曰：「知天人之所為者，皆自然也。則內放其身而外冥於物，與眾玄同，任之而無不至者也。」❹成玄英疏曰：「近取諸身，遠託諸物，知能運用，無非自然。是知天之與人，理歸無二。故謂天則人，謂人則天。……此則泯合人天，混同物我者也。」❹憨山釋德清曰：「知天知人之知，乃指真知，謂妙悟也。天，乃天然大道，即萬物之所宗者。所為，謂天地萬物乃大道全體之變，故曰天之所為。蓋天然無為而曲成萬物，非有心也。人之所為，謂人稟大道，乃萬物之一數，特最靈者，以賦大道之全體而為人之性，以主其形，即所謂真宰者。故人之見聞知覺皆真宰以主之。日用頭頭，無非大道之妙用。是知人即天也。苟知天人合德，知之至也。……雖然有患者，意謂我說以所知養所不知，此還有病在，何也？以世人一向妄知，皆恃其妄知，強不知以為知，未悟以為悟，妄為肆志，則反傷其性，必待真悟真知，然後為恰當。第恐所待而悟者，未必真悟，則恃為已悟，則未可定也。必若真真悟透天人合德，本來無二，乃可為真知。……我說以人養天，不是離人日用之外，別有妙道。蓋天即人也。人即天也。直在悟得本來無二，原無欠缺，苟真知天人一體，方稱為真人矣。」❹

〈大宗師〉

　　故其好之也一，其弗好之也一。其一也一，其不一也一。其

❹　郭慶藩輯，《莊子集釋》，華正書局，頁224。
❹　郭慶藩輯，《莊子集釋》，華正書局，頁226。
❹　憨山釋德清，《莊子內篇注》，卷四，廣文書局，頁5—6。

　　一與天為徒，其不一與人為徒，天與人不相勝也，是之謂真
人。

憨山釋德清曰：「若超然絕俗，則是以天勝人，若逐物亡性，則是
以人勝天。今天人合德，兩不相傷，故不相勝，必如此，方是真
人。」❹

貳、一

　　天地萬物同出於道，則道一而物齊，分而言之，物我有別，合
而言之，則物我同出於道，又同歸於道，一本萬殊，萬殊一本。所
謂不同者，乃生化的演變過程，所有的作用與一時的現象而已。莊
子常常把一作為道的別稱，如〈齊物論〉篇所說的「道通為一」：

　　恢詭譎怪，道通為一。其分也，成也；其成也，毀也。凡物
　　無成與毀，復通為一。唯達者知通為一，為是不用而寓諸
　　庸。庸也者，用也；用也者，通也；通也者，得也。適得而
　　幾矣。因是已，已而不知其然，謂之道。

葉舒憲先生說：「從事物自身的變化看，似乎是有生成有毀滅，這
就顯出了『不一』的一面。但是若從道的立場看，『我之所謂成，
而彼或謂之毀』（郭象注），如『散毛成毯，伐木為舍』等（成玄英
疏），所以實際上並無成毀，一切變化皆是相通的，這就是永恆的

---

❹　憨山釋德清，《莊子內篇注》，卷四，廣文書局，頁17。

『一』。徐復觀說：『莊子不從物的分、成、毀的分別變化中來看物，而只從物之「用」的這一方面來看物，則物各有其用，亦即各得其性，而各物一律歸於平等，這便謂之「寓諸庸」。』就這樣，莊子用變化原理來看待對立面的矛盾，將『一』與『不一』統合到永恆之道中了。」㊾

〈人間世〉
回曰：「敢問心齋。」仲尼曰：「若一志，無聽之以耳而聽之以心，無聽之以心而聽之以氣。聽止於耳，心止於符。氣也者，虛而待物者也。唯道集虛。虛者，心齋也。」

這段對話將「心齋」與「道」、「氣」、「一」的關係作了說明。葉舒憲先生說：「莊子的『一』概念同『混沌』概念一樣，兼具客觀方面的創生本源和主觀方面的冥合萬有的雙重蘊含，這兩者又是通過主體的心理訓練技術而獲得統一的。在此種修道訓練中，『氣』為貫通今古，媒合個體與宇宙的物質中介，這是由於『氣』既出入每個活人的口鼻之間，又超越時空阻隔與開闢之初的鴻蒙未鑿之元氣相通相聯，足以構成一種整體存在的經驗。」㊿

〈天下〉篇云：「聖有所生，王有所成，皆原於一。」又〈天地〉篇云：「泰初有無，無有無名。一之所起，有一而未形。物得以生，謂之德。」郭象注曰：「一者，有之初，至妙者也，至妙，

㊾　葉舒憲，《莊子的文化解析》，湖北人民出版社，頁 184−185。
㊿　葉舒憲，《莊子的文化解析》，湖北人民出版社，頁 192。

故未有物理之形耳。夫一之所起,起於至一,非起於無也。」成玄英疏曰:「一者道也,有一之名而無萬物之狀。」把一都當成道的另一種形式來看。

葉舒憲先生說:「中國先秦時代沒有像基督教那樣明確的天堂地獄的神話表現,但這種二元對立的價值模式還是通過北溟與南溟（天池）的對立而體現出來,所不同的是,中國漢民族神話突出呈顯的主題不是對立面之間的鬥爭,而是二者之間的相互依存和相互轉化,從而消解矛盾,調和兩極,達致價值上相對認同的「道通為一」境界。不論是靜處北溟的巨鯤,還是扶搖直上的大鵬,它們在「不知其幾千里」的龐大特徵上是一致的,莊生也就用這種不避重複的描述語言向人們暗示著「異中之同」的一面,然後再導演出以「化」為主題詞的變形神話劇,讓對立面通過神秘的轉化而得到統一。同樣道理,不論是作夢的莊子,還是被夢的蝴蝶,其各自的主客體身分也不是截然對立、固定不變的,而是可以通過相互認同、轉化而統一的。那種『不知周之夢為胡蝶與,胡蝶之夢為周與』的奇妙體驗與西方文化中鷹蛇對立或上帝與魔鬼對立的典型經驗畢竟差別明顯。」❺¹

萬物因道而相通,因道而為一。「天地一指,萬物一馬」、「道通為一」（〈齊物論〉）「萬物雖多,其治一也。」（〈天地〉）「故萬物一也,是其所美者為神奇,其所惡者為臭腐;臭腐復化為神奇,神奇復化為臭腐。故曰:『通天下一氣耳。』聖人故貴一。」（〈天地〉）莊子貴一,以一治多,以一治萬物,以一治天

下，乃其道論之終極意義。理之一與事之多，原本是一不是二，「通於一而萬事畢，無心得而鬼神服」（〈天地〉）因一而通，因通而萬事為一。

　　生命的變化與有限性造成差異性，「今計物之數，不止於萬。」但莊子以生命之同化解生命之異，化解客觀事實所造成的認知上的難題。而至同不害異，異不害同。「自其異者視之，肝膽楚越也；自其同者視之，萬物皆一也。」（〈齊物論〉）如此任萬物同，任萬物異，終於萬物畢同畢異。畢同是一，畢異是無數之一，而無數之一皆在道之一中。

參、天均與環中

〈齊物論〉

物無非彼，物無非是。自彼則不見，自知則知之。故曰：彼出於是，是亦因彼。彼是方生之說也。雖然，方生方死，方死方生；方可方不可，方不可方可；因是因非，因非因是。是以聖人不由，而照之於天，亦因是也。是亦彼也，彼亦是也。彼亦一是非，此亦一是非，果且有彼是乎哉？果且無彼是乎哉？彼是莫得其偶，謂之道樞。樞始得其環中，以應無窮。是亦一無窮，非亦一無窮也。故曰：莫若以明。

是非若環，相循無窮，「環中」空矣，無是無非，故能應夫是非。成玄英疏曰：「夫物莫不自是，故是亦一無窮；莫不相非，故非亦

一無窮。唯彼我兩忘，是非雙遣，而得環中之道者。」❺

〈齊物論〉

> 狙公賦芧，曰：「朝三而暮四。」眾狙皆怒。曰：「然則朝
> 四而暮三。」眾狙皆悅。名實未虧而喜怒為用，亦因是也。
> 是以聖人和之以是非而休乎天鈞，是之謂兩行。

成玄英疏曰：「天均者，自然均平之理也，夫達道聖人，虛懷不
執，故能和是於無是，同非於無非，所以息智乎均平之鄉，休心乎
自然之境也。」❺葉舒憲先生從另外一個角度來詮釋「天均」，他
說：「永恆回環運轉的神話主題在新石器時代的製陶生產實踐中，
獲得一個重要的意象，那就是在旋轉中運作的陶均。《莊子》中所
說的『天鈞』或『天均』……要想徹底解開卮言曼衍不息的竅門，
當然不能不參照莊子借來作雙重諭示的這個意味深長的原始表
象。」❺葉先生接著又說：

> 〈齊物論〉在朝三暮四之寓言後總結說：「是以聖人和之以
> 是非而休乎天鈞，是之謂兩行。」成疏：「天均者，自然君
> 平之理也。」只就義理層面發揮，忘卻了「鈞」之原型意
> 象。《釋文》引崔云：「鈞，陶鈞也。」總算保留了「鈞」

❺　郭慶藩輯，《莊子集釋》，華正書局，頁 69。
❺　郭慶藩輯，《莊子集釋》，華正書局，頁 74。
❺　葉舒憲，《莊子的文化解析》，湖北人民出版社，頁 65。

之本相。「天鈞」之喻在〈寓言〉篇再度出現時又假作「天均」。正因為「鈞」與「均」皆可只是陶均。

葉先生認為莊子所使用的「道樞」、「環中」、「天均」、「天鈞」、「天行」、「天道」、「天運」等一系列隱喻可以說都與這個旋轉運動的原型有關。把均勻旋轉、永不停息的天設想為一個大陶均，也頗符合莊子道化之流行。〈天運〉篇一連串的設問，就是對這個旋轉不已的宇宙充滿了疑問？

天其運乎？地其運乎？日月其爭於所乎？孰主張是？孰維綱是？孰居無事推而行是？意者其有機緘而不得已邪？意者其運轉而不能自止邪？

把「天均」解釋成損有餘補不足的均平原理應用到和價值判斷上，自然就有了等貴賤，齊萬物，和是非的效應。把「天均」解釋成運轉不息的陶鈞也是符合道化流行不息的特質。

肆、混沌

〈應帝王〉

南海之帝為儵，北海之帝為忽，中央之帝為渾沌。儵與忽時相遇於渾沌之地，渾沌待之甚善。儵與忽謀報渾沌之德，曰：「人皆有七竅以視聽食息，此獨無有，嘗試鑿之。」日鑿一竅，七日而渾沌死。

莊子這段寓言，具有豐富的象徵意義。憨山釋德清曰：「此儵忽一
章，不獨結應帝王一篇，其實總結內七篇之大意，前言逍遙，則總
歸大宗師。前頻言小知傷生，種種不得逍遙，皆知巧之過。蓋都為
鑿破混沌，喪失天真者。」陸西星曰：「夫人之生也，道與之貌，
天與之形，本體之真，渾然如未彫之樸，此箇渾沌，人人有之，自
夫形生神發之後，知誘物化，⋯⋯逐妄迷真，去道日遠。」⑤兩者
皆以混沌為道之本來面貌，鑿破混沌象徵人類感官與智巧之運用而
喪失天真。葉舒憲先生說：

> 老莊的重要貢獻就在於它們把在神話中無意識地暗示出的混
> 沌的主觀方面的意義完全揭示出來，變成有意識地追求的一
> 種精神境界，由此奠定了中國是修道傳統的基本法則。老子
> 所說「塞其兌，閉其門，挫其銳，解其紛，和其光，同其
> 塵。」（〈五十六章〉）正是以神秘語言描繪的主觀上重返混
> 沌狀態。如果用簡明的語彙直接表達，則可以說聖人「混其
> 心」（〈四十九章〉）或古之人「混若濁」（〈十五章〉），用
> 神話思維中混沌意象的特徵來形容描繪人的主觀精神狀態，
> 這是老子的一大發明。⋯⋯在《莊子》一書，混沌觀念的表
> 達採用了更加豐富多樣的形式，約略說來，有北溟之鯤、中
> 央之山崑崙、中央之帝、混沌氏之術，古之「混冥」或「混
> 芒」狀態，渾溟與鴻蒙，還有重言所造出的「混混沌沌」

---

⑤　陸西星，《莊子南華真經副墨》，自由出版社，頁317。

等。❺

伍、天籟

〈齊物論〉

子綦曰：「夫大塊噫氣，其名為風。是唯無作，作則萬竅怒
呺。而獨不聞之翏翏乎？山林之畏佳，大木百圍之竅穴，似
鼻，似口，似耳，似枅，似圈，似臼，似注者，似污者；激
者、謞者、叱者、吸者、叫者、譹者、宎者、咬者，前者唱
于而隨者唱喁。泠風則小和，飄風則大和，厲風濟則眾竅為
虛。而獨不見之調調，之刁刁乎？」子游曰：「地籟則眾竅
是已，人籟則比竹是已，敢問天籟。」子綦曰：「夫吹萬不
同，而使其自已也。咸其自取，怒者其誰邪？」

宇宙萬物都是道的顯現，呈現出不同的丰姿，苟無心為之，則人發
為人籟，地發為地籟，合奏出一曲和諧的交響樂。就是「天籟」，
所以天籟是自然之聲，是道化之聲，莊子喜歡用藝術之美來形容大
道，天籟即是一例。

陸、自然

〈逍遙游〉篇：「若夫乘天地之正，而御六氣之辯，以遊無窮
者，彼且惡乎待哉？」郭象注曰：

---

❺　葉舒憲，《莊子的文化解析》，湖北人民出版社，頁 125-126。

天地者，萬物之總名也。天地以萬物為體，而萬物必以自然
為正。自然者，不為而自然者也。故大鵬之能高，斥鴳之能
下，椿木之能長，朝菌之能短，凡此皆自然之所能，非為之
所能也。不為而自能，所以正也。故乘天地之正者，即是順
萬物之性也。御六氣之辯者，即是遊變化之塗也。……夫唯
與物冥而循大辯者，為能無待而常通，豈獨自通而已哉！又
順有待者，使不失其所待，所待不失，則同於大通矣。故有
待無待，吾所不能齊；至於各安其性，天機自張，受而不
知，足吾所不能殊。**⑤⑦**

《廣雅·釋詁》：「然，成也。」自然就是「自成」（自我完成），
或「自己如此」。

老子以「自然」為人之本性，他也因此認為人們對「功利」和
「益生」的追求，會因違反自然而喪失人生的價值，所以他在〈四
十二章〉說：「故物或損之而益，或益之而損。」面對紛紜複雜的
世界，主張要以「虛」「靜」來保持內心的純淨。莊子對自然思想
最大的發展就是心靈領域展開廣泛而深刻的論述。不僅單列一篇
〈養生主〉論述這個問題，而且提出「喪我」（〈齊物論〉）、心齋
（〈人間世〉）和「坐忘」（〈大宗師〉）等心靈修養方法。〈德充
符〉篇裡更談到「常因自然而不益生也。」可以說是對自然與人生
的關係做最為簡潔的說明。

---

⑤⑦　郭慶藩輯，《莊子集釋》，華正書局，頁20。

柒、大海

雖然莊子說「計四海之在天地之間也，不似礨空之在大澤乎？」(〈秋水〉)大海雖大，但比起天地則是「小石小木之在大山也」(〈秋水〉)。但是莊子在〈秋水〉篇中透過北海若與河伯的對話，把描述海的特色跟道作了形象的結合，他說：

> 天下之水，莫大於海，萬川歸之，不知何時止而不盈；尾閭泄之，不知何時已而不虛；春秋不變，水旱不知。此其過江河之流，不可為量數。

又說：

> 夫千里之遠，不足以舉其大；千仞之高，不足以極其深。禹之時，十年九潦，而水弗為加益；湯之時，八年七旱，而崖不為加損。夫不為頃久推移，不以多少進退者，此亦東海之大樂也。

成玄英疏曰：「春秋不變其多少，水旱不知其增減，論其大也。」❺❽又說：「旱而崖不加損，潦亦水不加益，是明滄波浩汗，溟渺深弘，不為頃久推移，豈由多少進退！東海之樂，其在茲乎！」❺❾大海的不盈不虛，不溢不損，春秋不變，水旱不知，這種不受時空轉

---

❺❽　郭慶藩輯，《莊子集釋》，華正書局，頁565。
❺❾　郭慶藩輯，《莊子集釋》，華正書局，頁600。

移的「獨立不改」特質與道的「自本自根」（〈大宗師〉）特質一
致。〈天地〉篇說：「夫大壑之為物也，注焉而不滿，酌焉而不
竭。」也正是〈齊物論〉篇所描寫的體道聖人「葆光」之意象：

　　　　注焉而不滿，酌焉而不竭，而不知其所由來，此之謂葆光。

第三節　道與人生之關係

　　莊子的「道」就在萬物之中。〈知北遊〉篇說：「天不得不
高，地不得不廣，日月不得不行，萬物不得不昌，此其道歟！」道
就在天高地廣，日月運行，萬物昌盛之中顯現出他的存在與性質，
此即東郭子問於莊子，所謂道，惡乎在？莊子答曰「無所不在」的
道理。

　　徐復觀先生說：「歸結的說：莊子所說的天，即是道；所說的
德，即是在萬物中內在化的道。不僅道、天、德三者在實質是一個
東西，……莊子主要係站在人生立場來談這些問題，而將『道』、
『天』都化成了人生的精神境界。」[60]然後莊子進一步說，合乎天
道自然乃人生之至樂。

　　　〈大宗師〉
　　　意而子見許由，許由曰：「堯何以資汝？」意而子曰「堯謂

────────────

[60]　徐復觀，《中國人性論史》，臺灣商務印書館，頁370。

我：汝必躬服仁義而明言是非。」許由曰：「而奚為來軹？
夫堯既已黥汝以仁義，而劓汝以是非矣，汝將何以游夫遙蕩
恣睢轉徒之塗乎？」意而子曰：「雖然，吾願游於其藩。」
許由曰：「不然。夫盲者無以與乎眉目顏色之好，瞽者無以
與乎青黃黼黻之觀。」意而子曰：「夫無莊之失其美，據梁
之失其力，黃帝之亡其知，皆在鑪捶之間耳。庸詎知夫造物
者之不息我黥而補我劓，使我乘成以隨先生邪？」許由曰：
「噫！未可知也。我為汝言其大略：吾師乎！吾師乎！韲萬
物而不為義，澤及萬世而不為仁，長於上古而不為老，覆載
天地、刻雕眾形而不為巧。此所遊已。」

「不為巧」就是不用智巧欺詐或人為造做的自然，天道不是人格
神，沒有意志、感情慾望，無心殺戮、毀滅，憎恨或厭惡，亦無心
生就萬物，彰顯慈愛、恩惠。他既非萬物的創造者，也不是主宰
者。只是萬物自生獨化的規律。莊子是以自然天道作為生命的歸
宿，也以逍遙於自然之境為人生之至樂。

〈天下〉
芴漠無形，變化無常，死與生與，天地並與，神明往矣！芒
忽何之，忽乎何適，萬物畢羅，莫足以歸，古之道術有在於
是者。莊周聞其風而悅之。

莊子的「道」是寂寞無形，變化無常，以死生為一體，與天地並
生，與神明相配，隨萬物而俱往，打破時空藩籬。莊子沉醉在道的

世界裡。

〈田子方〉

孔子見老聃，老聃新沐，方將被髮而乾，慹然似非人。孔子
便而待之。少焉見，曰：「丘也眩與？其信然與？向者先生
形體掘若槁木，似遺物離人而立於獨也。」老聃曰：「吾游
心於物之初。」……孔子曰：「請問游是。」老聃曰：「夫
得是，至美至樂也。得至美而游乎至樂，謂之至人。

「物之初」就是道，游心於物之初，就是游心於道，能游心於道是
一件「至美至樂」的事。成玄英疏曰：「夫證於玄道，美而歡暢，
既得無美之美而游心無樂之樂者，可謂至極之人也。」❻

---

❻　郭慶藩輯，《莊子集釋》，華正書局，頁714。

第三章　道化的生命哲學

　　天地間是道化的世界，是「天籟」的演出場所，這原本是一個
自然和諧且富韻律美感的天堂。〈齊物論〉篇說：

　　南郭子綦隱机而坐，仰天而噓，荅焉似喪其耦。顏成子游立
　　侍乎前，曰：「何居乎？形固可使如槁木，而心固可使如死
　　灰乎？今之隱机者，非昔之隱机者也？」子綦曰：「偃，不
　　亦善乎，而問之也！今者吾喪我，汝知之乎？女聞人籟而未
　　聞地籟，女聞地籟而未聞天籟夫！」子游曰：「敢問其
　　方。」子綦曰：「夫大塊噫氣，其名為風。是唯無作，作則
　　萬竅怒呺。而獨不聞之翏翏乎？山林之畏佳，大木百圍之竅
　　穴，似鼻，似口，似耳，似枅，似圈，似臼，似洼者，似污
　　者；激者、謞者、叱者、吸者、叫者、譹者、宎者、咬者，
　　前者唱于而隨者唱喁。泠風則小和，飄風則大和，厲風濟則
　　眾竅為虛。而獨不見之調調，之刀刀乎？」子游曰：「地籟
　　則眾竅是已，人籟則比竹是已，敢問天籟。」子綦曰：「夫
　　吹萬不同，而使其自已也。咸其自取，怒者其誰邪？」

南郭子綦的「喪我」境界，成玄英說這是「境智兩忘，物我雙

絕」❶的境界，但這種境界實難言也，故以三籟作譬喻，描繪出一幅道化的自然和諧景象。成玄英說：「大塊」是「造物之名，亦自然之稱也」，其以「自然之理通生萬物，不知所以然而然。」❷萬物順自然而生，稟分不同，有各種不同型態的表現，其間沒有價值之高下，「夫聲之宮商雖千變萬化，唱和大小，莫不稱其所受而各當其分。」（郭象注）❸

天地萬物是道之顯現，道即萬物，萬物即道，所以不論是地籟，人籟皆天籟也。「故夫天籟者，豈別有一物邪？即比竹眾竅接乎有生之類是爾。」（成玄英疏）❹所以天籟即人籟，即地籟。人生天地間，雖然如宮商之聲千差萬別，但只要各安其分，順道而行，整個世界就是一幅和諧富韻律之天籟交響樂。

憨山釋德清曰：「篇中以三籟發端者，蓋籟者猶言機也，地籟，萬籟齊鳴，乃一氣之機，殊音眾響，而了無是非；人籟，比竹雖是人為，曲屈而無機心，固不必說，若天籟，乃人人說話，本出於天機之妙。但人多了一我見，而以機心為主宰，故不比地籟之風吹，以此故有是非之相排，若是忘機之言，則無可不可，何有彼此之是非哉？此立言之本旨也。」❺天籟之呈顯在人人無機心，無我見，也就是「喪我」的境界，如此一來各自顯現生命之精采，自然譜出人生之美麗樂章。

---

❶　郭慶藩輯，《莊子集釋》，華正書局，頁45。

❷　郭慶藩輯，《莊子集釋》，華正書局，頁46。

❸　郭慶藩輯，《莊子集釋》，華正書局，頁48。

❹　郭慶藩輯，《莊子集釋》，華正書局，頁50。

❺　憨山釋德清，《莊子內篇注》，廣文書局，頁3。

〈田子方〉

孔子見老聃，老聃新沐，方將被髮而乾，蟄然似非人。孔子
便而待之。少焉見，曰：「丘也眩與？其信然與？向者先生
形體掘若槁木，似遺物離人而立於獨也。」老聃曰：「吾游
心於物之初。」孔子曰：「何謂邪？」曰：「心困焉而不能
知，口辟焉而不能言。嘗為女議乎其將。至陰肅肅，至陽赫
赫。肅肅出乎天，赫赫發乎地。兩者交通成和而物生焉，或
為之紀而莫見其形。消息滿虛，一晦一明，日改月化，日有
所為，而莫見其功。生有所乎萌，死有所乎歸，始終相反乎
無端，而莫知乎其所窮。非是也，且孰為之宗！」孔子曰：
「請問游是。」老聃曰：「夫得是，至美樂也。得至美而游
乎至樂，謂之至人。

這段文字所記載的老聃，是一個「形體掘若槁木，似遺物離人而立
於獨」的人，形象與南郭子綦類似，當孔子詢問何至於此時，老聃
直接說：「吾遊心於物之初」，也就是遊於道的意思。成玄英疏
曰：「夫道通生萬物，故名道為物之初也。遊心物初，則是凝神妙
本，所以形同槁木，心若死灰也。」❻遊心於道就是拋開我執之後
的心境。心不外逐、不搖蕩，故能凝神一志。接著孔子再問，遊心
於道的境界是什麼感覺？老聃直接說出是「至美樂也」，這是莊子
最想要與大家分享的世界，因為它體會的道的世界是「天地有大美
而不言」，是充滿韻律和諧樂章的「天籟」世界。這個世界就是喜

---

❻　郭慶藩輯，《莊子集釋》，華正書局，頁 712。

樂的世界。

　　兩段文字都是描寫形如槁木、心如死灰的「喪我」境界，一個是用形象的客觀描寫，一個是直接用情感的語言說出，但都清楚的表達道化的境界是和諧至樂的境界。

第一節　生命的失落與回歸

壹、生命的失落

〈至樂〉

天下有至樂無有哉？有可以活身者無有哉？今奚為奚據？奚避奚處？奚就奚去？奚樂奚惡？夫天下之所尊者，富貴壽善也；所樂者，身安厚味美服好色音聲也；所下者，貧賤夭惡也；所苦者，身不得安逸，口不得厚味，形不得美服，目不得好色，耳不得音聲。若不得者，則大憂以懼，其為形也亦愚哉！夫富者，苦身疾作，多積財而不得盡用，其為形也亦外矣！夫貴者，夜以繼日，思慮善否，其為形也亦疏矣！人之生也，與憂俱生。壽者惛惛，久憂不死，何之苦也！其為形也亦遠矣！烈士為天下見善矣，未足以活身。吾未知善之誠善邪？誠不善邪？若以為善矣，不足活身；以為不善矣，足以活人。故曰：「忠諫不聽，蹲循勿爭。」故夫子胥爭之以殘其形；不爭，名亦不成。誠有善無有哉？今俗之所為與其所樂，吾又未知樂之果樂邪？果不樂邪？吾觀夫俗之所樂舉群趣者，誙誙然如將不得已，而皆曰樂者，吾未之樂也，

亦未之不樂也。果有樂無有哉？吾以無為誠樂矣，又俗之所
大苦也。故曰：「至樂無樂，至譽無譽。」

天底下到底有沒有「至樂」呢？莊子連下兩個「無有哉？」的問
號！陸西星說：「二無有哉，反詰之詞，言決是有也。」❼天底下
苟有至樂，那天下人得到這個至樂了嗎？顯然沒有，莊子看到天下
人以「富貴壽善」為尊貴，導致「其為形也亦外矣」「其為形也亦
疏矣」「其為形也亦遠矣」等等對身體的傷害。又天下人以「身安
厚味美服好色音聲」為樂，莊子也提出疑問？「今俗之所為與其所
樂，吾又未知樂之果樂邪？」最後莊子說出他的所謂快樂是「至樂
無樂」，也就是超越感官之苦樂，而以大道無為為樂。莊子看到世
俗人對快樂的追求是弄錯了方向，世人把快樂建築在感官的享樂
上，也就是沉溺在「我」執當中不能超拔。這種快樂是短暫而且是
傷身的。

〈應帝王〉篇描寫渾沌開竅的故事，道的整體性因為「我」
執，執妄迷真而失去。

南海之帝為儵，北海之帝為忽，中央之帝為渾沌。儵與忽時
相遇於渾沌之地，渾沌待之甚善。儵與忽謀報渾沌之德，
曰：「人皆有七竅以視聽食息，此獨無有，嘗試鑿之。」日
鑿一竅，七日而渾沌死。

---

❼　陸西星，《莊子南華真經副墨》，自由出版社，頁 638。

陸西星曰：「夫人之生也，道與之貌，天與之形，本體之真，渾然如未彫之樸，此箇渾沌，人人有之，自夫形生神發之後，知誘物化，……於是愛憎是非紛然互作，逐妄迷真，去道日遠。」❽人受形貌之後不知收視反聽以入於道，反而逐物不反，以致傷生害性。

〈齊物論〉

一受其成形，不亡以待盡。與物相刃相靡，其行盡如馳，而莫之能止，不亦悲乎！終身役役而不見其成功，苶然疲役而不知其所歸，可不哀邪！人謂之不死，奚益！其形化，其心與之然，可不謂大哀乎？人之生也，固若是芒乎？其我獨芒，而人亦有不芒者乎？

牟宗三先生評斷莊子是最具「存在之悲感」❾的人，看這段文字，洵不誣也。陸西星說：「此段言人迷失真君，至死而不知所歸者，令人惕然有深省處，讀莊子至此，自是不忍釋手，不敢以異說誣之。」❿憨山釋德清曰：「真君一迷於形骸之中，而為物欲之所傷，火馳不反，勞役而不知止，終身不悟，可不謂之大哀者

---

❽　陸西星，《莊子南華真經副墨》，自由出版社，頁 317。

❾　牟宗三先生說：「〈齊物論〉自『大知閑閑，小知閒閒』起，直至『其我獨芒，而人亦有不芒者乎』止，則低回慨歎，對於現實人生最具『存在之悲感』。亦猶〈天下〉篇首段，對於『古人之大體』，『道術將為天下裂』之慨歎，亦具存在之悲感。」《才性與玄理》，臺灣學生書局，頁 196。

❿　陸西星，《莊子南華真經副墨》，自由出版社，頁 88。

耶。」⓫莊子有感於世俗之人不懂得珍惜生命中的真君,以致勞勞
碌碌,不知自己在做什麼?讓有限的生命浪費在「與物相刃相靡」
之中,轉眼形化,而真君也跟者失去,人生中最可悲者莫若是。所
以莊子發出最深層的呼喚之聲,一段文字竟然連下「不亦悲乎!」
「可不哀邪!」「可不謂大哀乎?」一唱三嘆,慨歎之深可見。

〈齊物論〉
大知閑閑,小知間間;大言炎炎,小言詹詹。其寐也魂交,
其覺也形開。與接為構,日以心鬥。縵者、窖者、密者。小
恐惴惴,大恐縵縵。其發若機栝,其司是非之謂也;其留如
詛盟,其守勝之謂也;其殺若秋冬,以言其日消也;其溺之
所為之,不可使復之也;其厭也如緘,以言其都溢也;近死
之心,莫使復陽也。

生命陷入「成心」「機心」之計較,而產生種種變態行為,鉤心鬥
角,永無寧日,這種行為對真君生命戕害甚大,若秋冬之殺物,但
是世人不知,遂使活活潑潑的生命一點一滴的失去而奄奄一息,無
復生人之氣也。成玄英疏曰:「夫素秋搖落,玄冬肅殺,物景貿
遷,驟如交臂,愚惑之類,豈能覺耶!唯爭虛妄是非,詎知日心消
毀,人之衰老,其狀例然,滯溺於境,其來已久,所為之事,背道
乖真,欲使復命還源,無由可致。」⓬

___

⓫　憨山釋德清,《莊子內篇注》,卷二,廣文書局,頁22。
⓬　郭慶藩輯,《莊子集釋》,華正書局,頁53。

貳、生命的回歸

生命本應自由自在，海闊天空，但是世人恃才任智，「成心」、「機心」橫於胸中，遂使生命受限、受苦，此人之自作孽耳，莊子感慨係之，故全副精神皆在解消此一陷溺之生命也。唐君毅先生說：「知其思想核心，在其對人心之認識，而對其人心最重要之認識，則初在其見得人心中「行盡如馳」「憧憬往來」之念慮之「莫之能止」，而致此心之「茶然疲役」。遂知莊子之所求，初即不外求其心，在此等行盡如馳之念慮中超拔。而莊子之道者，其初義亦即望有此超拔，而解此心之桎梏，以求出路，解此心之倒懸，以安立地上之道也。為此等等行盡如馳，而足桎梏倒懸此心之念慮，初皆吾人之心，暫息其外在世界之一活動而回頭反省時之所見。而人初見得此心為此諸念慮所役時，此被役之心之本身，乃初顯為一被動而疲弱無力之靈臺，以觀照此念慮之往來者。由是而莊子之所謂道，初皆不外一套負面的，減擔法的，虛心、靜心、解心、釋心、洒心、刳心之工夫。此近老子所謂為道日損之工夫。損之又損，而馳者息、宇泰定、天光發、靈臺見。」❸唐君毅先生接著又說明莊子所欲達到之境界，其實就是一毫無拘束之自然、藝術之境界。

　　莊學之下手處，或初所感之問題，畢竟在覺心之受桎梏而求
　　解，亦覺人生不能無待，處人間世之難，兼感於當世之教人

---

❸　唐君毅，《中國哲學原論·導論篇》，臺灣學生書局，頁106。

以仁義禮樂者，無救於天下之亂。莊子根本用心之方向，在
求逍遙灑脫而無待，以虛為心齋。而其內心修養之工夫，亦
即可止於如上所謂之洒掃庭除而止。若言再進一步之事，則
初當如洒掃庭除既畢，在舉頭望月，開門見山，觀「天之不
得不高，地之不得不廣，日月之不得不行，萬物之不得不
昌。」此即止莊子之「神與物遇」，「不將不迎，應而不
藏」，「游於萬化而始有極」，「萬物畢羅，莫足以
歸，……與天地精神相往來」，「畜天下而受天樂」之一套
「原於天地之美」之藝術精神。其充實而不可以已之言，蓋
皆言此精神中之各種超越之理境。❹

　　〈外物〉篇以通透明「徹」來描寫道化之現象，以「壅」塞不
通來描寫生命偏離正道之困境。

　　　目徹為明，耳徹為聰，鼻徹為顫，口徹為甘，心徹為知，知
　　　徹為德。凡道不欲壅，壅則哽，哽而不止則跈，跈則眾害
　　　生。物之有知者恃息，其不殷，非天之罪。天之穿之，日夜
　　　無降，人則顧塞其竇。胞有重閬，心有天遊，室無空虛，則
　　　婦姑勃豀；心無天遊，則六鑿相攘。大林丘山之善於人也，
　　　亦神者不勝。

大道循環無窒礙，天生萬物輸氣通孔，日夜不衰，世人卻自己堵住

---

❹　　唐君毅，《中國哲學原論·導論篇》，臺灣學生書局，頁108。

了這個通孔。生命受到阻礙，則災難禍害就跟著生起。就像廚房沒
有空間，婆媳就會爭吵，心臟沒有空間，各種孔竅就會錯亂失調，
空曠的山林是人們最適合去的場所。正是因為人們在精神上不能忍
受壅塞不通啊！成玄英疏曰：「流俗之人，反於天理，壅塞根竅，
滯溺不通。」⑮這就是生命必須面臨的大問題。

一、生命的回歸是生命之必然

　　生命回歸的意義有兩層，一是大道循環無已，萬物由無而有，
再回歸於無，這是一個像陶鈞運轉不停的過程，這是生命回歸之第
一義。其次萬物因道而有形，因有形而有陷溺固執，而逐物不反，
所以必須從偏離拉回正道，「歸根復命」，此事回歸之第二義。

　　　〈天地〉
　　　　泰初有無，無有無名。一之所起，有一而未形。物得以生，
　　　　謂之德；未形者有分，且然無間，謂之命；留動而生物，物
　　　　成生理，謂之形；形體保神，各有儀則，謂之性。性修反
　　　　德，德至同於初。同乃虛，虛乃大。合喙鳴；喙鳴合，與天
　　　　地為合。其合緡緡，若愚若昏，是謂玄德，同乎大順。

萬物之生由無，而一，而形，而性，此萬物之所以成。然後生命之
完成則必須再回歸到德，再回到初，回到虛，如此就能與天地冥
合，「同乎大順」。可見萬物就是在道的變化中完成其自己。既然
是在道的變化中完成其自己，人基本上是不能違逆這個軌跡的。

---

⑮　郭慶藩輯，《莊子集釋》，華正書局，頁941。

　　蔡明田先生說：「儒家重在現象界（有）的把握，而老子重在本體界（無）的妙理，莊子則認為『有』是一個無窮，『無』亦是個無窮，再統攝兩個無窮而成一個大無窮。他的精神，一方面是『由有以之無』，另一方面則『由無以之有』，也可以說莊子向上體會道之『常』再回歸到人間世而把握道之『無常』（變），然後又由『無常』以觀『常』，這是天人合一的大精神。」❶

　　潘朝陽先生借〈逍遙游〉一篇的解說從「復歸本根」的主題來連結〈逍遙游〉裡面的人、物意象，他說：

> 「大瓠」原本「自然」，原本萌生苗長於「無局限空間」，一如「鯤」之孕育於北冥，運化轉生為「鵬」，而飛行至南冥。「大瓠」者，「天池」中之生命也，其自生自長自足自得，其生命自我圓滿於「大自然大空間」。而惠子卻以蓬蒿二蟲之自我剖割之心，初欲以其為盛水之器，又欲以其為瓢，此等均欲令「自然空間」橫受人為之割截而局限為「二蟲」的「蓬蒿」。針對惠子之「有蓬之心」，莊子提出解消之方，此方無他，即令大瓠復歸其本根也，……「瓠」者，「鯤」也；「樽」者，鵬也，而「江湖」即「天池」也。「鯤」需運化升揚為「鵬」，而「瓠」則需運化升揚為「樽」，浮乎江湖，逍遙游於無局限的空間，這才是大生命大心靈的無待、自然的本色。而此根本之道，實即「致虛

---

❶　蔡明田，《莊子思想的重心──道》，中山學術文化集刊，第四集，民國五十八年，頁46。

極，守靜篤」，亦即「無己」、「無功」、「無名」。**⓱**

葉舒憲先生也是從「永恆回歸」的主題來看待「大瓠」的處理意義，他說：「從『永恆回歸』的神話主題著眼，大瓠的生命循環意蘊仍有待於進一步的揭示。惠子談到大瓠時明確告知其來源——魏王貽我大瓠之種，從種子到栽培，再到長成大瓠，全都是惠子之功，但功成之後便不知如何『歸』和『返』了，只想從有為有用的功利角度去中斷其自然生命的延續，這正是莊子一貫反對的，無論適用瓢作容器盛水，還是剖成瓢來使用，都是以人為的宰割扭曲傷害了瓢的真朴，更不要說『為其無用而剖之』的殘忍舉動了」。**⓲**「復朴」、「回歸」的反向運動正是逍遙的實現方式了。葉舒憲先生接著說：

> 〈逍遙游〉篇末的大樗意象不僅為〈應帝王〉中列子復朴的
> 情節埋下了伏筆，也為整個《莊子》確認了思想主調。〈人
> 間世〉中的齊之社樹與商邱大木，〈山木〉篇開端講述的山
> 中大木因其不才無用而免遭砍伐的寓言，都一再回應大樗與
> 大瓠的「復朴」理想。所突出的「大」又與《老子》第二十
> 八章「大制無割」說似有默契。再看〈馬蹄〉篇對世俗所稱
> 「伯樂善治馬」的尖銳批評，對有違「真性」的所有人為施

⓱ 潘朝陽，〈莊子逍遙游的空間論〉，《當代中國學》，創刊號，1991，頁
122。

⓲ 葉舒憲，《莊子的文化解析》，湖北人民出版社，頁287。

治措施的強烈反感,就更能體會老莊為何對「復朴」、「抱
朴」、「無失其朴」、「純朴」、「素朴」如此醉心,難怪
列子效法壺子之閉門修煉術而達到「復朴」境界後,再也別
無所求,「紛而封戎,一以是終」了。**⑲**

莊子最關心的是人的生命安頓,而「歸根復命」乃是讓人心性能透
過自我反省與實踐,達到與道合一的境界。葉海煙先生說:「大體
而言,莊子秉承中國哲學重生命的傳統,而以生命哲學思索的全般
領域,一方面發揮《易・繫辭傳》:『天地之大德曰生』的真純之
生命力,一方面發揚《易・復卦》:『復,其見天地知心乎』的生
命精神及其出入往返之道。循此脈落,莊子轉自然天地為吾人精神
解放之無窮領域,他發現吾人生命之主宰,以使生命之流變成為自
覺自主的活動。他注意情感意識的感通、消解與超化,他融洽了宇
宙人生各種層次,並在此無窮的生命系統中,確立了人性的尊嚴與
崇高。」**⑳**

　　葉海煙先生又說:「莊子的道是宇宙生成的普遍原理,也是宇
宙存在的基本範疇。道統合宇宙之一切,乃統一宇宙全體之統一原
理。也可以說,道是所有生命體系之體系,所有生命原則之原則。
莊子是透過生命哲學,不斷地體驗道的意義,並以道的意義建立其
生命哲學,故他肯定人能知道明道入於道。道的意義和生命的意義
可以合而為一,因為道是使生命與宇宙化合統合的唯一原理,無論

---

⑲　葉舒憲,《莊子的文化解析》,湖北人民出版社,頁 289-290。
⑳　葉海煙,《莊子的生命哲學》,東大圖書公司,頁 10。

就事相或理性看來，一切生命皆在道中開展、完成，而逐漸上達於生命與道合一的絕對的境界。」㉑

　　這就是莊子的道化生命哲學，天地萬物由道所化生，生命再化歸於道的雙迴向過程。是生命回歸之第一義。

〈繕性〉

繕性於俗，學以求復其初；滑欲於俗，思以求致其明；謂之蔽蒙之民。古之治道者，以恬養知。生而無以知為也，謂之以知養恬。知與恬交相養，而和理出其性。夫德，和也；道，理也。德無不容，仁也；道無不理，義也；義明而物親，忠也；中純實而反乎情，樂也；信行容體而順乎文，禮也。禮樂遍行，則天下亂矣。彼正而蒙己德，德則不冒。冒則物必失其性也。古之人，在混芒之中，與一世而得澹漠焉。當是時也，陰陽和靜，鬼神不擾，四時得節，萬物不傷，群生不夭，人雖有知，無所用之，此之謂至一。當是時也，莫之為而常自然。逮德下衰，及燧人、伏羲始為天下，是故順而不一。德又下衰，及神農、黃帝始為天下，是故安而不順。德又下衰，及唐、虞始為天下，興治化之流，澆淳散朴，離道以善，險德以行，然後去性而從於心。心與心識知而不足以定天下，然後附之以文，益之以博。文滅質，博溺心，然後民始惑亂，無以反其性情而復其初。

_____

㉑　葉海煙，《莊子的生命哲學》，東大圖書公司，頁93。

鍾泰先生說：「此篇要旨，全在『復初』二字。『復初』者，復其性也，觀『無以反其性情而復其初』語可見。」❷生命需要復其初，為復初有道，如果走錯方向，以俗來治性，來「復其初」，那就叫「蒙蔽之民」。

〈知北遊〉

失道而後德，失德而後仁，失仁而後義，失義而後禮。禮者，道之華而亂之首也。故曰：「為道者日損，損之又損之，以至於無為。無為而無不為也。」今已為物也，欲復歸根，不亦難乎！其易也，其唯大人乎！

道的運行，自然無端，言語所不能道，思慮所不能及，行為所不能限，世俗人思不及此，捨本逐末，反而治絲愈棼，逝而不反。所以必須歸根復命，損之又損以至於無為，這是生命回歸的過程之第二義。

二、生命回歸的階段性

莊子認為生命回歸於道的過程中，是不斷超越的過程，所以有不同的階段與層次。莊子也喜歡用階段式的進程來顯示生命執著之缺失一層一層剝落的情況。

〈逍遙游〉

故夫知效一官，行比一鄉，德合一君，而徵一國者，其自視

---

❷　鍾泰，《莊子發微》，上海古籍出版社，頁 353。

也亦若此矣。而宋榮子猶然笑之。且舉世而譽之而不加勸，
舉世而非之而不加沮，定乎內外之分，辯乎榮辱之竟，斯已
矣。彼其於世，未數數然也。雖然，猶有未樹也。夫列子御
風而行，泠然善也，旬有五日而反。彼於致福者，未數數然
也。此雖免乎行，猶有所待者也。若夫乘天地之正，而御六
氣之辯，以遊無窮者，彼且惡乎待哉！故曰：至人無己，神
人無功，聖人無名。

這段文字接續在鯤鵬與二蟲對比之後，鯤鵬生命不斷超昇變化的自
我要求，與二蟲自我圍限之對比，強調生命如何從小知邁向大知的
歷程。莊子舉了四種不同類型的人，前三者是剝落生命限制的過
程，或有某種進境，卻不夠全面，直到最後的聖人至人神人，才完
成與「道」為一的境界。憨山釋德清說：「宋榮子所以笑彼汲汲於
浮名者，其自處以能忘名。故舉世譽之而不加勸，舉世非之而不加
沮。此但定其內之實德在己，外之毀譽由人，故不以毀譽少動其
心。……言未有樹立也，以但能忘名，未忘我。列子雖能忘禍福，
未能忘死生，以形骸未脫，故不能與造物游於無窮。……彼聖人乘
大道而遊，與造化混而為一，又何有待於外哉？至人、神人、聖
人，只是一個聖人，不必作三樣看，此說能逍遙之聖人也，以聖人
忘形絕待，超然生死，而出於萬化之上，廣大自在，以道自樂，不
為物累，故獨得逍遙。」❷❸

　第一種人在意世俗之浮名，此宋榮子之所笑，宋榮子能忘名卻

---

❷❸　憨山釋德清，《莊子內篇注》，卷一，廣文書局，頁 19－20。

不能忘己，列子受限形骸，生死未了，惟聖人、至人、神人能三者
兼忘，故能遊無窮也。

〈養生主〉

庖丁為文惠君解牛，手之所觸，肩之所倚，足之所履，膝之
所踦，砉然響然，奏刀騞然，莫不中音，合於桑林之舞，乃
中經首之會。文惠君曰：「譆，善哉！技蓋至此乎？」庖丁
釋刀對曰：「臣之所好者，道也，進乎技矣。始臣之解牛之
時，所見無非全牛者。三年之後，未嘗見全牛也。方今之
時，臣以神遇，而不以目視，官知止而神欲行。依乎天理，
批大郤，導大窾，因其固然。技經肯綮之未嘗，而況大軱
乎！」

憨山釋德清曰：「初未悟時，則見與世齟齬難行，如庖丁初則滿眼
只見一牛耳；繼而入道已深，性智日明，則看破世間之事，件件自
有一定天然之理，如此則不見一事當前，如此則目無全牛矣；既看
破世事，一味順乎天理而行，則不見有一毫難處之事，所謂『技經
肯綮之未嘗』也。」㉔這是莊子三段式的生命進境。雖言解牛，其
實乃在說人生之道，或養生或處世或治天下國家，道理都在此。

〈人間世〉

回曰：「敢問心齋。」仲尼曰：「若一志，無聽之以耳而聽

㉔　憨山釋德清，《莊子內篇注》，卷二，廣文書局，頁9－10。

之以心，無聽之以心而聽之以氣。聽止於耳，心止於符。氣
也者，虛而待物者也。唯道集虛。虛者，心齋也。」

孔子回答顏回「心齋」的步驟，是從聽之以耳，到聽之以心，到聽
之以氣三階段。此成玄英所說的「遺之又遺，漸階玄妙」之意也。
他說：「耳根虛寂，不凝宮商，反聽無聲，凝神心符。心有知覺，
猶起攀緣，氣無情慮，虛柔任物，故去彼知覺，取彼虛柔，遺之又
遺，漸階玄妙也乎。」㉕

〈大宗師〉

南伯子葵問乎女偊曰：「子之年長矣，而色若孺子，何
也？」曰：「吾聞道矣。」南伯子葵曰：「道可得學邪？」
曰：「惡！惡可！子非其人也。夫卜梁倚有聖人之才而無聖
人之道，我有聖人之道而無聖人之才。吾欲以教之，庶幾其
果為聖人乎？不然，以聖人之道告聖人之才，亦易矣。吾猶
守而告之。吾守之三日，而後能外天下；已外天下矣，吾又
守之，七日而後能外物；已外物矣，吾又守之，九日而後能
外生；已外生矣，而后能朝徹；朝徹，而後能見獨；見獨，
而後能無古今；無古今，而後能入於不死不生。」

女偊的聞道境界是經過幾個階段才完成的，「外天下」「外物」
「外生」「朝徹」「見獨」「無古今」「不死不生」。這是漸進的

㉕　郭慶藩輯，《莊子集釋》，華正書局，頁 147。

過程，非可速成。

〈大宗師〉

　　顏回曰：「回益矣。」仲尼曰：「何謂也？」曰：「回忘仁
　　義矣。」曰：「可矣，猶未也。」它日，復見，曰：「回益
　　矣。」曰：「何謂也？」曰：「回忘禮樂矣！」曰：「可
　　矣，猶未也。」他日復見，曰：「回益矣！」曰：「何謂
　　也？」曰：「回坐忘矣。」仲尼蹴然曰：「何謂坐忘？」顏
　　回曰：「墮肢體，黜聰明，離形去知，同於大通，此謂坐
　　忘。」仲尼曰：「同則無好也，化則無常也。而果其賢乎！
　　丘也請從而後也。」

顏回說「忘仁義」「忘禮樂」，成玄英說：「仁義已忘，於理漸
可，解心尚淺，所以猶未。禮者，形體之用，樂者樂生之具，忘其
身，未若忘其所以具也。」❻這還未與道合，直到「墮肢體，黜聰
明，離形去知，同於大通」的「坐忘」，生命之回歸於道才算完
成。

〈達生〉

　　仲尼適楚，出於林中，見佝僂者承蜩，猶掇之也。仲尼曰：
　　「子巧乎，有道邪？」曰：「我有道也。五六月累丸二而不
　　墜，則失者錙銖；累三而不墜，則失者十一；累五而不墜，

---

❻　郭慶藩輯，《莊子集釋》，華正書局，頁283－284。

> 猶掇之也。吾處身也，若厥株拘；吾執臂也，若槁木之枝。
> 雖天地之大，萬物之多，而唯蜩翼之知。吾不反不側，不以
> 萬物易蜩之翼，何為而不得！」孔子顧謂弟子曰：「用志不
> 分，乃凝於神。其佝僂丈人之謂乎！」

孔子見一個駝背的老人用竹竿抓蟬，其熟練輕易如在地上拾取一般，乃問其訣竅，駝背的老人告訴他「我有道也」，其道就是不斷的訓練精進的過程，從「累丸二而不墜」到「累三而不墜」到「累五而不墜」，最後達到「用志不分，乃凝於神」的境界。

〈達生〉

> 紀渻子為王養鬥雞。十日而問：「雞已乎？」曰：「未也，
> 方虛憍而恃氣。」十日又問，曰：「未也，猶應嚮景。」十
> 日又問，曰：「未也，猶疾視而盛氣。」十日又問，曰：
> 「幾矣，雞雖有鳴者，已無變矣，望之似木雞矣，其德全
> 矣。異雞無敢應者，反走矣。」

這是一段養鬥雞的歷程，紀渻子為王養鬥雞經歷三個階段，一是先破除其裝腔作勢與意氣用事，其次破除其受其他雞的聲音和形影的影響，最後再破除其怒目仇視，因為「顧視速疾，意氣強盛，心神尚動，故未堪也。」（成玄英疏）[27]直到「呆若木雞」，才算「德全」，訓練工作才算完成。

---

[27] 　郭慶藩輯，《莊子集釋》，華正書局，頁 655。

〈達生〉

梓慶削木為鐻，鐻成，見者驚猶鬼神。魯侯見而問焉，曰：
「子何術以為焉？」對曰：「臣工人，何術之有！雖然，有
一焉。臣將為鐻，未嘗敢以耗氣也，必齊以靜心。齊三日，
而不敢懷慶賞爵祿；齊五日，不敢懷非譽巧拙；齊七日，輒
然忘吾有四枝形體也。當是時也，無公朝。其巧專而外骨
消，然後入山林，觀天性；形軀至矣，然後成見鐻，然後加
手焉；不然則已。則以天合天，器之所以疑神者，其是
與！」

梓慶「驚猶鬼神」的製作樂器功夫，是經過幾個靜心階段的，首先
「不敢懷慶賞爵祿」，其次「不敢懷非譽巧拙」，最後「輒然忘吾
有四枝形體」，經過這幾個階段的清靜心靈，此時「情意清虛，於
是百體四肢，一時忘遺」（成玄英疏）❷❽與物無隔，「以天合天」，
故有「疑神」之佳作出現。

〈寓言〉

顏成子游謂東郭子綦曰：「自吾聞子之言，一年而野，二年
而從，三年而通，四年而物，五年而來，六年而鬼入，七年
而天成，八年而不知死、不知生，九年而大妙。」

成玄英疏曰：「野，質樸也。聞道一年，學心未熟，稍能樸素，去

---

❷❽　郭慶藩輯，《莊子集釋》，華正書局，頁 659。

浮華耳。」㉙這是最初的階段，然後隨著用功的時間而精進，二年，順俗不自以為是，三年，通彼我而不自限，四年，與物混同，情識不生，五年，眾所依歸，六年，外形骸，反璞歸真，七年，無為而自然，八年，忘死生，九年，「理窮眾妙，知照弘博」（成玄英疏）㉚，悟解大道玄妙的境界。

第二節　生命回歸之問題

　　〈齊物論〉開篇提出一個「吾喪我」的主題，「我」代表封閉的、偏執己見的假我，這個我是道化成人之形體之後的我，受制於形軀之我，不能展示道之精神，於是隨波逐流，直到老死。「一受其成形，不亡以待盡。與物相刃相靡，其行盡如馳，而莫之能止」人世間的一切煩惱、爭端都是從這個偏執的「我見」所造成。南郭子綦回答顏成子游「吾喪我」的涵義，是莊子苦心設計的一個生命苦樂對照表，人籟、地籟、天籟等三籟是大自然的聲音，是宇宙的和諧的交響樂。宇宙人生本該如此，不是嗎？莊子先標出他理想的世界，然後再開始描述由「我」執所造成的悲慘世界。莊子內心的深層的悲痛是顯而易見的。

　　由我執所出現的問題，到底有哪些？莊子概括性的歸納為二十四種。

㉙　郭慶藩輯，《莊子集釋》，華正書局，頁 956。
㉚　郭慶藩輯，《莊子集釋》，華正書局，頁 958。

〈庚桑楚〉

徹志之勃，解心之謬，去德之累，達道之塞。貴富顯嚴名利
六者，勃志也。容動色理氣意六者，謬心也。惡欲喜怒哀樂
六者，累德也。去就取與知能六者，塞道也。此四六者不蕩
胸中則正，正則靜，靜則明，明則虛，虛則無為而無不為
也。

我們的心常與「貴、富、顯、嚴、名、利」「容、動、色、理、
氣、意」「惡、欲、喜、怒、哀、樂」「去、就、取、與、知、
能」這二十四種外物糾結，以致道、德、心、志都被堵塞不通透、
遙蕩不知所歸，這些外物的產生，其實就是「我」執作祟，除非讓
這個我執從心中去除，生命才會回歸正常軌道，與大化合流。所謂
「此四六者不蕩胸中則正」心神平正之後則能安靜、清明、虛心待
物、恬淡無為，也就能應物無窮了。

　　憨山釋德清說：「齊物以喪我發端，要顯世人是非都是我見，
要齊物論，必以忘我為第一義也。故逍遙之聖人，必先忘己，而次
忘功、忘名，此其立言之旨也。」**⑪**憨山雖然談齊物之要點，卻也
點出莊子〈逍遙游〉的主題，他把忘功、忘名、忘己的三忘，歸結
於一個「我」的問題。也就是說要能像至人、神人、聖人般的逍遙
自在，「乘天地之正，御六氣之變」，必須三忘，而三忘的根源就
是「我」之喪。憨山釋德清在註解〈逍遙游〉篇時說：「莊子立言
本意，謂古今世人，無一得逍遙者，但被一箇血肉之軀為我所累，

---

⑪　憨山釋德清，《莊子內篇注》，卷二，廣文書局，頁4。

故汲汲求功求名，苦了一生，曾無一息之快活，且只執著形骸，此外更無別事，何曾知有大道哉？惟大而化之之聖人，忘我忘功忘名，超脫生死而遊大道之鄉，故得廣大逍遙自在。」❸

　　生命之受限而不得與大化同流，關鍵既在我執，則當從我執入手，首先從我執之種類談起，再談消除我知之方法，此莊子一書立意所在。

壹、知的問題

一、相對之知

㈠「成心」讓真相泯滅

　　「我」執造成以我為中心的意見，〈齊物論〉篇裡的「成心」就是這個意思，「未成乎心而有是非，是今日適越而昔至也。」莊子的意思是今日之是非的表現，只不過是自我成心之表現而已，就像還沒有到越國，心中已先想像到了越國，這是自我偏執的是非。

　　成心表現為各說各話，〈齊物論〉篇載：「道隱於小成，言隱於榮華。故有儒墨之是非，以是其所非而非其所。」「小成」就是指的成心，大道受成心之限制，就產生各自為是的一套一套的理論，然後自以為自己的理論是最高的標準去批評別人。這就是莊子〈天下〉篇講的：

　　　　天下大亂，賢聖不明，道德不一。天下多得一察焉以自好。
　　　　譬如耳目鼻口，皆有所明，不能相通。猶百家眾技也，皆有

---

❸　憨山釋德清，《莊子內篇注》，卷一，廣文書局，頁 20。

所長，時有所用。雖然，不該不遍，一曲之士也。判天地之
美，析萬物之理，察古人之全，寡能備於天地之美，稱神明
之容。是故內聖外王之道，闇而不明，鬱而不發，天下之人
各為其所欲焉以自為方。悲夫！百家往而不反，必不合矣！
後世之學者，不幸不見天地之純，古人之大體。道術將為天
下裂。

成心的存在讓一切對話與論辯皆成無意義。這樣的各說各話，對真
相的認知是沒有用的。〈齊物論〉篇說：

既使我與若辯矣，若勝我，我不若勝，若果是也？我果非也
邪？我勝若，若不吾勝，我果是也？而果非也邪？其或是
也？其或非也邪？其俱是也？其俱非也邪？我與若不能相知
也。則人固受其黮闇，吾誰使正之？使同乎若者正之？既與
若同矣，惡能正之！使同乎我者正之？既同乎我矣，惡能正
之！使異乎我與若者正之？既異乎我與若矣，惡能正之！使
同乎我與若者正之？既同乎我與若矣，惡能正之！然則我與
若與人俱不能相知也，而待彼也邪？

郭象注曰：「各自正耳，待彼不足以自正，則天下莫能相正也，故
付之自正耳。」❸❸郭象認為最後一句話「然則我與若與人俱不能相
知也，而待彼也邪？」是一句疑問否定句，不能待彼，只能靠自

---

❸❸　郭慶藩輯，《莊子集釋》，華正書局，頁 108。

正。成玄英疏曰：「待彼也邪，言其不待之也。」❸也持否定之意。王先謙曰：「同彼，我不信；同我，彼不服；別立是非，彼我皆疑；隨人是非，更無定論，不能相知，更待何邪？極言辯之無益。」❸王先生的解釋凸顯出兩個重點，第一是「不能相知，更待何邪？」其次是莊子「極言辯之無益」，可說切中要害。劉坤生先生說：「由此，莊子在理論領域建立起一個無窮的相對系統。莊子的論點從邏輯上講是成立的；從內容上講，就此所處時代而言，他當然是在指出儒、墨、名、法諸家理論的侷限性。莊子已經認識到，真正把握真理事件是十分困難的事情，但他在無意中觸到一個深刻的哲學命題，即在思想理論中沒有絕對的真理。」❸

(二)真理不是唯一

莊子討論知的問題，首先碰觸的就是影響認知的「成心」，其次就是劉坤生先生說的莊子碰觸到的深刻哲學命題，即有沒有絕對的真理？亦即真理是否唯一？

〈齊物論〉

齧缺問乎王倪曰：「子知物之所同是乎？」曰：「吾惡乎知之！」「子知子之所不知邪？」曰：「吾惡乎知之！」「然則物無知邪？」曰：「吾惡乎知之！」雖然，嘗試言之。庸詎知吾所謂知之非不知邪？庸詎知吾所謂不知之非知邪？且

---

❸ 郭慶藩輯，《莊子集釋》，華正書局，頁108。
❸ 王先謙，《莊子集解》，世界書局，頁24。
❸ 劉坤生，《莊子哲學本旨論稿》，汕頭大學出版社，1998年5月，頁47。

吾嘗試問乎女：民濕寢則腰疾偏死，鰌然乎哉？木處則惴慄
恂懼，猿猴然乎哉？三者孰知正處？民食芻豢，麋鹿食薦，
蝍且甘帶，鴟鴉耆鼠，四者孰知正味？猿猵狙以為雌，麋與
鹿交，鰌與魚游。毛嬙麗姬，人之所美也；魚見之深入，鳥
見之高飛，麋鹿見之決驟，四者孰知天下之正色哉？

郭象注曰：「所同未必是，所異不獨非，故彼我莫能相正，故無所
用其知。」❸❼說明世人的是非可能都只是一偏之見，所以爭辯、分
別誰是誰非是沒有意義的。因為「庸詎知吾所謂知之非不知邪？庸
詎知吾所謂不知之非知邪？」此是第一層意思。

　　其次是王倪所回答的四句「吾惡乎知之」所要表達的意思，這
是莊子要強調的另一層意思，也就是真理是不是只有一套標準？依
據王倪最後的解釋，萬物對「正處」、「正味」、「正色」的看法
都不同，既然都不同，哪來的唯一標準呢？唐君毅先生說：「老莊
之意，則毋寧在說，辯不能使人達於同意，而人亦不當由辯以求同
意，而當另求人我之所以達於同意之方；或歸於：不求人之必同我
意，而任天下人各有其意，不互求其同意，或相忘於其意之異，而
皆無必求同意之意。是即所以使天下人之意，皆不見其異而無不同
者、此即道家一流之歸於忘辯忘言之另一思想型態也。」❸❽

　　綜合這兩層意思，唐君毅先生做了一個總括的說明。他說：
「依莊子之言，與人論辯所持之理由，往往不是自覺的理由，而是

---

❸❼　郭慶藩輯，《莊子集釋》，華正書局，頁 91。
❸❽　唐君毅，《中國哲學原論·導論篇》，臺灣學生書局，頁 233。

不自覺的成心、成見、習見、嗜欲或情識。其次是辯論的客觀標準
之問題。莊子認為辯論之問題，乃原自人之主觀之成心所向之異而
生，故不能有一客觀標準，以決定是非。如墨子視天志為一客觀之
標準，此則非不信天志者所能同意。便只是墨子思想中之主觀標準
而已。又一切論辯皆只是使人承認其出所未承認之事。此中唯一可
達彼此同意之道，為待雙方之能承認其所原不承認之價值，或承認
其原所反對之價值，亦即待人之對其原來之所是所非者，有一自我
之超拔，以觀他人之所是。而假他人之所是，以自見其是中之非，
而自非其對他人之所非，此又賴於人之自拔於其成心之外。然人之
成心既有，又深植於人心，則亦能使人心自死於成心之中。所謂
「哀莫大於心死」「豈惟形骸有聾盲哉，夫知亦有之。」❸〈齊物
論〉篇載：「狙公賦芧，曰：『朝三而暮四。』眾狙皆怒。曰：
『然則朝四而暮三。』眾狙皆悅。」名實未虧而喜怒為用，亦因是
也。是以聖人和之以是非而休乎天鈞，是之謂兩行。」聖人能夠拋
開自以為是的標準，尊重萬物的選擇，這就是超越成心，拋開我見
的「兩行」認知觀。

二、執兩用中

〈養生主〉
　　緣督以為經，可以保身，可以全生。

我執讓我們常會偏於一端看事情，莊子認為應該順著中道而行。成

---

❸　唐君毅，《中國哲學原論·導論篇》，臺灣學生書局，頁234-237。

玄英疏曰：「夫善惡兩忘，刑名雙遣，故能順一中之道，處真常之德，虛夷任物，與世推遷。養生之妙，在乎茲矣。夫惟妙捨二偏而處於中一者，故能保守身形，全其生道。」❹「夫妙捨二偏而處於中一者」是莊子「彼是莫得其偶，謂之道樞，樞始得其環中」的中道觀。

〈齊物論〉

物無非彼，物無非是。自彼則不見，自知則知之。故曰：彼出於是，是亦因彼。彼是方生之說也。雖然，方生方死，方死方生；方可方不可，方不可方可；因是因非，因非因是。是以聖人不由，而照之於天，亦因是也。是亦彼也，彼亦是也。彼亦一是非，此亦一是非，果且有彼是乎哉？果且無彼是乎哉？彼是莫得其偶，謂之道樞。樞始得其環中，以應無窮。是亦一無窮，非亦一無窮也。故曰：莫若以明。

成玄英疏曰：「偶，對也。樞，要也。體乎彼此俱空，是非兩幻，凝神獨見而無對於天下者，可謂會其玄極，得道樞要也。……夫絕待獨化，道之本始，為學之要，故謂之樞。環者，假有二竅，真空一道，環中空矣，以明無是無非。是非無窮，故應亦無窮也。夫物莫不自是，故是亦一無窮，莫不相非，故非亦一無窮。唯彼我兩忘，是非雙遣，而得環中之道者，故能大順蒼生，乘之遊也。」❹

---

❹　郭慶藩輯，《莊子集釋》，華正書局，頁117。
❹　郭慶藩輯，《莊子集釋》，華正書局，頁68。

是非之產生來自各執己見，各執己見來自成心之作祟，拋開成心則朗朗乾坤，物各付物，是非之對峙立即消除。

〈達生〉篇對單豹與張毅二人各執一偏，不能折中，莊子借田開之口說：

> 開之曰：「聞之夫子曰：『善養生者，若牧羊然，視其後者而鞭之。』」威公曰：「何謂也？」田開之曰：「魯有單豹者，嚴居而水飲，不與民共利，行年七十而猶有嬰兒之色，不幸遇餓虎，餓虎殺而食之。有張毅者，高門縣薄，無不走也，行年四十而有內熱之病以死。豹養其內而虎食其外，毅養其外而病攻其內。此二子者，皆不鞭其後者也。」

成玄英疏曰：「單豹寡欲清虛，養其內德而虎食其外。張毅交游世貴，養其形骸而病攻其內以死。此二子各滯一邊，未為折中，故並不鞭其後也。」❷所謂各滯一邊，就是各自陷溺於自己的成心思維，不鞭其後者，不能抓住中道之要點而行也。

> 〈齊物論〉
> 是不是，然不然。是若果是也，則是之異乎不是也亦無辯；然若果然也，則然之異乎不然也亦無辯。化聲之相待，若其不相待。和之以天倪，因之以曼衍，所以窮年也。忘年忘義，振於無竟，故寓諸無竟。

---

❷ 郭慶藩輯，《莊子集釋》，華正書局，頁646。

「是」和「不是」是兩個不同的看法，它們可以只是不同而沒有對錯，所以沒有什麼好爭辯的。「然」與「不然」亦復如此。所以只要超越相對待的兩端，用相互尊重的態度來看，「忘年忘義」——忘記長短年限，忘記對錯。生命馬上海闊天空。

〈山木〉

莊子行於山中，見大木，枝葉盛茂。伐木者止其旁而不取也。問其故，曰：「無所可用。」莊子曰：「此木以不材得終其天年。」夫子出於山，舍於故人之家。故人喜，命豎子殺雁而烹之。豎子請曰：「其一能鳴，其一不能鳴，請奚殺？」主人曰：「殺不能鳴者。」明日，弟子問於莊子曰：「昨日山中之木，以不材得終其天年；今主人之雁，以不材死。先生將何處？」莊子笑曰：「周將處夫材與不材之間。材與不材之間，似之而非也，故未免乎累。若夫乘道德而浮游則不然。無譽無訾，一龍一蛇，與時俱化，而無肯專為；一上一下，以和為量，浮游乎萬物之祖；物物而不物於物，則胡可得而累邪！此神農、黃帝之法則也。若夫萬物之情，人倫之傳，則不然。合則離，成則毀；廉則挫，尊則議，有為則虧，賢則謀，不肖則欺。胡可得而必乎哉！悲夫，弟子志之，其唯道德之鄉乎！」

成玄英疏曰：「言材者，有為也；不材者，無為也。之間，中道也。雖復離彼二偏，處茲中一，既未遣中，亦猶人不能理於人，雁不能同於雁，故似道而非真道，猶有斯患累也。夫乘玄道至德而浮

遊於世者，則不如此也。既遣二偏，又忘一中，則能虛通而浮遊於代爾。」

　　莊子蕩相遣執，超越兩端以得乎中道，所謂「周將處夫材與不材之間」是也，然則莊子心中很清楚，如果不能真正了解中道的涵義，恐怕又會落入另外一種中道的偏見。成玄英接著疏曰：「言道無材與不材，故毀譽之稱都失也，此遣中也。既遣二偏，又忘中一，遣之又遣，玄之又玄。言既妙遣中一，遠超四句，豈復諂情毀譽，惑意龍蛇！故當世浮沉，與時俱化，何肯偏滯而專為一物也。」❸

　　張亨先生說：「在二元性的思考方式下，所謂同一律、矛盾律、排中律的邏輯關係是構成知識系統的要件，卻對於體認道的真實是最不利的陷阱。愈追逐這種無涯之知，愈陷於跟事實的分裂。因為這樣形成的知識都是在一個封閉的系統之內。」❹莊子之道乃渾化對待的絕待、無待。將一切認知系統中相對的概念，如物、我，是、非，生、死，動、靜，……等，皆予與超越。張亨先生又說：「莊子的思維方式『突破了知識所加之於人的限制』，這也許不能稱之為前邏輯的思考，卻是超越邏輯的規範，或者是非邏輯的。」❺如果不能用概念的直線思維得到，那麼顯然的莊子是企圖讓大家終止這種分析理性的概念思維方式。

---

❸　郭慶藩輯，《莊子集釋》，華正書局，頁 668－669。

❹　張亨，〈莊子哲學與神話思想——道家思想溯源〉，《東方文化》，第 21 卷第 2 期，1983，頁 129。

❺　張亨，〈莊子哲學與神話思想——道家思想溯源〉，《東方文化》，第 21 卷第 2 期，1983，頁 130。

　　人們常陷入二元思惟中而忘記大道之無分別，〈庚桑楚〉篇在南榮趎見老子說出他的困惑，他說：

> 不知乎？人謂我朱愚，知乎？反愁我軀；不仁則害人，仁則反愁我身；不義則傷彼，義則反愁我已。我安逃此而可？此三言者，趎之所患也，願因楚而問之。

南榮趎的問題在「知」與「不知」，「仁」與「不仁」，「義」與「不義」之間的抉擇，表現任何一端都有問題，讓南榮趎不知如何自處，所以就教於老子，老子看出其問題所在，乃在失其根本，如果在此兩端糾纏，而不從根本入手，卻想要得解脫，猶如「揭竿而求諸海」而不可得。〈人間世〉之葉公子高，其出使齊國前，也是糾纏在兩端，造成患得患失的心情，不得不請教孔子：

> 子嘗語諸梁也曰：「凡事若小若大，寡不道以懽成。事若不成，則必有人道之患；事若成，則必有陰陽之患。若成若不成而後無患者，唯有德者能之。」吾食也執粗而不臧，爨無欲清之人。今吾朝受命而夕飲冰，我其內熱與！吾未至乎事之情，而既有陰陽之患矣；事若不成，必有人道之患，是兩也。為人臣者不足以任之，子其有以語我來！

葉公子高的問題是「成」與「不成」兩端，成也不是，不成也不是，這就是生命之困境，而舉凡陷入兩端者，皆有此患。孔子給葉公子高的建議是：「知其不可奈何而安之若命」，「行事之情而忘

其身，何暇至於悅生而惡死」。跳開功名之心與生死之好惡，即回歸於「道」，這些問題自然就不見了，猶登高望遠，障礙斯在下矣。

三、玄通彼我

　　道通為一，物我不分，如〈齊物論〉篇所言：「天地與我並生，萬物與我為一。」但是世人因受個體之限制，喜歡玩弄智巧。但是智巧卻通不到道的世界，在莊子書中，典型的人物就是惠施。

　　〈秋水〉
　　莊子與惠子游於濠梁之上。莊子曰：「儵魚出游從容，是魚之樂也。」惠子曰：「子非魚，安知魚之樂？」莊子曰：「子非我，安知我不知魚之樂？」惠子曰：「我非子，固不知子矣；子固非魚也，子之不知魚之樂，全矣。」莊子曰：「請循其本。子曰『汝安知魚樂』云者，既已知吾知之而問我。我知之濠上也。」

莊子見「儵魚出游從容」，而生同理心，故脫口而出曰「是魚之樂也」。此「天地與我並生，萬物與我為一」之心靈。莊子的感覺純任天然，沒有客觀認知之過程，這是空靈之心的直接體會。而惠施則不然，從其所提的問題「子非魚，安知魚之樂？」可以看出，在他的心裡，魚是魚，莊子是莊子，是兩個不相干的個體，之間是不可通的。接下來的論辯「我非子，固不知子矣；子固非魚也，子之不知魚之樂，全矣！」又把兩個人的心靈給隔開了，也就是說在惠施的觀念裡，萬物是各自存在的，之間是絕緣體，這剛好是莊子最

反對的主客對立。

〈齊物論〉

以指喻指之非指，不若以非指喻指之非指也；以馬喻馬之非
馬，不若以非馬喻馬之非馬也。天地一指也，萬物一馬也。
可乎可，不可乎不可。道行之而成，物謂之而然。惡乎然？
然於然。惡乎不然？不然於不然。物固有所然，物固有所
可。無物不然，無物不可。故為是舉莛與楹，厲與西施，恢
詭譎怪，道通為一。

蔣錫昌說：「大小起於比較，苟無比較，何來大小？美醜別於人
眼，魚鳥見之則同；萬物之情多端，然其適性則一，此皆自然之
故，非辯者所能為別也。」[46]成玄英疏曰：「天下雖大，一指可以
蔽之；萬物雖多，一馬可以理盡。何以知其然邪？今以彼我是非反
覆相喻，則所是者非是，所非者非非。故知二儀萬物，無是無非者
也。」[47]

四、有真人而後有真知

〈大宗師〉

知天之所為，知人之所為者，至矣！知天之所為者，天而生
也；知人之所為者，以其知之所知，以養其知之所不知，終

---

[46]　蔣錫昌，《莊子哲學・齊物論校釋》，商務印書館，1935，頁135。
[47]　郭慶藩輯，《莊子集釋》，華正書局，頁69。

> 其天年而不中道夭者，是知之盛也。雖然，有患。夫知有所
> 待而後當，其所待者特未定也。庸詎知吾所謂天之非人乎？
> 所謂人之非天乎？且有真人而後有真知。

這段話有三個重點，即天、人與真人。天就是自然，就是道化流
行。人分世俗之人與真人，真人是能夠了解人之有限性的人，真人
能夠運用身為人的有限之知，來輔助人之知所不能理解的世界。也
就是能「知止其所不知」，不讓人的有限之知過度膨脹。這就叫做
「以其知之所知，以養其知之所不知」。能夠了解自然之所為，則
能知萬物一齊，沒有分別之心。能夠知天與人之分際而能「內放其
身而外冥於物」，則能「終其天年而不中道夭者」，這就是知的最
高境界。但是知道這個道理其實並不容易，世俗之人常誤解而自以
為知，唯真人才可能辦到，所以莊子才要說：「且有真人而後有真
知。」

〈知北遊〉

> 知謂黃帝曰：「吾問無為謂，無為謂不應我，非不應我，不
> 知應我也；吾問狂屈，狂屈中欲告我而不我告，非不我告，
> 中欲告而忘之也。今予問乎若，若知之，奚故不近？」黃帝
> 曰：「彼其真是也，以其不知也；此其似之也，以其忘之
> 也；予與若終不近也，以其知之也。」狂屈聞之，以黃帝為
> 知言。

自然之道非言知所能求，所以想透過言知以求自然之道，絕不可

得。所以「知」到處求而不可得，黃帝點出了其中的關鍵，即「不
說」或「不知怎麼說」才是真正的知道。莊子創造兩個象徵性的人
物來說明這個道理，「知」代表想藉知來進入道的世界的人，「狂
屈」則是狂放不受規矩之拘限，反而是一個能跳脫知識框限的體道
者。

〈知北游〉
齧缺問道乎被衣，被衣曰：「若正汝形，一汝視，天和將
至；攝汝知，一汝度，神將來舍。德將為汝美，道將為汝
居。汝瞳焉如新生之犢而無求其故。」言未卒，齧缺睡寐。
被衣大說，行歌而去之，曰：「形若槁骸，心若死灰，真其
實知，不以故自持。媒媒晦晦，無心而不可與謀。彼何人
哉！」

這段對話充滿禪的味道，利用形象的呈顯，說明什麼叫做真知，真
知絕不是滔滔不絕，高談闊論者，真知原來是一種自在的生活。歐
陽修〈秋聲賦〉深受此段文字之影響，當歐陽修正在大談人之自我
傷害之理論時，卻發現「童子莫對，垂頭而睡。但聞四壁，蟲聲唧
唧，如助余之嘆息。」❹

---

❹　歐陽修，引自《唐宋八大家鑑賞辭典》，北岳文藝出版社，頁 608。

貳、命的問題

一、命乃大道之流行

〈天地〉

泰初有無，無有無名。一之所起，有一而未形。物得以生，
謂之德；未形者有分，且然無間，謂之命。

　　事物的形成不由自己，而是得於道的「且然無間」的變化流
行，故稱之為「命」。莊子要說明的是人之生乃道化流行的產物。
人無所逃於天地之間，人就是這個流行的一部份。

二、命是社會的倫理道德

〈人間世〉

仲尼曰：「天下有大戒二：其一，命也；其一，義也。子之
愛親，命也。不可解於心；臣之事君，義也，無適而非君
也，無所逃於天地之間，是之謂大戒。是以夫事其親者，不
擇地而安之，孝之至也；夫事其君者，不擇事而安之，忠之
盛也。自事其心者，哀樂不易施乎前，知其不可奈何而安之
若命，德之至也。」

　　人是宇宙萬物之一，受到大道流行的支配，而人是社會的一
員，又受到社會倫理道德的支配，而社會倫理道德其實就是道的規
律。所以「父母之親」「君臣之義」為主要的社會倫理，就具有

「命」的必然性，是人無所逃於天地之間的。也就是說莊子認為子女對父母的愛敬之心，是出自人的天性，臣對君的忠誠，也是理之必然，這都是人必須接受的，所以稱之為「命」。

三、知命與安命

莊子的觀念，人生所遇皆是命，命就是自然的流行，人必須順應自然，所以人對於所遇之命當安之而不違。〈德充符〉載：

> 仲尼曰：「死生、存亡、窮達、貧富、賢與不肖、毀譽、飢渴、寒暑，是事之變，命之行也。日夜相代乎前，而知不能規乎其始者也。故不足以滑和，不可入於靈府。」

> 〈大宗師〉
> 死生，命也，其有夜旦之常，天也。人之有所不得與，皆物之情也。

莊子認為無論死生、存亡、窮達、富貴、賢與不肖、毀譽、飢渴、寒暑都是「命」的流行，這是人不能參與改變的。每個人都應該順應之。郭象注曰：「其理故當，不可逃也。故人之生也，非誤生也；生之所有，非妄有也。天地雖大，萬物雖多，然吾之所適在於是，則雖天地神明，國家聖賢，絕力至知而弗能違也。故凡所不遇，弗能遇也，其所遇，弗能不遇也，凡所不為，弗能為也，其所為，弗能不為也，故付之而自當矣。」❹⑨宇宙大化，流轉不停，周

---

❹⑨　郭慶藩輯，《莊子集釋》，華正書局，頁213。

而復始，人企圖要去改變或窺伺他都將徒勞無功，甚至因此而傷生害性。

> 〈大宗師〉
>
> 子來曰：「父母於子，東西南北，唯命之從。陰陽於人，不翅於父母；彼近吾死而我不聽，我則悍矣，彼何罪焉？夫大塊以載我以形，勞我以生，佚我以老，息我以死。故善吾生者，乃所以善吾死也。今大冶鑄金，金踊躍曰：『我且必為鏌邪！』大冶必以為不祥之金。今一犯人之形而曰：『人耳！人耳！』夫造化者必以為不祥之人。今一以天地為大爐，以造化為大冶，惡乎往而不可哉！」成然寐，遽然覺。

儒家是從人的社會性出發，所以在人間建立一套人倫制度；莊子則是從人的自然性出發。所以一切歸之於自然之道。莊子認為天地萬物都在道化流行當中，何物非道所載，何往非道之所在？如此又何往而不可哉？只能順化而遊，何須措意其間。〈至樂〉篇說：「昔者管子有言，丘甚善之，曰：『褚小者不可以懷大，綆短者不可以汲深。』夫若是者，以為命有所成而形有所適也，夫不可損益。」即是此意。

> 〈大宗師〉
>
> 吾思夫使我至此極者而弗得也。父母豈欲吾貧哉？天無私覆，地無私載，天地豈私貧我哉？求其為之者而不得也！然而至此極者，命也夫！

父母無不愛子女，天地無私，而我竟然貧窮，尋思其由，不知所以
然，此自然之命也。〈達生〉篇說：「不知吾所以然而然，命
也。」不得不然就是必然，就像〈德充符〉篇記載申徒嘉與鄭子產
的對話，申徒嘉對子產以自己的官位盛氣凌人甚不以為然，而提
出：「自狀其過以不當亡者眾，不狀其過以不當存者寡。知不可奈
何而安之若命，唯有德者能之。遊於羿之彀中，中央者，中地也；
然而不中者，命也。」人生之遭遇是命之左右，人不能參與其間。
因為不能抗拒所以應當「安之若命」。〈人間世〉篇說：「自事其
心者，哀樂不易施乎前，知其不可奈何而安之若命，德之至也。」

　　莊子所謂的「知命」，是知道「命」的不可知性，知道人生是
「事之變」「命之行」的道理，不必逃脫，不必抗拒，〈達生〉篇
說：「達命之情者，不務命之所無奈何。」所謂「安命」，就是安
於命運之支配，安於命運帶給人生的一切遭遇。莊子一再強調「無
以故滅命」，「故」就是智、巧一類的東西。企圖以自己的聰明、
技巧去逃避或對抗命運，是無濟於事的。〈至樂〉篇載莊子妻死，
莊子鼓盆而歌，在惠施的眼裡，這是一件既過分且無情的行為，但
莊子卻認為是一件通達「命」的行為。他說人之生死就像春夏秋冬
四時之運行，如果不能「安時處順」（〈養生主〉），就是不通乎
命。他說：「人且偃然寢於巨室，而我嗷嗷然隨而哭之，自以為不
通乎命，故止也。」

〈達生〉

　　孔子觀於呂梁，縣水三十仞，流沫四十里，黿鼉魚鱉之所不
　能游也。見一丈夫游之，以為有苦而欲死也。使弟子並流而

拯之。數百步而出，被髮行歌而游於塘下。孔子從而問焉，
曰：「吾以子為鬼，察子則人也。請問：蹈水有道乎？」
曰：「亡，吾無道。吾始乎故，長乎性，成乎命。與齊俱
入，與汩偕出，從水之道而不為私焉。此吾所以蹈之也。」
孔子曰：「何謂始乎故，長乎性，成乎命？」曰：「吾生於
陵而安於陵，故也；長於水而安於水，性也；不知吾所以然
而然，命也。」

這又是莊子以形象具體之寓言呈顯的語言風格。丈人是一個再普通
不過的人，他的泳技讓孔子大為嘆服，所以孔子想知道他有什麼訣
竅，就像梁惠王想要知道，庖丁為什麼能把解牛的技術達到「合於
桑林之舞，乃中經首之會」的藝術化境界一樣。但是丈人的回答卻
是那麼的稀鬆平常，「亡，吾無道。吾始乎故，長乎性，成乎命。
與齊俱入，與汩偕出，從水之道而不為私焉。此吾所以蹈之也。」
在丈人的腦海裡根本沒有「道」的觀念，他只是生於斯、長於斯，
和水相處久了，了解了水的特性，就這樣而已，至於這中間有什麼
大道理，他一概不知。這就是莊子想告訴大家的，除了「安命」，
人還能做什麼呢！

徐復觀先生說：「莊子所說的命，並無運命與天命的分別，他
把賢不肖也屬之於命，把儒家劃歸到人力範圍的，也劃分到命的範
圍裡面去了，於是莊子之所謂命，乃與他所說的德，所說的性，屬
於同一範圍的東西，即是把德在具體化中所現露出來的『事之
變』，即是把各種人生中人事中的不同現象，如壽夭貧富等，稱之
為命，命即是德在實現歷程中對於某人某物所分得的限度，這種限

度稱之為命，在莊子乃說明這是命令而應當服從，不可改易的意思。所以他比喻說『父母於子，東西南北，唯命是從。陰陽於人，不翅父母』（〈大宗師〉）。何以知道這些『事之變』是由命所規定？乃是因為這些東西是『知不能規乎其始』，因而『不知所以然而然』的，即是這些事，不是人的智謀可以預為規劃，而不知其所始的，因此可以了解莊子的重視命，乃是把人生中的這些事之變，也安排到德與性方面去，安於這些事之變，即是安於德，安於性。所以他一再說：『知其不可奈何，而安之若命，德之至也』。他對命的觀念是補德、性在人生中的漏洞，並加強德、性在人生中的決定性。即是他之所以強調命，乃是要人『無以人滅天，無以故滅命』（〈秋水〉）。『故』是後起的生活習慣，由此可知命在本質上與德、性並無分別。他說：『已，而不知然，謂之道』（〈齊物論〉）。這是對道的規定，也同於對命的『不知所以然而然』的規定，又說：『聖人達綢繆，周盡一體矣，而不知其然，性也。』（〈則陽〉）又說：『性不可易，命不可變。』（〈天運〉）可見他對性與命的規定，也完全是一樣的。所以他才不斷的用『性命』的名詞，儒家把性與命連在一起，是以命說明性的根源，而莊子則是以命表明性的決定。」❺

---

❺　徐復觀，《中國人性論史》，臺灣商務印書館，頁 376－377。

參、死生之問題

一、死生乃氣之散聚

〈知北遊〉

生也死之徒，死也生之始，孰知其紀！人之生，氣之聚也。
聚則為生，散則為死。若死生為徒，吾又何患！故萬物一
也。是其所美者為神奇，其所惡者為臭腐。臭腐復化為神
奇，神奇復化為臭腐。故曰：「通天下一氣耳。」聖人故貴
一。

因為「通天下一氣」，人為氣化而生，所以生死皆在此一氣之
中，無所逃也。成玄英疏曰：「氣聚而生，猶是死之徒類；氣散而
死，猶是生之本始。生死終始，誰知紀綱乎？聚散往來，變化無
定。」❺陸西星說：「造化之機，成功者退，將來者進，而萬物之
生之死，莫不出入乎此機，故方生方死，方死方生，而不知其孰綱
維是，其氣之聚散為之乎，蓋盈天地之間，只是渾芒一氣，以息相
吹，如野馬絪縕，有所附麗，則塵塵相聚而物生，散則復歸於氣而
物死，喻如漚因浪發，水自寒凝，散則復歸於水，知生死之為一氣
耳，則任其陶冶，夫復何患，今人但以生為神奇也而美之，死為臭
腐也而惡之，大非也，豈知神奇化為腐朽，腐朽復為神奇，反覆相
因，無有窮已，何美可歆，何惡可厭！在聖人則處之一如，不起分

---

❺ 郭慶藩輯，《莊子集釋》，華正書局，頁 773。

別，所貴乎一者，以通天下萬物，皆一氣也，一氣則火傳也，不知
其盡也。」㊷

〈至樂〉

莊子妻死，惠子吊之，莊子則方箕踞鼓盆而歌。惠子曰：
「與人居，長子老身，死不哭亦足矣，又鼓盆而歌，不亦甚
乎！」莊子曰：「不然。是其始死也，我獨何能無概然！察
其始而本無生；非徒無生也，而本無形；非徒無形也，而本
無氣。雜乎芒芴之間，變而有氣，氣變而有形，形變而有
生。今又變而之死。是相與為春秋冬夏四時行也。人且偃然
寢於巨室，而我嗷嗷然隨而哭之，自以為不通乎命，故止
也。」

莊子用「氣」連結了「道」與萬物的關係，道通過氣來生化萬物，
〈至樂〉篇這段文字說明萬物生死的過程，宇宙萬物產生之前，沒
有生命，沒有形體，沒有氣，這是道的渾沌階段。然後道變化而為
氣，氣變化而為形體，形體變化而有生命，這是生命形成的全部過
程。道是生命的終極根源，氣是生命產生的關鍵，沒有氣，道只是
一個潛藏的存在，而無法變化成生命。莊子認為不僅生命的產生是
氣化所致，而且死亡也是。生命從生到死都是氣所致。

　　莊子認為死亡並不表示形體生命之消失，而只是形體生命又回
歸於氣，氣再經過變化，形成新的生命。如此週而復始，就像春夏

㊷　陸西星，《莊子南華真經副墨》，自由出版社，頁769－770。

秋冬四時之運行，無窮無盡。

〈知北遊〉

人生天地之間，若白駒之過郄，忽然而已。注然勃然，莫不
出焉；油然漻然，莫不入焉。已化而生，又化而死。生物哀
之，人類悲之。解其天弢，墮其天袠。紛乎宛乎，魂魄將
往，乃身從之。乃大歸乎！不形之形，形之不形，是人之所
同知也，非將至之所務也，此眾人之所同論也。彼至則不
論，論則不至。明見無值，辯不若默；道不可聞，聞不若
塞：此之謂大得。

人生天地間，短暫如白駒過隙，忽化而生，轉眼又化而死，這是自
然之生命現象，由無而來，又將歸於無，此乃生命之大歸也，「安
時處順，哀樂不能入也」（〈養生主〉），此理昭昭，不虛多言，人
所同知也。惜哉！世俗人不能知之，遂有哀悲之情。成玄英疏曰：
「世間萬物，相與無恆，莫不從變而生，順化而死。……夫人之未
生也，本不有其形，故從無形，氣聚而有其形，氣散而歸於無形
也。……彼至聖之人，忘言得理，故無所論說；若論說之，則不至
於道。」❸

〈秋水〉

道無終始，物有死生，不恃其功。一虛一滿，不位乎其形。

---

❸　郭慶藩輯，《莊子集釋》，華正書局，頁747。

年不可舉，時不可止。消息盈虛，終則有始。是所以語大義
之方，論萬物之理也。物之生也，若驟若馳。無動而不變，
無時而不移。何為乎，何不為乎？夫固將自化。

從道的角度看，生命無窮無盡，人類得之於道，不知道之無窮，卻
妄執短暫之死生。「譬彼陰陽，春生秋殺，盈虛變化，榮落順時，
豈執守形骸而拘持名位邪。」❸萬物的形體是不斷變化的，是想停
也停不了的，成玄英疏曰：「夫年之夭壽，時之賒促，出乎天理，
蓋不由人。故其來也不可舉而令去，其去也不可止而令住，俱當任
之，未始非我也。」人不可能參與意見的，因為萬物會自己產生變
化。

〈大宗師〉

死生，命也，其有夜旦之常，天也。人之有所不得與，皆物
之情也。彼特以天為父，而身猶愛之，而況其卓乎！人特以
有君為愈乎己，而身猶死之，而況其真乎！泉涸，魚相與處
於陸，相呴以濕，相濡以沫，不如相忘於江湖。與其譽堯而
非桀也，不如兩忘而化其道。夫大塊載我以形，勞我以生，
佚我以老，息我以死。故善吾生者，乃所以善吾死也。夫藏
舟於壑，藏山於澤，謂之固矣！然而夜半有力者負之而走，
昧者不知也。藏小大有宜，猶有所遯。若夫藏天下於天下而
不得所遯，是恆物之大情也。特犯人之形而猶喜之。若人之

---

❸　郭慶藩輯，《莊子集釋》，華正書局，頁 587。

> 形者，萬化而未始有極也，其為樂可勝計邪！故聖人將遊於
> 物之所不得遯而皆存。善夭善老，善始善終，人猶效之，而
> 況萬物之所係，而一化之所待乎！

生死猶如日夜之循環，是道化之必然，人不能有絲毫之著力焉。所
以面對生死應該以道化之格局來看，因為人不能逃於天地之間，天
地乃在道化之中。「善夭善老，善始善終」，與大化同流，才是最
正確的態度。宣穎曰：「死生定於命，猶夜旦運於天，有生必有
死，有旦必有夜，豈人之所能著力哉？此皆物之實理如此，無足生
其悲戀也。……屈伸往來，盛衰消長，一氣循環者，天下之實理
也。養生者，獨欲以身為不化之物，是一氣循環中得容此塊然之楄
株也？有是理乎哉？究竟有負之走者而已，不知故方且藏之，則方
且遯之，夫遯之正生於藏之之過也。設也悟天下之理，非我一人所
得私，而因而付之天下，則此理便隨在與我共之矣，天下一循環之
裡也，我一循環之理中之人也，又烏得所遯哉？蓋物理之實原是如
此，此便是於隙駒世界中，無法可處之一上上處法也。」❺陸西星
也說：「夫天者，君也，父也，大宗師也，道也，一也，人之不能
離是也。如魚之有水，故以魚喻。……夫人能兩忘而化於道，則是
能遊於物之所不得遯者而皆存。何者？道者物之所不得遯者，惟道
可以長存，故死生壽夭一無所變。……何謂藏天下於天下？天下不
一者物也，一者理，藏天下於天下者，知其理之一也，而一以自然

---

❺　宣穎，《莊子南華經解》，嚴靈峰輯，《無求備齋老列莊三子集成補編》，
　　成文出版社，頁 205－206。

付之，使物各得其自然，則是以天下之理藏天下之物，而我之理又藏於天下之中，故皆不得其所遯，此便是以其一者，一其不一者，蓋一者，真實之理也，不一者，虛幻之形也。」❺❻〈天道〉篇說：「知天樂者，其生也天行，其死也物化。」生若四時之運行，死是萬物之變化。其理一同。

二、生死一體

　　莊子從氣化之角度看生死，乃一氣之循環變化。由此可得生與死乃是一體之結論。

　　〈大宗師〉

　　　子祀、子輿、子犁、子來四人相與語，曰：「孰能以無為首，以生為脊，以死為尻，孰知生死存亡之一體者，吾與之友矣。」四人相視而笑，莫逆於心，遂相與為友。

宣穎曰：「凡物始於無，猶體之首；中於生，猶體之脊；終於死，猶體之尻。天下無一物能不以無為首，生為脊，死為尻者也，而乃曰孰能者，明明必有始，必有中，必有終，猶自悍然忘其既往，據其現在，拒其將來，汲汲一生，不獲自在，是無一人能者也。自首而脊而尻，總成吾之一體，孰不知之，自無而生而死，其完吾之一理，亦猶是也。果若看徹，此際自然覺得缺一不可，今且悅生而惡

---

❺❻　陸西星，《莊子南華真經副墨》，自由出版社，頁 261。

死，豈非愛脊而憎尻乎？是無一人知者也。其語意透脫如此。」❺
生命是一個連續，放在道化之中更是一個大連續，這就是一體的意
思。在〈德充符〉篇中莊子又借老子之口說出：「胡不使彼以死生
為一條，以可不可為一貫者，解其桎梏，其可乎？」莊子認為一個
不能把死生當成一體，猶有分別之心的人，必桎梏其心，不得自
由，〈養生主〉篇中喻死為生之「懸解」，其意思相同。

　　〈庚桑處〉
　　古之人，其知有所至矣。惡乎至？有以為未始有物者，至
　　矣，盡矣，弗可以加矣！其次以為有物矣，物以生為喪也，
　　以死為反也，是以分已。其次曰始無有，既而有生，生俄而
　　死。以無有為首，以生為體，以死為尻；孰知有無死生之一
　　守者，吾與之為友。

不論是「以死生存亡為一體」或「以死生為一條」或「以死生為一
守」都是一個意思。都是對生死之不能分割，與生死皆一氣之所生
的認識。〈知北遊〉篇說：「死生有待邪？皆有所一體。」有待即
指生死相互依存。相對於氣來說，死生只是型態之異，沒有本質區
別，所謂「萬物一府，死生同狀」（〈天地〉）。

---

❺　宣穎，《莊子南華經解》，嚴靈峰輯，《無求備齋老列莊三子集成補編》，
　　成文出版社，頁215。

〈列禦寇〉

莊子將死，弟子欲厚葬之。莊子曰：「吾以天地為棺槨，以日月為連璧，星辰為珠璣，萬物為齎送。吾葬具豈不備邪？何以加此！」弟子曰：「吾恐烏鳶之食夫子也。」莊子曰：「在上為烏鳶食，在下為螻蟻食，奪彼與此，何其偏也！」

莊子之豁達，對生死之通透，對道化之契悟，與此可見，不需多言。

三、死生無好惡，哀樂不能入

〈齊物論〉

予惡乎知說生之非惑邪！予惡乎知惡死之非弱喪而不知歸者邪！麗之姬，艾封人之子也。晉國之始得之也，涕泣沾襟；及其至於王所，與王同筐床，食芻豢，而後悔其泣也。予惡乎知夫死者不悔其始之蘄生乎？夢飲酒者，旦而哭泣；夢哭泣者，旦而田獵。方其夢也，不知其夢也。夢之中又占其夢焉，覺而後知其夢也。且有大覺而後知此其大夢也，而愚者自以為覺，竊竊然知之。君乎，牧乎，固哉！丘也與女，皆夢也；予謂女夢，亦夢也。是其言也，其名為吊詭。萬世之後而一遇大聖，知其解者，是旦暮遇之也。

　　莊子認為好生惡死之偏執，就像少小離家而不知歸者，又舉麗姬之出嫁為例，喻世人好生惡死之可笑。又舉夢境為喻，提醒世人執著好生惡死可能只像夢境一場。

〈至樂〉

莊子之楚，見空髑髏，髐然有形。撽以馬捶，因而問之，曰：「夫子貪生失理，而為此乎？將子有亡國之事、斧鉞之誅，而為此乎？將子有不善之行，愧遺父母妻子之醜而為此乎？將子有凍餒之患，而為此乎？將子之春秋故及此乎？」於是語卒，援髑髏，枕而臥。夜半，髑髏見夢曰：「子之談者似辯士，視子所言，皆生人之累也，死則無此矣。子欲聞死之說乎？」莊子曰：「然。」髑髏曰：「死，無君於上，無臣於下；亦無四時之事，從然以天地為春秋，雖南面王樂，不能過也。」莊子不信，曰：「吾使司命復生子形，為子骨肉肌膚，反子父母、妻子、閭里、知識，子欲之乎？」髑髏深矉蹙頞曰：「吾安能棄南面王樂而復為人間之勞乎！」

此文脫胎於此〈大宗師〉篇之「大塊載我以形，勞我以生，佚我以老，息我以死。」莊子欲提醒世人生死一同，乃出此寓言，誇大死後之樂雖南面不能過也，所謂「吾安能棄南面王樂而復為人間之勞乎！」或謂此與莊子安身正命之想法不符，而謂此非莊子之作⑱，此失莊子寓言之精神矣。郭象注曰：「舊說云莊子樂死惡生，斯說謬矣！若然，何謂齊乎？所謂齊者，生時安生，死時安死，生死之

---

⑱　鍾泰先生說：「揆之內篇〈人間世〉安命正身之大義，亦矛盾甚矣，吾所以疑其非莊子自作也。」《莊子發微》，上海古籍出版社，頁400。

情既齊，則無為當生而憂死耳，此莊子之旨也。」❺⁹

〈養生主〉

老聃死，秦失弔之，三號而出。弟子曰：「非夫子之友邪？」曰：「然。」「然則弔焉若此，可乎？」曰：「然。始也吾以為其人也，而今非也。向吾入而弔焉，有老者哭之，如哭其子；少者哭之，如哭其母。彼其所以會之，必有不蘄言而言，不蘄哭而哭者。是遁天倍情，忘其所受，古者謂之遁天之刑。適來，夫子時也；適去，夫子順也。安時而處順，哀樂不能入也，古者謂是帝之縣解。」指窮於為薪，火傳也，不知其盡也。

面對老聃之死，眾人哭之甚悲，秦失認為違背自然之理。成玄英疏曰：「夫逃遁天理，倍加俗情，哀樂經懷，心靈困苦，有同捶楚，寧非刑戮。」❻⁰郭象注曰：「夫哀樂生於失得者也，今玄通合變之士，無時而不安，無順而不處，冥然與造化為一，則無往而非我矣，將何得何失，孰死孰生哉？故任其所受，而哀樂無所措其閒矣。」❻¹能不受生死之繫累，憂樂之情亦不得入無心中，此謂之「縣解」。

---

❺⁹　郭慶藩輯，《莊子集釋》，華正書局，頁619。

❻⁰　郭慶藩輯，《莊子集釋》，華正書局，頁128。

❻¹　郭慶藩輯，《莊子集釋》，華正書局，頁129。

肆、形的問題

一、形德之辨

《莊子》一書提到「形」字約出現一百四十餘次，還有以複詞形式出現者，如「形骸」、「形體」、「形軀」等等。如〈逍遙游〉篇說：「豈惟形骸有聾盲哉？夫知亦有之。」〈德充符〉篇說：「今子與我游於形骸之內，而子索我於形骸之外，不亦過乎！」這裡的「形骸」、「形體」、「形軀」指的是身體的外在形體部分。「形」字單獨使用，指的是形體的更多，如〈人間世〉篇說：「夫支離其形者，猶足以養其身。」〈德充符〉篇說：「形全猶足以為爾。」「道與之貌，天與之形。」〈至樂〉篇說：「氣變而有形，形變而有生」等等。

徐復觀先生說：「他用『形』字，則常僅指的是外在的官能或形骸（五官百體）所表現的動作。此時之形，莊子把它與德性或心看成是兩樣東西，而加以對舉。例如『形莫若就，心莫若和』（〈人間世〉），這是把形與心相對舉，與一般的說法無所異。〈德充符〉篇假設許多形體不全之人，以見德較形為貴，殘形並非等於傷德。……他雖然認為形由德而生，但他實際認為形生以後，與生他的德依然有一隔限，於是他主張的回到生所自來之道，依然是要通過自覺，通過由自覺而來的工夫，才可突破形的限制以達到其目的。……莊子對形的觀念，是由老子所說的『吾之大患，在吾有身』的身的觀念而來。……莊子對形的態度主張『忘形』（〈形有所忘〉），再落實一點，則是『不位乎其形』（〈秋水〉），即是不為形所拘，不使形取得生活上的主導權，再進而以自己的德，養自

己的形，使形與德合而為一。以使其能『盡其所受於天』（〈應帝王〉），所以他說：『無視無聽，抱神以靜，形將自正，……女神將守形，形乃長生』（〈在宥〉）。」**⑥**

〈德充符〉

魯有兀者王駘，從之游者，與仲尼相若。常季問於仲尼曰：「王駘，兀者也，從之游者與夫子中分魯。立不教，坐不議。虛而往，實而歸。固有不言之教，無形而心成者邪？是何人也？」仲尼曰：「夫子，聖人也，丘也直后而未往耳！丘將以為師，而況不若丘者乎！奚假魯國，丘將引天下而與從之。」常季曰：「彼兀者也，而王先生，其與庸亦遠矣。若然者，其用心也獨若之何？」仲尼曰：「死生亦大矣，而不得與之變；雖天地覆墜，亦將不與之遺。審乎無假而不與物遷，命物之化而守其宗也。」常季曰：「何謂也？」仲尼曰：「自其異者視之，肝膽楚越也；自其同者視之，萬物皆一也。夫若然者，且不知耳目之所宜，而遊心乎德之和；物視其所一而不見其所喪，視喪其足猶遺土也。」

王駘是一個斷足的人，但跟隨他的人卻是與孔子平分魯國，而且教人不見言語與形容，大家卻都能莫逆於心。孔子分析他的人格特質是他能體會大道，超越生死之變遷，任物自化。成玄英疏曰：「夫山舟潛遁，薪指遷流，雖復萬境皆然，而死生最大。但王駘心冥造

---

⑥　徐復觀，《中國人性論史》，臺灣商務印書館，頁 377－379。

物，與變化而遷移，跡混人間，將死生而俱往，故變所不能變也。」❻世俗人不能忘情形骸，故分別心起，「肝膽楚越也」，王駘能超脫形骸之限制，與大化同流，所以能與「萬物皆一」而無所分也。莊子藉此寓言說明只要能「遊心乎德之和」者，自然能對形體之殘全無所在意。

〈德充符〉篇接著記載兀者申徒嘉與鄭子產同師伯昏無人的故事，子產自恃執政，瞧不起形殘之申徒嘉，申徒嘉告知曰：「今子與我遊於形骸之內，而子索我於形骸之外，不亦過乎！」所謂遊於形骸之內，就是指「遊心於德之和」，形骸之外即形骸外貌也。憨山釋德清說：「我與子相知以心，即當相忘以道，不當取於形骸之間，今子乃以形骸外貌索我，不亦過乎！」❻

〈德充符〉篇又載衛之貌醜者哀駘它，莊子形容其容貌之醜是「惡駭天下」，但是其受歡迎之程度卻是男子「思而不能去」，女子則是「與為人妻寧為夫子妾」，魯哀公因其離去而「卹焉若有所亡也，若無與樂是國也。」孔子解釋這種現象說：

> 丘也嘗使於楚矣，適見豚子食於其死母者。少焉眴若，皆棄之而走。不見己焉爾，不得類焉爾。所愛其母者，非愛其形也，愛使其形者也。戰而死者，其人之葬也不以翣資；刖者之屨，無為愛之。皆無其本矣。為天子之諸御，不爪翦，不穿耳；取妻者止於外，不得復使。形全猶足以為爾，而況全德

---

❻ 郭慶藩輯，《莊子集釋》，華正書局，頁189。
❻ 憨山釋德清，《莊子內篇注》，卷三，廣文書局，頁10。

之人乎！今哀駘它未言而信，無功而親，使人授己國，唯恐
其不受也，是必才全而德不形者也。」哀公曰：「何謂才
全？」仲尼曰：「死生、存亡、窮達、貧富、賢與不肖、毀
譽、飢渴、寒暑，是事之變，命之行也。日夜相代乎前，而
知不能規乎其始者也。故不足以滑和，不可入於靈府。使之
和豫，通而不失於兌。使日夜無郤，而與物為春，是接而生
時於心者也。是之謂才全。」「何謂德不形？」曰：「平
者，水停之盛也。其可以為法也，內保之而外不蕩也。德
者，成和之修也。德不形者，物不能離也。」

「非愛其形也，愛使其形者也」，郭象注曰：「使形者才德也，而
才德者，精神也。豚子愛母，愛其精神，人慕哀駘它，慕其才德者
也。」❻孔子接著說「才全」與「德不形」來說明哀駘它之修養境
界。才全是不讓外在事物之變化干擾平和之內心也。德不形是內心
德充及不為外物所影響，如此之德，使天下人樂於接近而不願離去
也。

〈德充符〉
闉跂支離無脤說衛靈公，靈公說之；而視全人，其脰肩肩。
甕㼜大癭說齊桓公，桓公說之；而視全人：其脰肩肩。故德
有所長而形有所忘。人不忘其所忘而忘其所不忘，此所謂誠
忘。故聖人有所遊，而知為孽，約為膠，德為接，工為商。

---

❻ 郭慶藩輯，《莊子集釋》，華正書局，頁211。

> 聖人不謀，惡用知？不斵，惡用膠？無喪，惡用德？不貨，
> 惡用商？四者，天鬻也，天鬻者，天食也。既受食於天，又
> 惡用人！有人之形，無人之情。有人之形，故群於人，無人
> 之情，故是非不得於身。眇乎小哉，所以屬於人也！謷乎大
> 哉，獨成其天！

一個跛腳、駝背、缺唇的人，和一個頸上長個大瘤的人，都讓國君
喜歡到不習慣再看到正常的人，因為他們的德性讓人忘記他們形體
的殘缺。宣穎說：「上文共是六位殘疾奇醜之人，莊子也不是隨手
填寫的，寫一王駘，可見弟子於師，以德不以形也。寫一申徒嘉，
一叔山無趾，可見師於弟子，以德不以形，朋友與友亦當以德不以
形也，寫一哀駘它，及闉跂、大癭，可見君臣之間，亦以德不以形
也，倫類中惟父子兄弟，原以性合，不消以形骸之見，為人過慮，
故莊子不說，此外則自師弟朋友君臣，皆以義合者，皆易從形骸起
見，莊子特敘這六段事，謂世人徹去胸前一片塊壘也。夫婦亦以義
合者，莊子何以不說？看他敘哀駘它處，特夾敘婦人寧為其妾數
語，則夫婦之間以德不以形，又可見矣。」⑥

　　莊子說明形、德之辨後，又恐世人不解德之涵義，故特又別開
生面，再論知之非德，情之非德，宣穎說：「上文既言形非德之所
在，此又恐人或以智能世法為德，故復言聖人心有所遊，乃與造化
一氣，一切人情無所用之，是情亦非德之所在也。」

---

⑥　宣穎，《莊子南華經解》，嚴靈峰輯，《無求備齋老列莊三子集成補編》，
　　成文出版社，頁 181－182。

〈德充符〉

惠子謂莊子曰：「人故無情乎？」莊子曰：「然。」惠子曰：「人而無情，何以謂之人？」莊子曰：「道與之貌，天與之形，惡得不謂之人？」惠子曰：「既謂之人，惡得無情？」莊子曰：「是非吾所謂情也。吾所謂無情者，言人之不以好惡內傷其身，常因自然而不益生也。」惠子曰：「不益生，何以有其身？」莊子曰：「道與之貌，天與之形，無以好惡內傷其身。今子外乎子之神，勞乎子之精，倚樹而吟，據槁梧而瞑。天選子之形，子以堅白鳴！」

莊子所謂的無情是「不以好惡內傷其身，常因自然而不益生也。」成玄英疏曰：「吾所言情者，是非彼我、好惡、憎嫌等也。若無是無非，雖有形貌，直是人耳，情將安寄。」❻❼天給予形貌，也帶來「知」與「情」之干擾，故莊子既談外在形貌之不足恃，又順便提及知與情之非德，然後進一步再論及德之本意乃是任物自然，德而不德也。成玄英疏曰：「物我雙遣，形德兩忘，故放任乎變化之場，遨遊於至虛之域也。」❻❽形德兩忘，則形德始可兩全，

〈天地〉篇說：「執道者德全，德全者形全，形全者神全。神全者，聖人之道也。」〈在宥〉篇也說：「無視無聽，抱神以靜，形將自正，……女神將守形，形乃常生。」神先於形，神定而後形全，這是莊子形神一體之觀念。

---

❻❼　郭慶藩輯，《莊子集釋》，華正書局，頁 222。

❻❽　郭慶藩輯，《莊子集釋》，華正書局，頁 218。

二、墮肢體之修養工夫

〈齊物論〉

百骸、九竅、六藏，賅而存焉，吾誰與為親？汝皆說之乎？
其有私焉？如是皆有為臣妾乎？其臣妾不足以相治乎？其遞
相為君臣乎？其有真君存焉？如求得其情與不得，無益損乎
其真。

人一受其成形，則為形所限，但莊子說，形骸仍須以真君為之主，
始能運作，若以形骸自相治理，則「皆為臣妾乎？」「遞相為君臣
乎？」恐怕都不能處理，所以〈齊物論〉開篇南郭子綦的「吾喪
我」，展示「形故可使如槁木，心故可使如死灰」，正是莊子要強
調的形骸應該先退位，讓真君之我顯現，然後形骸之百骸、九竅、
六藏自然得到安排而運作。

〈達生〉

達生之情者，不務生之所無以為；達命之情者，不務知之所
無奈何。養形必先之以物，物有餘而形不養者有之矣；有生
必先無離形，形不離而生亡者有之矣。生之來不能卻，其去
不能止。悲夫！世之人以為養形足以存生；而養形果不足以
存生，則世奚足為哉！雖不足為而不可不為者，其為不免
矣！夫欲免為形者，莫如棄世。棄世則無累，無累則正平，
正平則與彼更生，更生則幾矣！事奚足棄而生奚足遺？棄事
則形不勞，遺生則精不虧。夫形全精復，與天為一。天地

者，萬物之父母也。合則成體，散則成始。形精不虧，是謂
能移。精而又精，反以相天。

人之生也，「生之來不能卻，其去不能止」，命也，既有此形體，
則當濟之以貨財衣食，然世人濟之太過或濟之不當，反傷其形，而
真君本性寄之形骸，偏養形骸而棄真君本性，真君本性亦虧損矣。
王夫之說：「勞形以求養形，形不可終養，而適以勞其形，則形既
虧矣。遺棄其精於不恤，而疲役之以役於形而求養，則精之虧又久
矣。……至人之所以亟養其生之主者此也。外物之累，順之而近
刑，逆之而近名，皆從事於末，吾有能與於天，故達情者，兩不屑
焉，論至於此，而後逍遙者，非苟求適也；養生者，非徒養其易謝
之生也，為天下之大宗師而道無以加也。」❻

　　莊子接著再論「棄世」、「無累」、「正平」、「更生」、層
層推進，最後達成「與天為一」之境界。宣穎說：「道在古今，惟
其刻刻推遷，所以真常不毀，得道者便是這一樣運用，身無不化，
而神與天遊也，故與彼更生更正，是與天為一，與天為一正是能
移，三層只是一意，特反覆發明不朽之事，不在塊然之形耳。」❼

　　〈在宥〉篇也說：「墮爾形體，吐爾聰明，倫與物忘，大同乎
涬溟，解心釋神，莫然無魂。」「墮爾形體，吐爾聰明」就是〈大
宗師〉篇的「墮枝體，黜聰明」，就是「離形去知」，就是「忘

---

❻　王夫之，《莊子解》，里仁書局，頁156。

❼　宣穎，《莊子南華經解》，嚴靈峰輯，《無求備齋老列莊三子集成補編》，
　　成文出版社，頁449。

身」、「忘心」，就是「坐忘」。「莫然無魂」即成玄英說的「漠
然無知，同死灰槁木」。如此之修養工夫，始能混同大化。

伍、性的問題

《莊子》外、雜篇不斷提到「性」字，徐復觀先生認為「內篇
的德字，實際便是性字。」**⑦**〈庚桑楚〉篇說：「性者，生之質
也。」〈天地〉篇說：

> 泰初有無，無有無名。一之所起，有一而未形。物得以生，
> 謂之德；未形者有分，且然無間，謂之命；留動而生物，物
> 成生理，謂之形；形體保神，各有儀則，謂之性。

「性」就是生命的「儀則」，徐復觀先生說：「性好像是道派在人
身形體中的代表，因之，性即是道。道是無，是無為，是無分別相
的一，所以性也是無，也是無為，也是無分別相的一。更切就人身
上說，即是虛，即是靜。換言之，即是在形體之中，保持道地精神
狀態。」**⑦**莊子認為世人一直都在做傷生害性的行為。

〈天地〉
百年之木，破為犧尊，青黃而文之，其斷在溝中。比犧尊於
溝中之斷，則美惡有間矣，其於失性一也。跖與曾、史，行

---

⑦　徐復觀，《中國人性論史》，臺灣商務印書館，頁 371。
⑦　徐復觀，《中國人性論史》，臺灣商務印書館，頁 373－374。

義有間矣,然其失性均也。且夫失性有五:一曰五色亂目,
使目不明;二曰五聲亂耳,使耳不聰;三曰五臭薰鼻,困惾
中顙;四曰五味濁口,使口厲爽;五曰趣舍滑心,使性飛揚。
此五者,皆生之害也。而楊、墨乃始離跂自以為得,非吾所
謂得也。夫得者困,可以為得乎?則鳩鴞之在於籠也,亦可
以為得矣。且夫趣舍聲色以柴其內,皮弁鷸冠,搢笏紳修以
約其外。內支盈於柴柵,外重纆繳,睆睆然在纆繳之中而自
以為得,則是罪人交臂歷指而虎豹在於囊檻,亦可以為得矣!

迷失性情多端,要者為五。宣穎曰:「人之本性,道之所託也,惟
無心無為,斯能保焉,極言五者為天性之桎梏,蓋事態萬端,無非
由此五者滋蔓故也。」❼老子說:「五色令人目盲,五音令人耳
聾,五味令人口爽,馳騁田獵令人心發狂。」(〈十二章〉)❼其義
同。

　　莊子認為只要傷生害性之事,就是不對,沒有美醜、善惡之
分。所以百年之木當他被砍下來時以傷其性,所以不管文以彩色,
或斷之溝中,都是一樣的;相同的道理,曾史與盜跖行為清濁不
同,但一殉名一殉利,失去本性也是沒有不同。

---

❼　宣穎,《莊子南華經解》,嚴靈峰輯,《無求備齋老列莊三子集成補編》,
　　成文出版社,頁 340。
❼　余培林,《新譯老子讀本》,三民書局,頁 33。

〈駢拇〉

自三代以下者，天下莫不以物易其性矣！小人則以身殉利；
士則以身殉名；大夫則以身殉家；聖人則以身殉天下。故此
數子者，事業不同，名聲異號，其於傷性以身為殉，一也。
臧與穀，二人相與牧羊，而俱亡其羊。問臧奚事，則挾策讀
書；問穀奚事，則博塞以游。二人者，事業不同，其於亡羊
均也。伯夷死名於首陽之下，盜跖死利於東陵之上。二人
者，所死不同，其於殘生傷性均也。奚必伯夷之是而盜跖之
非乎？天下盡殉也。彼其所殉仁義也，則俗謂之君子；其所
殉貨財也，則俗謂之小人。其殉一也，則有君子焉，有小人
焉；若其殘生損性，則盜跖亦伯夷已，又惡取君子小人於其
間哉！

成玄英疏曰：「五帝以上，猶扇無為之風，三代以下，漸興有為之
教。澆淳異世，步驟殊時，遂使捨己效人，易奪真性，殉物不及，
不亦悲乎！」**⓻**

楊墨之徒不知此義，仍昂首闊步自以為得。然則「困可以為得
乎？」（〈在宥〉）莊子認為不可以，就像鳥困籠中，怎麼說是得
呢？〈養生主〉篇云：「澤雉十步一啄，百步一飲，不蘄畜乎樊
中，神雖王，不善也。」如果因得而困，那就不叫做得。郭象注
曰：「夫仁義禮法約束其心者，非真性者也。既偽其性，則遭困
苦，若以此困而為得者，則何異乎鳩鵶之鳥在樊籠之中，稱其自得

⓻ 郭慶藩輯，《莊子集釋》，華正書局，頁324。

者也。」⑯

「以柴其內」就是蓬心、蒿目、滑心。陸西星說：「柴義有三：一者蘊崇，二者錯亂，三者梗礙。」⑰聲色取捨都是堵塞本性不彰的因素。

莊子深痛世俗人之不知此義，故以火為喻，〈外物〉篇說：

> 外物不可必，故龍逢誅，比干戮，箕子狂，惡來死，桀、紂亡。人主莫不欲其臣之忠，而忠未必信，故伍員流於江，萇弘死於蜀，藏其血三年而化為碧。人親莫不欲其子之孝，而孝未必愛，故孝己憂而曾參悲。木與木相摩則然，金與火相守則流，陰陽錯行，則天地大駭，於是乎有雷有霆，水中有火，乃焚大槐。有甚憂兩陷而無所逃。蟄蟲不得成，心若縣於天地之間，慰暋沈屯，利害相摩，生火甚多，眾人焚和，月固不勝火，於是乎有僓然而道盡。

成玄英疏曰：「人間事物，參差萬緒，惟安大順，則所在虛通，若其逆物執情，必遭禍害。」⑱如果固執某種價值標準，不能順隨物化，惟變所適，馳騁於榮辱之場，則身陷憂樂之中矣，中和之性亦將被斷喪。宣穎曰：「寫不可必作四層，頓挫讀之，鏗然璆然，寫憂心生火，至今讀之，猶有煙氣，寫熾火之後，未幾灰燼，令普天

---

⑯　郭慶藩輯，《莊子集釋》，華正書局，頁455。
⑰　陸西星，《莊子南華真經副墨》，自由出版社，頁485。
⑱　郭慶藩輯，《莊子集釋》，華正書局，頁920。

下一齊下淚。」㊴莊子用火做喻，既傳神又發人深省。

傷生害性之事多矣，感官物欲傷性之外，執著某些偏見，亦是自造圍城，此皆莊子所深致意者。然時風所致，「道德仁義」之風影響民心甚鉅，乃莊子著墨最多，感慨最深者。其中以〈駢拇〉一篇敘述最詳。陸西星曰：「〈駢拇〉篇以道德為正宗，而以仁義為駢附，正好以老子失道而後德，失德而後仁，失仁而後義參看。一部莊子宗旨，全在此篇。」㊵宣穎也說：「聖門仁義，即是性，莊子卻將仁義看做性外添出之物，蓋他止就源頭處一直下來，不肯多著一字，老子曰不知其名字之曰道，道之一字，還是借說的，何況說到仁義，莊子就是這一樣見解。他都就最上層理會，下一截事，便一切掃卻。……引仁義而合性則為駢，言其牽連外物也；由性而分仁義則為枝，言其旁出非本也。篇中將仁義與聰明口辯之用，聲色臭味之欲作一派舖寫，其眼光直是最高，其筆力直是最辣。」㊶

〈駢拇〉

駢拇枝指，出乎性哉！而侈於德。附贅縣疣，出乎形哉！而侈於性。多方乎仁義而用之者，列於五藏哉！而非道德之正也。……枝於仁者，擢德塞性以收名聲，使天下簧鼓以奉不及之法非乎？而曾史是矣。彼正正者，不失其性命之情。故

㊴　宣穎，《莊子南華經解》，嚴靈峰輯，《無求備齋老列莊三子集成補編》，成文出版社，頁612。

㊵　陸西星，《莊子南華真經副墨》，自由出版社，頁321－322。

㊶　宣穎，《莊子南華經解》，嚴靈峰輯，《無求備齋老列莊三子集成補編》，成文出版社，頁143。

合者不為駢，而枝者不為跂；長者不為有餘，短者不為不
足。是故鳧脛雖短，續之則憂；鶴脛雖長，斷之則悲。故性
長非所斷，性短非所續，無所去憂也。意仁義其非人情乎！
彼仁人何其多憂也？且夫駢於拇者，決之則泣；枝於手者，
齕之則啼。二者，或有餘於數，或不足於數，其於憂一也。
今世之仁人，蒿目而憂世之患；不仁之人，決性命之情而饕
貴富。故意仁義其非人情乎！自三代以下者，天下何其囂囂
也？且夫待鉤繩規矩而正者，是削其性也；待繩約膠漆而固
者，是侵其德者也；屈折禮樂，呴俞仁義，以慰天下之心
者，此失其常然也。天下有常然，常然者，曲者不以鉤，直
者不以繩，圓者不以規，方者不以矩，附離不以膠漆，約束
不以纆索。故天下誘然皆生，而不知其所以生；同焉皆得，
而不知其所以得。故古今不二，不可虧也。則仁義又奚連連
如膠漆纆索而游乎道德之間為哉！使天下惑也！夫小惑易
方，大惑易性，何以知其然邪？自虞氏招仁義以撓天下也，
天下莫不奔命於仁義。是非以仁義易其性與？

道德是性命之正，仁義就像「駢拇枝指」一樣。如果是正常的形體
本性，雖然人人不同，甚至有駢枝者，但都是大化流行，只要順其
本性，都可以獲得快樂。「彼正正者，不失其性命之情。故合者不
為駢，而枝者不為跂；長者不為有餘，短者不為不足。是故鳧脛雖
短，續之則憂；鶴脛雖長，斷之則悲。故性長非所斷，性短非所
續，無所去憂也。意仁義其非人情乎！彼仁人何其多憂也？」行仁
義者之所以「多憂」就是因為它不符合人之情性。陸西星曰：「道

者原無名相，德者一而不分，失德而後仁，失仁而後義，夫自道德降而仁義，與亡羊始多歧矣，今人但謂仁義不可勝用，而不知自大道觀之，等諸駢枝，均一無用。」[82]

〈駢拇〉篇又說：

> 且夫駢於拇者，決之則泣；枝於手者，齕之則啼。二者，或有餘於數，或不足於數，其於憂一也。今世之仁人，蒿目而憂世之患；不仁之人，決性命之情而饕貴富。故意仁義其非人情乎！自三代以下者，天下何其囂囂也？且夫待鉤繩規矩而正者，是削其性也；待繩約膠漆而固者，是侵其德者也；屈折禮樂，呴俞仁義，以慰天下之心者，此失其常然也。

莊子認為合於性命之正，則無有餘不足之憂，反之，如果不是合於性命之正，則有餘不足皆是憂也。所以駢拇枝指是本性具有，不可去也。仁義之行非人情性命之本，故當去也。莊子強烈的認為仁義是破壞自然本性的元兇，是三代以來天下如此混亂的根源。因為道化萬物，世人只要隨順大化，何須仁義？世人不知此理，欲借仁義正己偏差之行，殊不知此乃反其道之行也。成玄英疏曰：「夫物賴鉤繩規矩而後曲直方圓也，此非天性也；人待教跡而後仁義者，非真性也。夫真率性而動，非假學也。故矯性偽情，捨己效物而行仁義者，是減削毀損於天性也。」[83]

---

[82] 陸西星，《莊子南華真經副墨》，自由出版社，頁325。
[83] 郭慶藩輯，《莊子集釋》，華正書局，頁321。

感官縱物傷性、成心偏執傷性，仁義束縛傷性，傷性之事多矣，關鍵在於「失其常然」之性，所以莊子接著說：

〈駢拇〉
天下有常然，常然者，曲者不以鉤，直者不以繩，圓者不以規，方者不以矩，附離不以膠漆，約束不以纆索。故天下誘然皆生，而不知其所以生；同焉皆得，而不知其所以得。故古今不二，不可虧也。則仁義又奚連連如膠漆纆索而游乎道德之間為哉！使天下惑也！夫小惑易方，大惑易性，何以知其然邪？自虞氏招仁義以撓天下也，天下莫不奔命於仁義。是非以仁義易其性與？

所謂的常然就是自然之本性，就是道。「天下誘然皆生，而不知其所以生；同焉皆得，而不知其所以得。故古今不二，不可虧也。」這就是道通為一，無始無終，不知其所以然而然之大道流行也。成玄英疏曰：「誘然生物，稟氣受形，或方或圓，乍曲乍直，亨之毒之，各足於性，悉莫辨其然，皆不知所以生，豈措意於緣慮，情係於得失者乎！……夫見始終以不一者，凡情之闇惑也，賭古今之不二者，聖智之明照也。是以不生而生，不知所以生，不得而得，不知所以得，雖復時有古今，而法無虧損，千變萬化，常唯一也。」❽❹
能得其常然者，不失其性也，能順自己之德者，就是善。〈駢拇〉篇說：

❽❹　郭慶藩輯，《莊子集釋》，華正書局，頁322。

　　且夫屬其性乎仁義者，雖通如曾、史，非吾所謂臧也；屬其
性於五味，雖通如俞兒，非吾所謂臧也；屬其性乎五聲，雖
通如師曠，非吾所謂聰也；屬其性乎五色，雖通如離朱，非
吾所謂明也。吾所謂臧者，非所謂仁義之謂也，臧於其德而
已矣；吾所謂臧者，非所謂仁義之謂也，任其性命之情而已
矣；吾所謂聰者，非謂其聞彼也，自聞而已矣；吾所謂明
者，非謂其見彼也，自見而已矣。夫不自見而見彼，不自得
而得彼者，是得人之得而不自得其得者也，適人之適而不自
適其適者也。夫適人之適而不自適其適，雖盜跖與伯夷，是
同為淫僻也。余愧乎道德，是以上不敢為仁義之操，而下不
敢為淫僻之行也。

莊子歸結於「道德」，點出其復性之方向。陸西星曰：「蓋德者，
渾然天成，一而不分，乃吾人性命之正理，所謂天下有常然者，若
乃駢枝於仁義之行，而多方於聰明之用，則非所謂任性命之情矣。
故任性命之情者，不殉外以喪真。」❽〈繕性〉篇莊子又以「得
志」之內容來分辨他與世俗人的不同。他說：

　　古之所謂得志者，非軒冕之謂也，謂其無以益其樂而已矣。
今之所謂得志者，軒冕之謂也。軒冕在身，非性命也，物之
儻來，寄者也。寄之，其來不可圉，其去不可止。故不為軒
冕肆志，不為窮約趨俗，其樂彼與此同，故無憂而已矣！今

---

❽　陸西星，《莊子南華真經副墨》，自由出版社，頁 339－340。

寄去則不樂。由是觀之，雖樂，未嘗不荒也。故曰：喪己於
物，失性於俗者，謂之倒置之民。

成玄英疏曰：「今世之人，識見浮淺，是以物之寄也，欣然而喜，
及去也，悒然不樂。豈知彼此事出懷來，而寄去寄來，常憂常喜，
故知雖樂而心未始不慌亂也。……軒冕窮約，事歸塵俗，若習俗之
常，失於本性，違真背道，實此之由，其所安置，足為顛倒也。」⑧
　　「喪己於物，失性於俗者，謂之倒置之民」，莊子在〈養生
主〉篇中說「古者謂是帝之縣解」，跟此處之「倒置之民」，異曲
同工。莊子看待世俗人汲汲營營，「行盡如馳，而莫之能止」
（〈齊物論〉），內心之悲嘆急切，可以想見。

第三節　生命回歸之方法

壹、「大」其心

　　世人遭困形軀之中，不知天地之大；得意感官之樂，不知體道
之至樂。若欲突破之，必先開闊其心胸，此莊子多「荒唐之言，無
端崖之辭」（〈天下〉）之故。陸西星對〈逍遙游〉一文開頭的說
明：「人必大其心而後可以入道，……夫人之心體本自廣大，但以
意見自小，橫生障礙，此篇極意形容出個致廣大的道理，令人展拓
胸次，空諸所有一切，不為世故所累，然後可進於道。昔人有云：

---

⑧　郭慶藩輯，《莊子集釋》，華正書局，頁 560。

『振衣千仞岡，濯足萬里流。』士君子不可無此氣節，『海闊縱魚躍，天空任鳥飛』，大丈夫不可無此度量。白沙先生亦云：『若無天度量，爭得聖胚胎。』意蓋如此。」[87]

〈天地〉

夫子曰：「夫道，覆載萬物者也，洋洋乎大哉！君子不可以不刳心焉。無為為之之謂天，無為言之之謂德，愛人利物之謂仁，不同同之之謂大，行不崖異之謂寬，有萬不同之謂富。故執德之謂紀，德成之謂立，循於道之謂備，不以物挫志之謂完。君子明於此十者，則韜乎其事心之大也，沛乎其為萬物逝也。若然者，藏金於山，藏珠於淵，不利貨財，不近貴富；不樂壽，不哀夭；不榮通，不醜窮；不拘一世之利以為己私分，不以王天下為己處顯。顯則明。萬物一府，死生同狀。」

「道」能生化萬物，無所不在，故可以以「大」來形容，所以本篇列舉十項修養工夫，來打開君子的心胸以與「道」同。陸西星說：「夫道，天之所以為命者也，故洋洋乎大哉，覆載萬物，君子法天以體道，不可不刳心焉，刳心者，去其知識之私，而後可以入於自然之道也，自然之道無為為之，則謂之天矣，天何言哉？默而成之，故無為言之之謂德，……君子明此十者，而天下無遺理矣，故曰韜乎其事心之大也。」

---

[87]　陸西星，《南華真經副墨》，自由出版社，頁 1。

　　鍾泰先生認為〈秋水〉篇論大小甚精，他說：「此篇河伯、海
若問答一章，實撮內七篇之精蘊而熔鍊以出之，且有發七篇所未發
者。」❸宣穎曰：「假河伯、海若問答，一層進似一層，如剝蕉
心，不盡不止。學道最忌識卑，第一番要見大，見大似不可忽小。
第二番不可忽小，然則小大俱當究心矣。第三番小大一齊掃卻，掃
卻小大，則物何故又有個貴賤、有個小大？第四番本無貴賤小大，
既無貴賤小大，學者何所適從，將何者當為，何者當不為？第五番
不為一起放下，止是無方自化。第六番知道者超然物外，純乎在
天，則是無方自化。第七番自然者是天，作為者是人，故不可以人
滅天，不可以人滅天，豈可以故滅命，不可以故滅命，豈可以名喪
德。凡七番披剝，用此三句一束，結出反真。」❹

〈秋水〉

秋水時至，百川灌河。涇流之大，兩涘渚崖之間，不辯牛
馬。於是焉河伯欣然自喜，以天下之美為盡在己。順流而東
行，至於北海，東面而視，不見水端。於是焉河伯始旋其面
目，望洋向若而嘆曰：「野語有之曰：『聞道百，以為莫己
若者。』我之謂也。且夫我嘗聞少仲尼之聞，而輕伯夷之義
者，始吾弗信。今我睹子之難窮也，吾非至於子之門則殆
矣，吾長見笑於大方之家。」北海若曰：「井蛙不可以語於

---

❸　鍾泰，《莊子發微》，上海古籍出版社，頁 361。
❹　宣穎，《莊子南華經解》，嚴靈峰輯，《無求備齋老列莊三子集成補編》，
　　成文出版社，頁 405。

> 海者，拘於虛也；夏蟲不可以語於冰者，篤於時也；曲士不
> 可以語於道者，束於教也。今爾出於崖涘，觀於大海，乃知
> 爾醜，爾將可與語大理矣。」

主體的心靈常受空間、時間、文化環境所限，所謂「拘於虛」、「篤於時」、「束於教」也。此時容易自我設限、孤芳自賞、進而自以為是，像河伯說的：「聞道百以為莫若己者，我之謂也。」河伯「欣然自喜，以天下之美為盡在己」的心態，就像〈逍遙游〉篇裡的蜩與學鳩，自得於「決起而飛，槍榆枋而止，時則不至而控於地而已矣。」河伯從原來的只知「仲尼之聞」、「伯夷之義」的「小成」者，幸見海若而悟，海若知其有反省能力，才開始跟他「語大理」。宣穎曰：「學者一念滿足，此外再無入處矣。必先與撤去，始胸中一片空洞，乃進道之機也。」❿

〈秋水〉
天下之水，莫大於海，萬川歸之，不知何時止而不盈；尾閭
泄之，不知何時已而不虛；春秋不變，水旱不知。此其過江
河之流，不可為量數。而吾未嘗以此自多者，自以比形於天
地，而受氣於陰陽，吾在於天地之間，猶小石小木之在大山
也。方存乎見小，又奚以自多！計四海之在天地之間也，不
似礨空之在大澤乎？計中國之在海內不似稊米之在太倉乎？

---

❿ 宣穎，《莊子南華經解》，嚴靈峰輯，《無求備齋老列莊三子集成補編》，成文出版社，頁409。

號物之數謂之萬，人處一焉；人卒九州，穀食之所生，舟車
之所通，人處一焉；此其比萬物也，不似豪末之在於馬體
乎？五帝之所連，三王之所爭，仁人之所憂，任士之所勞，
盡此矣！伯夷辭之以為名，仲尼語之以為博。此其自多也，
不似爾向之自多於水乎？

莊子極力描寫海之「大」，又畫龍點睛的說「吾未嘗以此自多
者」，說出所謂的「大」者並不自以為大的特質。其次再把海之大
納於天地之中，層層推出，打開我們遼闊的時空視野，點出古往今
來那些「自多」者的無知與可笑。

大小是個象徵比喻，不可又執著於大小，〈秋水〉篇又接者描
述河伯與海若的問答：

河伯曰：「然則吾大天地而小豪末，可乎？」北海若曰：
「否。夫物，量無窮，時無止，分無常，終始無故。是故大
知觀於遠近，故小而不寡，大而不多：知量無窮。證曏今
故，故遙而不悶，掇而不跂，知時無止；察乎盈虛，故得而
不喜，失而不憂，知分之無常也；明乎坦塗，故生而不說，
死而不禍，知終始之不可故也。計人之所知，不若其所不
知；其生之時，不若未生之時；以其至小，求窮其至大之
域，是故迷亂而不能自得也。由此觀之，又何以知毫末之足
以定至細之倪，又何以知天地之足以窮至大之域！」

河伯執著於小大，是忽略小大只是相對的存在，北海若提出「夫

物，量無窮，時無止，分無常，終始無故。是故大知觀於遠近，故小而不寡，大而不多」的說法，就是從物量無窮，時間運行不止，個體在時空之間的變化無常，死生存王之變化無端倪。來說明小大只是方便說，在道化的世界裡是不存在的。只有了解這一層，才能不受「得失」、「死生」之影響。也才能由嚮往「大」，進而超越小大。

　　莊子接者透過北海若說出大小精粗不過是有形的現象，從無形的世界來看則無所謂的大小及精粗之別。「夫精粗者，期於有形者也；無形者，數之所不能分也。」「至精無形，至大不可圍」，沒有大小之分可說。然後進一步落實到現實的世界裡，點出世俗紛紛擾擾的分別是多餘的。〈秋水〉篇云：

> 河伯曰：「世之議者皆曰：『至精無形，至大不可圍。』是信情乎？」北海若曰：「夫自細視大者不盡，自大視細者不明。夫精，小之微也；郭，大之殷也：故異便。此勢之有也。夫精粗者，期於有形者也；無形者，數之所不能分也；不可圍者，數之所不能窮也。可以言論者，物之粗也；可以意致者，物之精也；言之所不能論，意之所不能察致者，不期精粗焉。是故大人之行，不出乎害人，不多仁恩；動不為利，不賤門隸；貨財弗爭，不多辭讓；事焉不借人，不多食乎力，不賤貪污；行殊乎俗，不多辟異；為在從眾，不賤佞諂；世之爵祿不足以為勸，戮恥不足以為辱；知是非之不可為分，細大之不可為倪。聞曰：『道人不聞，至德不得，大人無己。』約分之至也。」

鍾泰先生說：「此第三問答，由大小而說到是非，即從宇宙而歸之
人事，然後知〈齊物論〉乃所以為〈養生主〉、〈人間世〉以至
〈德充符〉廓清途徑，立之根基，窮理即所以盡性，而非如名家之
辯者窮極微渺，終不免強於物而弱於德也。（此語見〈天下篇〉）」❾

　　最後莊子借北海若之口點出從「道」的角度來看，則所有分別
消失。由此推大小異便，貴賤有時之論斷。〈秋水〉篇云：

> 北海若曰：「以道觀之，物無貴賤；以物觀之，自貴而相
> 賤；以俗觀之，貴賤不在己。以差觀之，因其所大而大之，
> 則萬物莫不大；因其所小而小之，則萬物莫不小。知天地之
> 為稊米也，知毫末之為丘山也，則差數睹矣。以功觀之，因
> 其所有而有之，則萬物莫不有；因其所無而無之，則萬物莫
> 不無。知東西之相反而不可以相無，則功分定矣。以趣觀
> 之，因其所然而然之，則萬物莫不然；因其所非而非之，則
> 萬物莫不非。」

宇宙萬物只有不同沒有對錯、貴賤，這是從「道」的角度來看的。
如果我們不能跳脫個人之限制，凡事從我執出發，則一切偏見就會
出現，一切是非分別也就層出不窮了。莊子認為人世間的一切價值
的分別就在角度的不同罷了。王夫之曰：「大小無定量，精粗無定
形，則貴賤亦不足以立矣。然而物之大者終不可謂之小，貴者終
不能賤之，此必有所自始，疑乎必有端倪，而後天下奉之以為定分，

---

❾　鍾泰，《莊子發微》，上海古籍出版社，頁 368。

群然守之而信從不疑,此物論之必然者也。雖然,亦奚有倪哉!天
地萬物林立而各約其分,不自為大,不自為小,不能自貴,不能自
賤,其所以有小大貴賤之云云者,存乎人之觀之耳。唯以道觀之,
並育於天地之中,無貴賤也。」**❾❷**

〈外物〉

任公子為大鉤巨緇,五十犗以為餌,蹲乎會稽,投竿東海,
旦旦而釣,期年不得魚。已而大魚食之,牽巨鉤陷,沒而
下,騖揚而奮鬐,白波若山,海水震蕩,聲侔鬼神,憚赫千
里。任公子得若魚,離而腊之,自制河以東,蒼梧已北,莫
不厭若魚者。已而後世輇才諷說之徒,皆驚而相告也。夫揭
竿累,趣灌瀆,守鯢鮒,其於得大魚難矣,飾小說以干縣
令,其於大達亦遠矣,是以未嘗聞任氏之風俗,其不可與經
於世亦遠矣!

任公子準備大黑繩、大餌,釣之於大海,終得大魚。對比於那些拿
細小竿繩,釣之於小水溝,卻想要釣大魚者。莊子以此比喻欲得大
道者,必須有大胸襟、大工夫而後可得。成玄英疏曰:「夫修飾小
行,矜持言說,以求高名令聞者,必不能大通於至道。」**❾❸**宣穎
曰:「小具不足以大獲,猶小才不能得大道也。」**❾❹**世俗人總是恃

---

❾❷ 王夫之,《莊子解》,里仁書局,頁142。
❾❸ 郭慶藩輯,《莊子集釋》,華正書局,頁927。
❾❹ 宣穎,《莊子南華經解》,嚴靈峰輯,《無求備齋老列莊三子集成補編》,
　　成文出版社,頁615。

才任智，自作聰明，自以為可以掌握一切，智周萬物，殊不知「大道不稱，大辯不言，大仁不仁，大廉不嗛，大勇不忮。道昭而不道，言辯而不及，仁常而不成，廉清而不信，勇忮而不成。五者圓而幾向方矣！」（〈齊物論〉）自作小聰明的結果，就是離大道越來越遠。世人在大道之前應該懂得謙卑，「知止其所不知，至矣。孰知不言之辯，不道之道？若有能知，此之謂天府。」（〈齊物論〉）

〈外物〉

> 宋元君夜半而夢人被髮闚阿門，曰：「予自宰路之淵，予為清江使河伯之所，漁者余且得予。」元君覺，使人占之，曰：「此神龜也。」君曰：「漁者有余且乎？」左右曰：「有。」君曰：「令余且會朝。」明日，余且朝。君曰：「漁何得？」對曰：「且之網得白龜焉，箕圓五尺。」君曰：「獻若之龜。」龜至，君再欲殺之，再欲活之，心疑，卜之，曰：「殺龜以卜吉。」乃刳龜，七十二鑽而無遺筴。仲尼曰：「神龜能見夢於元君，而不能避余且之網；知能七十二鑽而無遺筴，不能避刳腸之患。如是，則知有所困，神有所不及也。雖有至知，萬人謀之。魚不畏網而畏鵜鶘。去小知而大知明，去善而自善矣。嬰兒生無石師而能言，與能言者處也。」

神龜能託夢，能卜卦七十二次都能靈驗，卻不能逃脫被殺的命運，顯然聰明才智是有侷限的，所以孔子下個結語就是：「去小知而大知明。」

如何能大呢？莊子歸之於「化」。

〈秋水〉

河伯曰：「然則我何為乎？何不為乎？吾辭受趣舍，吾終奈何？」北海若曰：「以道觀之，何貴何賤，是謂反衍；無拘而志，與道大蹇。何少何多，是謂謝施；無一而行，與道參差。嚴乎若國之有君，其無私德；繇繇乎若祭之有社，其無私福；汎汎乎其若四方之無窮，其無所畛域。兼懷萬物，其孰承翼？是謂無方。萬物一齊，孰短孰長？道無終始，物有死生，不恃其功。一虛一滿，不位乎其形。年不可舉，時不可止。消息盈虛，終則有始。是所以語大義之方，論萬物之理也。物之生也，若驟若馳。無動而不變，無時而不移。何為乎，何不為乎？夫固將自化。」

鍾泰先生說：此第五問答，歸結到一個「化」字，「化」即〈齊物論〉「物化」之「化」，故曰：「物之生也，若驟若馳。無動而不變，無時而不移。何為乎，何不為乎？夫固將自化。」「若驟若馳。無動而不變，無時而不移」者，此天道之運而無所積也。「何為乎，何不為乎？夫固將自化」者，此聖道與帝道之運而無所積也。聖人明於天，因於道，順其自然而與之變化，是為自化。

「化」就是修養工夫，欲有所得必須真積力久。〈逍遙游〉篇說：「水之積也不厚，其負大舟也無力。」就是在描寫大鵬鳥和宇宙同流的廣大視野，是來自生命的沉潛知「化」。

〈逍遙游〉

北冥有魚，其名為鯤。鯤之大，不知其幾千里也。化而為
鳥，其名為鵬。鵬之背，不知其幾千里也；怒而飛，其翼若
垂天之雲。是鳥也，海運則將徙於南冥。南冥者，天池
也。……蜩與學鳩笑之曰：「我決起而飛，槍榆枋而止，時
則不至而控於地而已矣，奚以這九萬里而南為？」適莽蒼
者，三餐而反，腹猶果然；適百里者，宿舂糧；適千里者，
三月聚糧。之二蟲又何知！小知不及大知，小年不及大年。
奚以知其然也？朝菌不知晦朔，蟪蛄不知春秋，此小年也。
楚之南有冥靈者，以五百歲為春，五百歲為秋；上古有大椿
者，以八千歲為春，八千歲為秋。此大年也。而彭祖乃今以
久特聞，眾人匹之，不亦悲乎！……此小大之辯也。

大鵬鳥之所以能「大」，在於其能「化」，鯤化為鳥的意涵就是
「物化」象徵，如〈大宗師〉篇中的子輿所說的：「浸假而化予之
左臂以為雞，予因以求時夜；浸假而化予之右臂以為彈，予因以求
鴞炙；浸假而化予之尻以為輪，以神為馬，予因以乘之，豈更駕
哉！」這是對道化世界的體會，故能隨任安排，無往而不適。心靈
的世界也因形體之超化而顯其「大」。

莊子再借蜩與學鳩作對比，以明「小大」之辯。蜩與學鳩不能
超化自我之侷限，故其所見也就有所拘限，大鵬鳥能超化所以能見
蒼蒼之天，這是莊子的象徵語言，就是能見生命之本來面貌的意
思。能飛到「南冥」，就是生命回歸道之本源的象徵。莊子接著再
舉不同類型的人物作對比，以明其所謂「小大」之辯。

〈逍遙游〉

故夫知效一官，行比一鄉，德合一君，而徵一國者，其自視也亦若此矣。而宋榮子猶然笑之。且舉世而譽之而不加勸，舉世而非之而不加沮，定乎內外之分，辯乎榮辱之竟，斯已矣。彼其於世，未數數然也。雖然，猶有未樹也。夫列子御風而行，泠然善也，旬有五日而反。彼於致福者，未數數然也。此雖免乎行，猶有所待者也。若夫乘天地之正，而御六氣之辯，以遊無窮者，彼且惡乎待哉！故曰：至人無己，神人無功，聖人無名。

莊子要的是「至人無己，神人無功，聖人無名。」要的是「乘天地之正，而御六氣之辯，以遊無窮者」，這是生命由「無」的工夫而得的，「無」的工夫就是「化」的工夫。所以堯讓天下給許由的原因是：「日月出矣而爝火不息，其於光也，不亦難乎！時雨降矣而猶浸灌，其於澤也，不亦勞乎！」說明的就是「小大」的不同，堯能知其不足，表示堯也認識到「道」之大，故雖讓許由，其時也是譽堯。又肩吾所描繪的藐姑射之山的「神人」，其行徑讓肩吾不敢相信，但就如連叔說的「瞽者無以與乎文章之觀，聾者無以與乎鐘鼓之聲。豈唯形骸有聾盲哉？夫知亦有之」。肩吾因為心知的限制讓自己的世界變「小」了，所以不能了解一個與大化為一體的神人境界。而宋人的「資章甫」的寓言也是說明局限在「我」的小範圍去思考問題的無知。

貳、因

　　「因」是順任自然之道的意思，郭象說：「夫懷豁者，因天下之是非而自無是非也。故不由是非之塗而是非無患不當者，直明其天然而無所奪故也。」⑨⑤道無是非，人間之是非乃由個人主觀之意見所引起，我順每個人的意見而成全之，猶猴子之「朝三暮四」，是猴子之意見，吾順猴子之意見而不以吾之意見干涉之，這就是「因是」，因大家之所是也。陸西星曰：「其在釋氏則所謂隨順不二，實無諍之要旨，而老子所謂德善、德信，亦不外此，會而通之，得之言外可也。」⑨⑥

　　〈齊物論〉

　　　物無非彼，物無非是。自彼則不見，自知則知之。故曰：彼
　　　出於是，是亦因彼。彼是方生之說也。雖然，方生方死，方
　　　死方生；方可方不可，方不可方可；因是因非，因非因是。
　　　是以聖人不由，而照之於天，亦因是也。

道生萬物，都是道之化身，萬物之間只有不同，哪來是非？彼、此、是、非都是從自己的角度來說的。拿掉自己的立場，彼此是非也就不見了。這就是「照之以天」，也就是以道的角度來看。這也就是「因是」，因任個人之所是，也就是因任自然。

---

⑨⑤　郭慶藩輯，《莊子集釋》，華正書局，頁 67。
⑨⑥　陸西星，《莊子南華真經副墨》，自由出版社，頁 95。

〈齊物論〉

凡物無成與毀,復通為一。唯達者知通為一,為是不用而寓諸庸。庸也者,用也;用也者,通也;通也者,得也。適得而幾矣。因是已,已而不知其然,謂之道。

天地萬物皆在道化循環往復之中,有「成」與「毀」之分別,是人受時空之限制所產生之偏見,其實成與毀只是一個過程,只有通達道化之現象者,才不會落入相對立的分別中,而因循道化之流行,這就是「因是」的觀念。成玄英疏曰:「夫達道之士,無作無心,故能因是因非而無是非,循彼我而無彼我。我因循而已,豈措情哉!」❼

〈齊物論〉

天地與我並生,而萬物與我為一。既已為一矣,且得有言乎?既已謂之一矣,且得無言乎?一與言為二,二與一為三。自此以往,巧歷不能得,而況其凡乎!故自無適有以至於三,而況自有適有乎!無適焉,因是已!

道本無形,何來道之名?多事者強名之曰「道」,不識者又依據此道名而循道,於是道遂不可得矣,而種種之名相於焉產生。莊子認為把道當作「一」來看時,已經把道框限住了,道就有了一個名號叫做「一」,這個想像中的「一」和名號的「一」就成為二個道的

---

❼ 郭慶藩輯,《莊子集釋》,華正書局,頁73。

意象，再把我的個人主觀意見加進來就有三個道的意象，長此以往，各說各話的道就產生了，如此計算下去將無窮無盡，這叫做一步錯步步錯。所以莊子認為應該回歸道的源頭，不應該順著這個錯誤的路走下去，才是根本之道，這就是「因是」的意思。成玄英疏曰：「夫諸法空幻，何獨名言！是知無即非無，有即非有，有無名數，當體皆寂。既不從無以適有，豈復自有以適有耶！故無所措意於往來，因循物性而已矣。」❾❽

這段文字是從名言之分別來看人間之荒謬，道是萬物自己，我之本身由我之實踐而存在而感知，感知在當下，何須言說？唯人情滯溺，而有種種之光景產生，而生名言，此是一切錯誤之開端，故莊子要我們回歸道的本來面貌，因順道化之流行。

參、以明

〈齊物論〉

> 彼亦一是非，此亦一是非，果且有彼是乎哉？果且無彼是乎哉？彼是莫得其偶，謂之道樞。樞始得其環中，以應無窮。是亦一無窮，非亦一無窮也。故曰：莫若以明。

莊子認為道化的世界本無是非，「是非」是彼此從自己的角度看所產生的假象，所以超越彼此的偏見，就能回歸道的世界，就能跳開是非的循環，這就叫「以明」。

---

❾❽　郭慶藩輯，《莊子集釋》，華正書局，頁83。

　　道隱於小成，言隱於榮華。故有儒墨之是非，以是其所非而非其所是。欲是其所非而非其所是，則莫若以明。

莊子的「以明」的意思，就是以道觀物的意思，以道觀物，萬物皆道，皆有所明，彼此雙方相互承認，不做對立。成玄英認為儒墨彼此皆有所明之處，所以只要雙方都能承認這一點，「互取以相證」，就是「明」。他說：「彼是有對待之形，而是非兩立，則所持之是非非是非也。彼是之見存也（見指歧見）。莫若以明者，還以彼是之所明，互取以相證也。」㊾成玄英是認為莊子是肯定各家皆有其合理之處，所以要以更寬闊之胸襟去包容。這種精神劉坤生先生就認為是繼承老子而來的寬容平等的精神。他說：「老子說：知常容，容乃公，公乃王，王乃天，天乃道。王弼注此句為：無所不包通，乃至於蕩然公平也。均是顯示了道家寬容平等的精神。」⓿
　　唐君毅先生說：「以明是重在超己之是，以照之於天，而知彼亦是，以拔於人我彼此之是非之上，而兼知之、明之。兼因之應之，以不落入對辯者之兩邊。此節當是說，人既拔於人我彼此之是非之上，不落兩邊，而兼知兼明之後，再本此心，以觀天下之萬物之無不然無不可，而通之為一，以和是非，而休乎天鈞，為兩行之道。此和是非，乃如此心由上降落，以再澈入於一切所兼知兼明之兩端之是非之中，以使之渾化和融，為一天然之均衡，以成其往復

㊾　郭慶藩輯，《莊子集釋》，華正書局，頁65。
⓿　劉坤生，《莊子哲學本旨論稿》，汕頭大學出版社，頁57。

之無礙，而即往即復，不相為異，故謂之兩行。」⑩

肆、心齋

「心齋」就是心靈的齋戒，就是讓心靈一無掛礙的修養工夫。唐君毅先生說：「莊子的狂狷人格歸結為對個體獨立和精神自由的追求。只有純任自然，心無毀譽，主宰萬物而不被外物所役使，才會身無所累，達到人格自由的境界，要達到真正的自由境界，必須實現兩種超越，一是超越外物，擺脫束縛，恢復自然的人性；二是超越生命，悟透生死，進入達觀的精神境界。實現超越，必須通過悟『道』來完成。悟道，即內心對道的體悟，方式就是『心齋』與『坐忘』。」⑩

〈達生〉

紀渻子為王養鬥雞。十日而問：「雞已乎？」曰：「未也，方虛憍而恃氣。」十日又問，曰：「未也，猶應嚮景。」十日又問，曰：「未也，猶疾視而盛氣。」十日又問，曰：「幾矣，雞雖有鳴者，已無變矣，望之似木雞矣，其德全矣。異雞無敢應者，反走矣。」

養鬥雞必須訓練到「呆若木雞」的境界，才算是最高境界。因為它

---

⑩ 唐君毅，《中國哲學原論‧原道篇》，臺灣學生書局，頁 355。

⑩ 鄭廣智、魏崇新，〈超越外物，超越生命〉，《江蘇廣播電視大學學報》，總第 20 期，頁 25。

已擺脫一切的干擾。王夫之曰：「蓋神者，氣之神也。而氣有動之性，由水有波之性。水即無風，而波之性自在。中虛則外見者盛，故氣虛者其息必喘。無以定其能波之性，則水溢而波亦為之興，未可急求其靜也。急求之，則又以心使氣，氣盛而神易變。守氣者，徐之徐之，以俟其內充，而自不外溢。內充則神安其宅，外不溢則氣定而終不變，舉天下可樂可惡可怪可懼者，自望而反走，純氣不待守而自守矣。」⑩⑧

〈達生〉

梓慶削木為鐻，鐻成，見者驚猶鬼神。魯侯見而問焉，曰：「子何術以為焉？」對曰：「臣工人，何術之有！雖然，有一焉。臣將為鐻，未嘗敢以耗氣也，必齊以靜心。齊三日，而不敢懷慶賞爵祿；齊五日，不敢懷非譽巧拙；齊七日，輒然忘吾有四枝形體也。當是時也，無公朝。其巧專而外骨消，然後入山林，觀天性；形軀至矣，然後成見鐻，然後加手焉；不然則已。則以天合天，器之所以疑神者，其是與！」

梓慶「齊三日」、「齊五日」、「齊七日」的過程，就是進道的過程，從「未敢耗氣」的「靜心」到「不敢懷慶賞爵祿」，到「不敢懷非譽巧拙」，到「忘吾有四枝形體」，到「無公朝」，「巧專而外骨消」，這些修養工夫具備後，然後才「入山林，觀天性」，與

---

⑩⑧　王夫之，《莊子解》，里仁書局，頁162。

物冥合，「以天合天」，然後驚猶鬼神的鐻才完成。

　　蒙培元先生說：「心齋就是養其虛靜之氣，使之虛而無物，無欲無為，便能體道。所謂『唯道集虛』，也就是『虛室生白』，不是說外在的『道』集於心中，而是以其『虛』體現道的屬性和功能。」❿

<h2 style="text-align:center">伍、凝神壹志</h2>

　　透過虛極靜篤的修養工夫，由技進道，達到與物冥合的境界。

　　〈達生〉

　　仲尼適楚，出於林中，見痀僂者承蜩，猶掇之也。仲尼曰：「子巧乎，有道邪？」曰：「我有道也。五六月累丸二而不墜，則失者錙銖；累三而不墜，則失者十一；累五而不墜，猶掇之也。吾處身也，若厥株拘；吾執臂也，若槁木之枝。雖天地之大，萬物之多，而唯蜩翼之知。吾不反不側，不以萬物易蜩之翼，何為而不得！」孔子顧謂弟子曰：「用志不分，乃凝於神。其痀僂丈人之謂乎！」

　　痀僂者累丸數量的增加，象徵進道的過程，像〈養生主〉的庖丁解牛，也是經過「所見無非牛者」到「未嘗見全牛」到「以神遇不以目視，官之止而神欲行」的階段，才體會到與牛冥合，展現「莫不中音，合於桑林之舞，乃中經首之會」的「道」的境界。痀僂者

---

❿　蒙培元，《中國心性論》，臺灣學生書局，頁64。

「外息攀緣，內心寧靜」（成玄英疏），也就是孔子所下的註腳：
「用志不紛，乃凝於神。」這就是佝僂者進道修養的方法。

〈田子方〉

> 列禦寇為伯昏無人射，引之盈貫，措杯水其肘上，發之，適
> 矢復沓，方矢復寓。當是時，猶象人也。伯昏無人曰：「是
> 射之射，非不射之射也。嘗與汝登高山，履危石，臨百仞之
> 淵，若能射乎？」於是無人遂登高山，履危石，臨百仞之
> 淵，背逡巡，足二分垂在外，揖御寇而進之。御寇伏地，汗
> 流至踵。伯昏無人曰：「夫至人者，上闚青天，下潛黃泉，
> 揮斥八極，神氣不變。今汝怵然有恂目之志，爾於中也殆矣
> 夫！」

伯昏無人透過「不射之射」說明「至人」的修養，重點在「上闚青
天，下潛黃泉，揮斥八極」，與宇宙冥合。郭象注曰：「德充於
內，則神滿於外，無遠近幽深，所在皆明，故審安危之機而泊然自
得也。」[105]列禦寇不能「明至分，故有懼。」陸西星曰：「平日不
曾講得養神守氣之學，一履艱險，變自退卻，不得受用，即為死生
有變於己。」[106]

〈達生〉篇敘述至人的修養方式，就是「壹其性，養其氣，合
其德，以通乎物之所造。」成玄英疏曰：「物之所造，自然也。既

---

[105] 郭慶藩輯，《莊子集釋》，華正書局，頁725。
[106] 陸西星，《莊子南華真經副墨》，自由出版社印行，頁755。

一性合德，與物相應，故能達至道之原，通自然之本。」**⑩**也就是說至人是透過修養而達到道之本原的。

〈達生〉

子列子問關尹曰：「至人潛行不窒，蹈火不熱，行乎萬物之上而不慄。請問何以至於此？」關尹曰：「是純氣之守也，非知巧果敢之列。居，予語女！凡有貌象聲色者，皆物也，物與物何以相遠？夫奚足以至乎先？是色而已。則物之造乎不形，而止乎無所化。夫得是而窮之者，物焉得而止焉！彼將處乎不淫之度，而藏乎無端之紀，游乎萬物之所終始。壹其性，養其氣，合其德，以通乎物之所造。夫若是者，其天守全，其神無郤，物奚自入焉！夫醉者之墜車，雖疾不死。骨節與人同而犯害與人異，其神全也。乘亦不知也，墜亦不知也，死生驚懼不入乎其胸中，是故遌物而不慴。彼得全於酒而猶若是，而況全於天乎？聖人藏於天，故莫之能傷也。」

此段是論養神之妙用，凝神合天，則物不能傷之。宣穎曰：「神載於氣，而汩神者亦即氣也，所以開口便說純氣之守，最得肯綮。知巧果敢，乃與純氣相反者，一是滯於形下之跡，所以止同一物，一是游於形上之源，所以物不得止。兩項人分別了然，彼將以下從純守工夫落神全，由神全落物不能入，又用醉者一喻，視明神全物不

---

⑩　郭慶藩輯，《莊子集釋》，華正書局，頁 636。

能入之故。」⑩

〈知北遊〉

大馬之捶鉤者，年八十矣，而不失豪芒。大馬曰：「子巧
與！有道與？」曰：「臣有守也。臣之年二十而好捶鉤，於
物無視也，非鉤無察也。是用之者，假不用者也，以長得其
用，而況乎無不用者乎！物孰不資焉！」

王夫之以「不用知」來理解這段寓言，「欲知道者，欲用知耳。其
知愈雜，其用愈侈，而不知其守愈亂，得其用者鮮矣。至人於道，
有守而無知，知之而不用，用之而不分，則合萬變，周遍咸而無異
知，無異用。為不求知以假於用，故合乎天而為萬用之資。」⑩王
夫之從「不用知」來理解是掌握了莊子思想的大本大根，莊子在
〈養生主〉篇中開始就以「吾生也有涯，而知也無涯。以有涯隨無
涯，殆已！已而為知者，殆而已矣！」來說明他對「知」的看法，
接下來以「庖丁解牛」的寓言來論證這層意思。相同的捶鉤者，從
「於物無視也」的專注，到「用之者假不用也」的以「神遇」的境
界，與庖丁的體會是一樣的。

---

⑩　宣穎，《莊子南華經解》，嚴靈峰輯，《無求備齋老列莊三子集成補編》，
　　成文出版社，頁452。
⑩　王夫之，《莊子解》，里仁書局，頁193。

陸、因順自然

「不知吾所以然而然」的境界，就是與道冥合的境界，就是
「因順自然」的境界。

〈達生〉

孔子觀於呂梁，縣水三十仞，流沫四十里，黿鼉魚鱉之所不能
游也。見一丈夫游之，以為有苦而欲死也。使弟子並流而拯
之。數百步而出，被髮行歌而游於塘下。孔子從而問焉，曰：
「吾以子為鬼，察子則人也。請問：蹈水有道乎？」曰：「亡，
吾無道。吾始乎故，長乎性，成乎命。與齊俱入，與汨偕出，從
水之道而不為私焉。此吾所以蹈之也。」孔子曰：「何謂始
乎故，長乎性，成乎命？」曰：「吾生於陵而安於陵，故也；
長於水而安於水，性也；不知吾所以然而然，命也。」

丈人朝斯夕斯，「習水成性」，與水合一，而達「不知吾所以然而
然」的境界。成玄英疏曰：「隨順於水，委質從流，不使私情輒懷
遠拒，從水尚爾，何況唯道是從乎！」陸長庚說：「水自有常行之
道，若從之以出沒，而不以己私與之，可以得志，生於陵而安於
陵，長於水而安於水，只看一安字，皆順其自然而不知所以然，便
是素位而行，無入而不自得之意，此於行險中等閒發出一個居易學
問，妙哉！妙哉！」⓾

⓾　陸西星，《莊子南華真經副墨》，自由出版社印行，頁 686。

　　蒙培元《中國心性論》強調莊子心性論的特點是「追求個人的精神自由，同時卻更加強調順應自然」，他說：「莊子的心性論，雖然是老子思想的進一步發展，但是和老子又有很大的區別，它更具有思辨性，同時又具有美學意義，如果說老子賦予道以較多的客觀意義，那麼，莊子則把道完全化為人的內在本性和精神境界，它的自然人性論更富有主體性特點。但這同儒家的道德主體論有根本的區別，它對儒家道德人性的批判，比老子更加尖銳而徹底，其特點是追求個人的精神自由，同時卻更加強調順應自然。」⑪

〈天運〉

北門成問於黃帝曰：「帝張咸池之樂於洞庭之野，吾始聞之懼，復聞之怠，卒聞之而惑；蕩蕩默默，乃不自得。」帝曰：「汝殆其然哉！吾奏之以人，徵之以天，行之以禮義，建之以大清。四時迭起，萬物循生；一盛一衰，文武倫經；一清一濁，陰陽調和，流光其聲；蟄蟲始作，吾驚之以雷霆；其卒無尾，其始無首；一死一生，一僨一起；所常無窮，而一不可待。女故懼也。吾又奏之以陰陽之和，燭之以日月之明；其聲能短能長，能柔能剛，變化齊一，不主故常；在谷滿谷，在坑滿坑；塗郤守神，以物為量。其聲揮綽，其名高明。是故鬼神守其幽，日月星辰行其紀。吾止之於有窮，流之於無止。子欲慮之而不能知也，望之而不能見也，逐之而不能及也；儻然立於四虛之道，倚於槁梧而吟。

⑪　蒙培元，《中國心性論》，臺灣學生書局，頁56。

目知窮乎所欲見,力屈乎所欲逐,吾既不及已夫!形充空
虛,乃至委蛇。女委蛇,故怠。吾又奏之以無怠之聲,調之
以自然之命。故若混逐叢生,林樂而無形,布揮而不曳,幽
昏而無聲。動於無方,居於窈冥;或謂之死,或謂之生;或
謂之實,或謂之榮;行流散徙,不主常聲。世疑之,稽於聖
人。聖也者,達於情而遂於命也。天機不張而五官皆備。此
之謂天樂,無言而心說。故有焱氏為之頌曰:『聽之不聞其
聲,視之不見其形,充滿天地,苞裹六極。』女欲聽之而無
接焉,而故惑也。樂也者,始於懼,懼故祟;吾又次之以怠,
怠故遁;卒之於惑,惑故愚;愚故道,道可載而與之俱也。」

此段文字行文類似壺子四相,借演奏音樂說明順應自然之妙義,所
謂「應之以人事,順之以天理,行之以五德,應之以自然,然後調
理四時,太和萬物。」這是一段精采的「天人合一」的描述,把
「人事」「五德」與「天理」「自然」結合起來,然後再順應四時
之秩序,來完成萬物和諧的景象。

柒、忘

錢穆說:「莊生論人生修養,有一忘字訣。忘之為用,其要在
使人能減輕外重,使外物加於我之重量,能減至於無之境,斯其內
心自可得自由之伸舒矣。故曰外重則內拙,反言之,及外輕則內巧
也。外輕故不肯以物為事,內巧故物莫之能傷矣。」⑫

---

⑫ 錢穆,《莊老通辨》中卷之下,三民書局,頁278。

〈齊物論〉

南郭子綦隱机而坐，仰天而噓，苔焉似喪其耦。顏成子游立
侍乎前，曰：「何居乎？形固可使如槁木，而心固可使如死
灰乎？今之隱机者，非昔之隱机者也？」子綦曰：「偃，不
亦善乎，而問之也！今者吾喪我。

憨山釋德清曰：「吾，自指真我，喪我謂長忘其血肉之軀也。……
此齊物以喪我發端，要顯世人是非都是我見，要齊物論必以忘我為
第一義也，故逍遙之聖人，必先忘己而次忘功忘名，此其立言之旨
也。……將要齊物論，而以三賴發端者，要人悟自己言之所出，乃
天機所發，果能忘機，無心之言，如風吹竅號，又何是非之有
哉？」⑬所以喪我即忘形軀之我之意。忘我則天矣。

〈大宗師〉

顏回曰：「回益矣。」仲尼曰：「何謂也？」曰：「回忘仁
義矣。」曰：「可矣，猶未也。」它日，復見，曰：「回益
矣。」曰：「何謂也？」曰：「回忘禮樂矣！」曰：「可
矣，猶未也。」他日復見，曰：「回益矣！」曰：「何謂
也？」曰：「回坐忘矣。」仲尼蹴然曰：「何謂坐忘？」顏
回曰：「墮肢體，黜聰明，離形去知，同於大通，此謂坐
忘。」仲尼曰：「同則無好也，化則無常也。而果其賢乎！
丘也請從而後也。」

---

⑬　憨山釋德清，《莊子內篇注》，卷二，廣文書局，頁 5—6。

顏回求學甚篤，自以為有所進境，乃求證於師，從「忘仁義」、
「忘禮樂」，到「坐忘」，層層推進，由外而內，到「坐忘」的境
界已然與萬物冥合，物我不分，內外無別。郭象注曰：「夫坐忘
者，奚所不忘哉！既忘其跡，又忘其所以跡者，內不覺其一身，外
不識有天地，然後曠然與變化為體而無不通也。」⑭宣穎說：「解
坐忘處，讀上三句，是一切淨盡，人易知之，讀第四句，同於大
通，非見道者不能知也，試思坐忘何以能大通？大通何故是坐忘？
這全不是寂滅邊事，……同字化字乃所云大通也，同字是橫說大
通，化字是豎說大通，此聖賢心地密印處也。」⑮同於大通，就是
同於大道，顏回修養工夫到家，而有此境界。孔子極讚嘆之，而願
隨其後矣。

〈達生〉

　　顏淵問仲尼曰：「吾嘗濟乎觴深之淵，津人操舟若神。吾問
　　焉，曰：『操舟可學邪？』曰：『可。善游者數能。若乃夫
　　沒人，則未嘗見舟而便操之也。』吾問焉而不吾告，敢問何
　　謂也？」仲尼曰：「善游者數能，忘水也。若乃夫沒人之未
　　嘗見舟而便操之也，彼視淵若陵，視舟之覆，猶其車卻也。
　　覆卻萬方陳乎前而不得入其舍，惡往而不暇！以瓦注者巧，
　　以鉤注者憚，以黃金注者殙。其巧一也，而有所矜，則重外

---

⑭　郭慶藩輯，《莊子集釋》，華正書局，頁285。
⑮　宣穎，《莊子南華經解》，嚴靈峰輯，《無求備齋老列莊三子集成補編》
　　34，頁129。

也。凡外重者內拙。」

津人操舟若神，重點在「忘水」，忘水則心專一而不受水所繫，無往而不悠閒從容。成玄英疏曰：「率性操舟，任真游水，心無矜係，何往不閒！豈唯操舟，學道亦爾，但能忘遺，即是達生。」⑯

〈達生〉
工倕旋而蓋規矩，指與物化而不以心稽，故其靈臺一而不桎。忘足，履之適也；忘要，帶之適也；知忘是非，心之適也；不內變，不外從，事會之適也；始乎適而未嘗不適者，忘適之適也。

工倕，堯時之巧匠也，其工巧之秘在「與物化而不以心稽」，亦即其心能「任物因循，忘懷虛淡」（成玄英語），工倕是一個能忘懷內外的人，內不有己之意見，外不受他物干擾其情緒，成玄英疏曰：「夫體道虛忘，本性常適，非由感物而後歡娛，則有時不適，本性常適，故無往不歡也。斯乃忘適之適，非有心適。」⑰

〈天運〉
商大宰蕩問仁於莊子。莊子曰：「虎狼，仁也。」曰：「何謂也？」莊子曰：「父子相親，何為不仁！」曰：「請問至

---

⑯　郭慶藩輯，《莊子集釋》，華正書局，頁 643。
⑰　郭慶藩輯，《莊子集釋》，華正書局，頁 663。

仁。」莊子曰:「至仁無親。」大宰曰:「蕩聞之,無親則不愛,不愛則不孝。謂至仁不孝,可乎?」莊子曰:「不然,夫至仁尚矣,孝固不足以言之。此非過孝之言也,不及孝之言也。夫南行者至於郢,北面而不見冥山,是何也?則去之遠也。故曰:以敬孝易,以愛孝難;以愛孝易,以忘親難;忘親易,使親忘我難;使親忘我易,兼忘天下難;兼忘天下易,使天下兼忘我難。」

莊子從最根源處來談修養,所以小愛小義,皆落行跡而不足取。體道者任物自為,胸中不有其德,故能忘物,物亦不知有其德。此謂物我兼忘也。

〈在宥〉

鴻蒙曰:「意!心養。汝徒處無為,而物自化。墮爾形體,吐爾聰明,倫與物忘;大同乎涬溟。解心釋神,莫然無魂。萬物云云,各復其根,各復其根而不知;渾渾沌沌,終身不離;若彼知之,乃是離之。無問其名,無闚其情,物故自生。」

有心為之則有我在,則物我有隔。其唯無心,而物我兩忘,物遂其生不受干擾矣,這叫做「大同」,物我皆同於道化之中而不知。必欲無心則須先身心俱忘,所謂「墮爾形體,吐爾聰明」,身心兩忘,物我雙遣,才能與物共同忘於道化之中。

〈天地〉

夫子問於老聃曰:「有人治道若相放,可不可,然不然。辯
者有言曰:『離堅白若縣宇。』若是則可謂聖人乎?」老聃
曰:「是胥易技係勞形怵心者也。執留之狗成思,蝯狙之便
自山林來。丘,予告若,而所不能聞與而所不能言。凡有首
有趾、無心無耳者眾;有形者與無形無狀而皆存者盡無。其
動,止也;其死,生也;其廢,起也,此又非其所以也。有
治在人,忘乎物,忘乎天,其名為忘己。忘己之人,是之謂
入於天。」

老聃的回答重點在「忘己」,忘己之人必能忘物、忘天。能忘己則
能與自然冥合。即所謂「入於天」,至於那些已分別、辯論自以為
聰明者,都是「勞形怵心」者,不足以言也。成玄英疏曰:「豈唯
物務是空,抑亦天理非有。唯事與理,二種皆忘,故能造乎非有非
無之至也。」[118]

〈刻意〉

若夫不刻意而高,無仁義而修,無功名而治,無江海而閒,
不道引而壽,無不忘也,無不有也。澹然無極而眾美從之。
此天地之道,聖人之德也。

「無不忘也,無不有也」,一語道盡千章萬句,刻意為之則不有,

---

[118]　郭慶藩輯,《莊子集釋》,華正書局,頁 429。

刻意為仁而仁不修，刻意為功名，而功名不有，刻意為壽則壽不可得，為放任自然而已。「忘」則自然。

以上數則都是敘述「忘」的工夫，從「忘」而達到真人的境界，「忘己」、「忘物」、「忘天」、「忘神氣」、「與天下兼忘」，這都是莊子修養工夫，以「忘」的修養契入道的大化中。

捌、物化

「物化」就是萬物化而為一的意思，宇宙是一個大鎔爐，萬物都在這個大鎔爐之中上上下下，變換不同的形象出現，所以萬物之間不但會變化而且可以互相轉化，〈逍遙游〉篇說：「北冥有魚，其名為鯤。鯤之大，不知其幾千里也。化而為鳥，其名為鵬。」魚化為鵬這就是物化的形象意義。

〈齊物論〉

昔者莊周夢為胡蝶，栩栩然胡蝶也。自喻適志與！不知周也。俄然覺，則蘧蘧然周也。不知周之夢為胡蝶與，胡蝶之夢為周與？周與胡蝶，則必有分矣。此之謂物化。

宣穎曰：「以常行論之必有分別，乃今以夢幻觀之，何又相為而不能自辨耶？周可為蝶，蝶可為周，可見天下無復彼物此物之跡，歸於化而已。……我一物也，物一我也，我與物皆物也，然我與物又皆非物也，故曰物化、夫物化則傾耳而聽，瞠目而觀，果且有物乎哉？果且無物乎哉？執之為物了不可得，乃且有不齊之論乎哉？乃

且有不齊之論而須我以齊之乎哉？」⑲憨山注曰：「物化者，萬物化而為一也。所謂大而化之謂聖，言齊物之極，必是大而化之之聖人。萬物混化而為一，則了無人我是非之辯，則物論不齊而自齊也。」⑳

玖、回歸渾沌

〈應帝王〉篇最後記載了渾沌被鑿七竅而死的寓言。

> 南海之帝為儵，北海之帝為忽，中央之帝為渾沌。儵與忽時相遇於渾沌之地，渾沌待之甚善。儵與忽謀報渾沌之德，曰：「人皆有七竅以視聽食息，此獨無有，嘗試鑿之。」日鑿一竅，七日而渾沌死。

「渾沌」象徵完整、天真。鑿破渾沌象徵生命天真的失去，完整的破裂。郭象說：「為者敗之」㉑，成玄英疏曰：「夫運四肢以滯境，鑿七竅以染塵，乖渾沌之至淳，順有無之取舍，是以不終天年，中途夭折。勖哉學者，幸免之焉！」㉒人類問題的總源頭就在這裡，莊子放在內七篇最後一篇的最後一段來說明，其寓意不可謂不深遠。

⑲ 宣穎，《莊子南華經解》，嚴靈峰輯，《無求備齋老列莊三子集成補編》33，頁113－114。
⑳ 憨山釋德清，《莊子內篇注》，卷二，廣文書局，頁86。
㉑ 郭慶藩輯，《莊子集釋》，華正書局，頁310。
㉒ 郭慶藩輯，《莊子集釋》，華正書局，頁310。

　　〈應帝王〉篇描述壺子所示之「未始出吾宗」之象，就是指生命的源頭。

　　　　壺子曰：「鄉吾示之以未始出吾宗。吾與之虛而委蛇，不知
　　　　其誰何，因以為弟靡，因以為波流，故逃也。」

成玄英疏曰：「夫妙本玄源，窈冥恍惚，超茲四句，離彼百非，不可以心慮知，安得以形名取，既絕言象，無的宗塗，不測所由，故失而走。」❷唐君毅先生說：「生命之流行至於善生善死，善有善無，以萬化無極之工夫也。人有此工夫時，而欲以心知知之，則任何心知必以此生命之萬化，更無特定之著處，欲求著處而不可得，則此心知唯有逃走。」❷道家「歸根」「抱一」、「為嬰兒」、「比赤子」外還有「復朴」的詞語，意思同。壺子經歷了四相的反歸生命本原的「示相」，嚇退了神巫季咸，也讓它的學生列子茅塞頓開，然後展開一段「復朴」的修養工夫。〈應帝王〉篇：

　　　　然後列子自以為未始學而歸。三年不出，為其妻爨，食豕如
　　　　食人，於事無與親。雕琢復朴，塊然獨以其形立。紛而封
　　　　戎，一以是終。

葉舒憲先生提出一個論點，他認為〈應帝王〉裡的壺子是〈逍遙

---

❷　　郭慶藩輯，《莊子集釋》，華正書局，頁304。
❷　　唐君毅，《中國哲學原論·原道篇》卷一，臺灣學生書局。

游〉裡的大瓠〈葫蘆〉的人格化，〈逍遙游〉裡莊子指點惠施「拙
於用大」，認為惠施有「蓬心」，所以不懂。「大」是葫蘆的特
色，也是莊子對道的理解。內七篇的最後一篇〈應帝王〉，莊子借
壺子展示道的形象。葉先生認為這是莊子的預設，葉先生為了證明
這個論點，把內七篇只出現在〈逍遙游〉與〈應帝王〉兩篇的列子
形象作一個連結，發現莊子這個安排是極其巧妙的。

混沌是原始和諧整體之象徵，用「一」來表示這種整體也是可
以理解的。老子的「歸一」或莊子的「復通為一」，可以理解為回
歸混沌或生命的本源。莊子所嚮往的「真人」以「天人不相勝」為
特徵，亦即「天人合一」的境界。凡俗之人與真人最大的區別就在
這裡，就是是否使自己的心境達到這種混同一體的狀態。為了達到
這種狀態，莊子提出了「心齋」、「坐忘」、「喪我」等一系列的
修養工夫。鄔昆如先生說：「以此種修道技術的心理學效應在於
『把殊相的感官事物，存而不論』，『好使殊相減損，而共相增
長』，也就是以『一』之整體感去消除『一』與『多』的對立，物
質宇宙藉此而被超度到精神境界上，『道』或『造物者』都會與人
一同逍遙。」❿

莊子的理想是生命回歸到「混沌」的境界。所以在莊子書中提
到很多寓言人物都有「混沌」的特質。〈天地〉篇：

> 黃帝遊乎赤水之北，登乎崑崙之丘而南望，還歸，遺其玄
> 珠。使知索之而不得，使離朱索之而不得，使喫詬索之而不

❿　鄔昆如，《莊子與古希臘哲學中的道》，臺北，中華書局，1976，頁279。

得也。乃使象罔，象罔得之。黃帝曰：「異哉，象罔乃可以
得之乎？」

「從原型意象的置換變形規則看，黃帝、崑崙、玄珠、象罔或罔向
這些名目皆可視為混沌的衍化派生物，彼此之間具有象徵上的同源
對應關係。」[126]

　　成玄英疏曰：「欲明世間群品，莫不身心迷妄，馳騁眈著，無
所覺知，闇似北方，動如流水，迷真失道，實此之由。今欲返本還
源，祈真訪道，是以南望示其照察，還歸表其復命，故先明失真之
處，後乃顯得道之方。」[127]「玄珠」即「道」，欲得「道」需無心
而後可得。成玄英疏曰：「罔象，無心之謂。離聲色，絕思慮，故
知與離朱自涯而返，喫詬言辨，用力失真，唯罔象無心，獨得玄珠
也。」[128]耳聰目明與口舌善變的人與「混沌」之境界不相干，甚至
是背道而馳的。

[126]　葉舒憲，《莊子的文化解析》，湖北人民出版社，頁 144。
[127]　郭慶藩輯，《莊子集釋》，華正書局，頁 414。
[128]　郭慶藩輯，《莊子集釋》，華正書局，頁 415。

第四章　道化的處世哲學

　　莊子〈天下〉篇說：「獨與天地精神往來，而不敖倪於萬物。不譴是非，以與世俗處。」這段話精要的點出莊子的處世哲學。「獨與天地精神相往來」，是強調個體精神之自由，「不敖倪於萬物，不譴是非，以與世俗處」，是強調個體與物和諧，不與物對立。

　　個體自由、與物和諧的境界，就是「道」的境界，陸西星說：「與天地往來者，窮其神知其化，直與造化者相為游衍，天地無棄物，與道為體者，亦無棄物，故不敖倪，不敖倪則與物無競，得者同於得，失者同於失，不譴是非而與世俗同處，將與斯世斯民相忘於大順大化而不知，玄同之德有如此者。」❶「天地無棄物，與道為體者，亦無棄物」，說出莊子處世哲學是建立在個體對道的體悟上。成玄英也說：「抱真精之智，運不測之神，寄跡域中，生來死往，謙和順物，固不驕矜。」❷體道之人，自然謙和順物，不責人之是非，與萬物和諧相處。

　　所以莊子的處世與處己是一體不分的，不能自處也就不能處

---

❶　陸西星，《莊子南華真經副墨》，自由出版社，頁 1184。
❷　郭慶藩輯，《莊子集釋》，華正書局，頁 1100。

世。宣穎註〈人間世〉篇云：「人間世不過有二端，處人與自處是已！處人之道，在不見有人，不見有人則無之而不可。……自處之道，在不見有己，不見有己則以無用而藏身。……凡處人而攖患者，又只因自處未能冥然，蓋與人生競病，根在用己之見未消也，所以前說處人，後說自處，是一套事。」❸

〈知北遊〉

顏淵問乎仲尼曰：「回嘗聞諸夫子曰：『無有所將，無有所迎。』回敢問其游。」仲尼曰：「古之人，外化而內不化，今之人，內化而外不化。與物化者，一不化者也。安化安不化，安與之相靡？必與之莫多。狶韋氏之囿，黃帝之圃，有虞氏之宮，湯武之室。君子之人，若儒墨者師，故以是非相齏也，而況今之人乎！聖人處物不傷物。不傷物者，物亦不能傷也。唯無所傷者，為能與人相將迎。

「外化而內不化」，外化就是與物無隔，隨物流轉；內不化就是與道為一，沒有常心以應物之謂也。「外化而內不化」的境界就是「無有所將，無有所迎」，所謂聖人用心若鏡也。拋卻「我」執，與物冥合，則與物和諧相處而不傷物，「不傷物者，物亦不能傷也。」處世如此，乃逍遙之遊也。

在道化流行的世界裡，人所處的環境，猶如魚在水中，魚和水

---

❸　宣穎，《莊子南華經解》，嚴靈峰輯，《無求備齋老列莊三子集成補編》，成文出版社，頁 131。

一體不可分。人與環境亦是一體。

〈大宗師〉

魚相造乎水，人相造乎道。相造乎水者，穿池而養給；相造
乎道者，無事而生定。故曰：魚相忘乎江湖，人相忘乎道
術。

成玄英疏曰：「魚之所詣者，適性莫過深水；人之所至者，得意莫
過道術。雖復情智不一，而相與皆然。……魚在大水之中，窟穴泥
沙，以自資養供給也；亦猶人處大道之中，清虛養性，無事逍遙，
故得性分靜定而安樂也。」❹莊子嚮往魚在江湖中的自由自在，那
是「忘」的世界，是魚的「適性」，人生亦然，歸乎道化世界，無
為無事，清靜安定，是人之「忘」，是人之適性也。

〈大宗師〉篇又說：「泉涸，魚相與處於陸，相呴以濕，相濡
以沫，不如相忘於江湖。與其譽堯而非桀也，不如兩忘而化其
道。」成玄英疏曰：「江湖浩瀚，游泳自在，各足深水，無復往
返，彼此相忘，恩情斷絕。洎乎泉源乾涸，鱣鮪困苦，共處陸地，
赤尾曝腮，於是吐沫相濡，呴氣相濕，恩愛往來，更相親附，比之
江湖，去之遠矣。亦猶大道之世，物各逍遙，雞犬聲聞，不相往
來，淳風既散，澆浪漸興，從理生教，聖跡斯起，矜蹩躠以為仁，
踶跂以為義，父子兄弟，懷情相欺，聖人羞之，良有以也。故知魚

---

❹　郭慶藩輯，《莊子集釋》，華正書局，頁272。

失水所以呴濡，人喪道所以親愛之者也。」❺莊子提出人之生當
「兩忘而化其道」，能忘能化，才是道化之生命，才是人生所當追
求者。無奈人總忘其所當行，而行其所不當行，甚至反其道而行，
終至離道化之世界，而陷入困境，至此猶不知歸根復命，回歸生命
之本源，反而有為為之，以「仁義」相互協助，欲救斯難，殊不知
「仁義」之方猶魚之「相呴以濕，相濡以沫」，不能根本解決問
題。最後必是同歸於盡，莊子點出人生之芒昧所在。

　　以水喻道，則君子之交淡如水也，〈山木〉篇說：「君子之交
淡如水也，小人之交甘若醴，君子淡以親，小人甘以絕。」君子之
間的交往虛無恬淡，擺脫是非計較名利之糾纏，是以能親而不離
也，此道化處世論之大義也。魚游於水，人則遊於世，此莊子處世
之妙方也。〈養生主〉篇在庖丁解牛說出「以無厚入有間，恢恢乎
其於游刃必有餘地矣」的遊世境界。〈逍遙游〉篇說出「乘天地之
正，而御六氣之辯，以遊無窮者」的自在。人間世是人類活動的場
所，人類的行為織就這個世界，這裡充滿了荒謬與對立。莊子想要
告訴大家，人類可以活得更好，人類可以逍遙游世，人類應該回歸
道化的世界，與天地共呼吸，與物無隔。

---

❺　郭慶藩輯，《莊子集釋》，華正書局，頁 242。

第一節　道化的處世論

壹、虛而待物、應而不藏

〈應帝王〉

無為名尸，無為謀府；無為事任，無為知主。體盡無窮，而
游無朕；盡其所受乎天，而無見得，亦虛而已！至人之用心
若鏡，不將不迎，應而不藏，故能勝物而不傷。

　　莊子以鏡子作喻，說明處世之態度在無心應物。要做到如鏡子
般的無心應物，必須是無名、無謀、無事、無知。然後體大道之無
窮，遊大化之無盡，與天道為一。歸結就是「虛」而已矣。成玄英
疏曰：「夫物有去來而鏡無迎送，來者即照，必不隱藏。亦猶聖智
虛凝，無幽不燭，物感斯應，應不以心，既無將迎，豈有情於隱匿
哉？」❻憨山釋德清曰：「至人以下二十二字，乃盡莊子之學問工
夫，效驗作用，盡在此而已，其餘種種撰出皆蔓衍之辭也，內篇之
意以盡此矣。」❼

〈人間世〉

夫子曰：「盡矣！吾語若！若能入游其樊而無感其名，入則
鳴，不入則止。無門無毒，一宅而寓於不得已，則幾矣。絕

---

❻　郭慶藩輯，《莊子集釋》，華正書局，頁309。
❼　憨山釋德清，《莊子內篇注》，卷四，廣文書局，頁20。

跡易,無行地難。為人使易以偽,為天使難以偽。聞以有翼
飛者矣,未聞以無翼飛者也;聞以有知知者矣,未聞以無知
知者也。瞻彼闋者,虛室生白,吉祥止止。夫且不止,是之
謂坐馳。夫徇耳目內通而外於心知,鬼神將來舍,而況人
乎!是萬物之化也,禹、舜之紐也,伏戲、几蘧之所行終,
而況散焉者乎!」

待人處世必須心空一切,一任無心而後可。「入則鳴,不入則
止」、「一宅而寓於不得已」皆指不先執有成見,可言則言,不可
則止,不勉強耳。郭注曰:「不得已者,理之必然者也,體至一之
宅而會乎必然之符者也。」❽理之必然即是「天」,沒有一絲一毫
之虛偽,處世接物,必須率性任真也,不可作偽也。又「聞以有翼
飛者矣,未聞以無翼飛者也;聞以有知知者矣,未聞以無知知者
也。」此指聖人忘形絕智,無心應物也。最後以「虛室生白」來比
喻聖人之內心空虛則智光普照。

然則虛以待物,乃「徇耳目內通而外於心知」,即忘形忘智之
後之境界,非無此修養而端坐心馳者也。憨山釋德清曰:「此言涉
世先於事君,此言輔君之難也,苟非物我兩忘,虛心御物,不得已
而應之,決不能感君而離患,若固執我見,持必然之志而強諫之,
不但無補於君,且致殺身之禍,此龍逢比干之死,皆是之過也。」❾

---

❽　郭慶藩輯,《莊子集釋》,華正書局,頁149。
❾　憨山釋德清,《莊子內篇注》,卷三,廣文書局,頁19。

〈列禦寇〉

列禦寇之齊，中道而反，遇伯昏瞀人。伯昏瞀人曰：「奚方而反？」曰：「吾驚焉。」曰：「惡乎驚？」曰：「吾嘗食於十漿，而五漿先饋。」伯昏瞀人曰：「若是，則汝何為驚已？」曰：「夫內誠不解，形諜成光，以外鎮人心，使人輕乎貴老，而韲其所患。夫眾人特為食羹之貨，無多餘之贏，其為利也薄，其為權也輕，而猶若是，而況於萬乘之主乎？身勞於國，而知盡於事，彼將任我以事，而效我以功。吾是以驚。」伯昏瞀人曰：「善哉觀乎！汝處已，人將保汝矣！」無幾何而往，則戶外之屨滿矣。伯昏瞀人北面而立，敦杖蹇之乎頤，立有間，不言而出。賓者以告列子，列子提屨，跣而走，暨於門，曰：「先生既來，曾不發藥乎？」曰：「已矣，吾固告汝曰：人將保汝，果保汝矣！非汝能使人保汝，而汝不能使人無保汝也，而焉用之感豫出異也！必且有感，搖而本才，又無謂也。與汝游者，又莫汝告也。彼所小言，盡人毒也。莫覺莫悟，何相孰也！巧者勞而知者憂，無能者無所求，飽食而敖遊，汎若不繫之舟，虛而敖遊者也！」

此段借列子的行為來說明「虛」的涵義。成玄英疏曰：「夫物未嘗為，無用憂勞，而必以智巧困弊。唯聖人汎然無繫，泊爾忘心，譬彼虛舟，任運逍遙。」❿列禦寇深知光芒外放，必招致有國者之利

---

❿　郭慶藩輯，《莊子集釋》，華正書局，頁 1041。

用，所謂「彼將任我以事，而效我以功」。所以當他發現自己被賣漿者識破其為有德之人，自認為「內誠不解，外謀成光」，而大感惶恐。因為「不解則不能渾而無跡，成光則不能光而不耀」**⓫**，之後列禦寇卻又因其德而吸引眾人問道，經伯昏無人點醒必須有感斯應，不必預為人師，因為「巧者勞而知者憂」，必須無所求，無心自然，才是最好的辦法，所謂「汎若不繫之舟，虛而敖遊者也。」一「虛」字道盡一切。

〈山木〉

市南宜僚見魯侯，魯侯有憂色。市南子曰：「君有憂色，何也？」魯侯曰：「吾學先王之道，修先君之業；吾敬鬼尊賢，親而行之，無須臾離居。然不免於患，吾是以憂。」市南子曰：「君之除患之術淺矣！夫豐狐文豹，棲於山林，伏於巖穴，靜也；夜行晝居，戒也；雖飢渴隱約，猶且胥疏於江湖之上而求食焉，定也；然且不免於罔羅機辟之患，是何罪之有哉？其皮為之災也。今魯國獨非君之皮邪？吾願君刳形去皮，洒心去欲，而游於無人之野。南越有邑焉，名為建德之國。其民愚而朴，少私而寡欲；知作而不知藏，與而不求其報；不知義之所適，不知禮之所將。猖狂妄行，乃蹈乎大方。其生可樂，其死可葬。吾願君去國捐俗，與道相輔而行。」君曰：「彼其道遠而險，又有江山，我無舟車，奈何？」市南子曰：「君無形倨，無留居，以為君車。」君

⓫ 陸西星，《莊子南華真經副墨》，自由出版社，頁 1120。

曰：「彼其道幽遠而無人，吾誰與為鄰？吾無糧，我無食，安得而至焉？」市南子曰：「少君之費，寡君之欲，雖無糧而乃足。君其涉於江而浮於海，望之而不見其崖，愈往而不知其所窮。送君者皆自崖而反。君自此遠矣！故有人者累，見有於人者憂。故堯非有人，非見有於人也。吾願去君之累，除君之憂，而獨與道遊於大莫之國。方舟而濟於河，有虛船來觸舟，雖有惼心之人不怒；有一人在其上，則呼張歙之；一呼而不聞，再呼而不聞，於是三呼邪，則必以惡聲隨之。向也不怒而今也怒，向也虛而今也實。人能虛己以游世，其孰能害之！」

莊子借市南子與魯侯的對話說明處世之方，其應對若禪宗之公案，甚為有趣。魯侯修心養性，仍不免於患，市南子告之以其「除患之術淺矣」，所以有憂，必須是「剗形去皮，洒心去欲」始克得之。而所謂無人之野的國度是一個「其民愚而朴，少私而寡欲；知作而不知藏，與而不求其報；不知義之所適，不知禮之所將。猖狂妄行，乃蹈乎大方。其生可樂，其死可葬」的地方。這是市南子針對魯侯以「吾學先王之道，修先君之業；吾敬鬼尊賢，親而行之」的修養方式而發的。

　　魯侯似乎對市南子的回答不了解，仍舊執著於形體與心理的需求，故再引出市南子如禪宗般的回答。陸西星疏解得很好，他說：「狐豹以皮毛而致災，君以魯國而生憂，是皆有生之累，故願君剗形去皮以淨其外，洒心去欲以淨其內，而又遊於無人之野，莞然子然將使內不見己，外不見人，天下之大解脫，無過於此，又何外慮

之足患哉？原莊老之意，只是勸人皈心道德，淨裸裸的，赤洒洒的，全然不以世累為心，便是聖人有天下而不與的心事，或謂宗社為重，如何教他輕？將魯國棄了，不知論割其至愛而棄其禍胎，則人人有張狸皮，人人有個魯國得之，言意之表可也。」⓬這對前半段「刳形去皮，洒心去欲」的解釋，一句「人人有張狸皮，人人有個魯國」，直指問題之核心。

接著對於市南子所形容的「建德之國」，此若陶淵明所描繪之桃花源，那是一個只要你放下一切就可得到的地方，他不在遠方，也不在近處，就在你放下的地方。陸西星說：「又為孱弱之夫沉溺愛阿，不及解脫者，加一鞭策，蓋有志學道者，直須放步而前，百尺竿頭，回顧不得，人無車則困，無糧則饑，皆為形骸所累，若能外其形骸，寡其嗜欲，則出王游衍坦然由之而無凝，故曰無倨傲爾形，無留戀爾居，則無車之車行矣，少君之私，寡君之欲，則無糧之糧足矣，此便是遊於逍遙之墟，食於苟簡之田，立於不貸之圃，從此涉江浮海，沂流窮源，愈造則愈深，愈往則愈遠，將立乎不測，而遊於無始，往日聰明知慮，一時廢盡，譬彼遠行之人，到崖而返，君自此芒乎獨行至於寥天，去人遠矣，去人遠則與道為鄰，上何離索之足患哉？」⓭陸西星一句「人無車則困，無糧則饑，皆為形骸所累」把莊子的意思說的明白不過。

最後市南子舉「有虛船來觸舟，雖有惼心之人不怒」的例子來說明：「人能虛己以游世，其孰能害之」的應世哲學。

⓬　陸西星，《莊子南華真經副墨》，自由出版社，頁 703－704。
⓭　陸西星，《莊子南華真經副墨》，自由出版社，頁 706。

　　虛而待物的另一種說法就是「外化而內不化」，即是內心體道而外隨事物的變化而變化，莊子的無為是指不違逆大自然的法則，「與時俱化，而無肯專為，一上一下，以和為量。」（〈山木〉）天道運行不息，萬物遷變不已，人要順應這種變化。處世的原則是委順，但不是隨從流俗，偏離道化之軌跡。所以莊子提出「外化而內不化」（〈知北遊〉）的處世原則，「不譴是非以與世俗處」是「外化」的特徵，「自事其心」則是「內不化」的原則。「與時俱化」就是心無成見任物自化，如此則「處物不傷物」。

貳、順物自然

　　自我即宇宙，從宇宙看，沒有另外一個我；從我看，沒有另外一個宇宙，我在道化的循環中，就像海浪與海水一般，海浪形狀無窮而不離海水。就像萬物形狀各異，但都是道之化身。如〈知北遊〉篇所述我們的形體是「天地之委形也」、「天地之委和也」、「天地之委順也」，所以想要求我之身於道化之外而不可得。❹所以每一個生命體在其一生中必須順應道之軌跡，講順應也是一種方便說，其實就是融入大化之中，而沒有物我之別，沒有我在。宣穎說：「夫塊然而生者形也，形無能為也，淵然而寄者神也，神亦無

---

❹　《莊子·知北遊》：「舜問乎丞：『道可得而有乎？』曰：『汝身非汝有也，汝何得有夫道！』舜曰：『吾身非吾有也，孰有之哉？』曰：『是天地之委形也；生非汝有，是天地之委和也；性命非汝有，是天地之委順也；子孫非汝有，是天地之委蛻也。故行不知所往，處不知所持，食不知所味。天地之彊陽氣也，又胡可得而有邪！』」郭慶藩輯，《莊子集釋》，華正書局，頁739。

以為也。若夫居中用事，交搆無方，役役不止，使形神兩蔽，則知為之害也。」❶神與形俱是大化流行，本當順化無以為之，但是人類妄執物我之分，而有物我之衝撞。〈齊物論〉篇說：「其寐也魂交，其覺也形開。與接為搆，日以心鬥。」又說：「與物相刃相靡，其行盡如馳，而莫之能止。」都是指的我與物對，進而產生鉤心鬥角，造成身心俱疲，形神俱喪。〈養生主〉篇以庖丁解牛為喻，指引世人如何抱道行於天地之中，而能優遊自在。

〈養生主〉

庖丁為文惠君解牛，手之所觸，肩之所倚，足之所履，膝之所踦，砉然響然，奏刀騞然莫不中音，合於桑林之舞，乃中經首之會。文惠君曰：「譆，善哉！技蓋至此乎？」庖丁釋刀對曰：「臣之所好者，道也，進乎技矣。始臣之解牛之時，所見無非全牛者。三年之後，未嘗見全牛也。方今之時，臣以神遇，而不以目視，官知止而神欲行。依乎天理，批大郤，導大窾，因其固然。技經肯綮之未嘗，而況大軱乎！良庖歲更刀，割也；族庖月更刀，折也。今臣之刀十九年矣，所解數千牛矣，而刀刃若新發於硎。彼節者有間，而刀刃者無厚；以無厚入有間，恢恢乎其於游刃必有餘地矣。是以十九年，而刀刃若新發於硎。雖然，每至於族，吾見其難為，怵然為戒，視為止，行為遲。動刀甚微，謋然已解，

---

❶ 宣穎，《莊子南華經解》，嚴靈峰輯，《無求備齋老列莊三子集成補編》，成文出版社，頁 115－116。

如土委地。提刀而立，為之四顧，為之躊躇滿志，善刀而藏之。」文惠君曰：「善哉！吾聞庖丁之言，得養生焉。

憨山釋德清曰：「此乃一大譬喻耳，若一一合之，乃見其妙，庖丁喻聖人，牛喻世間之事，大而天下國家，小而日用常行，皆目前之事也，解牛之技，乃治天下國家，用世之術智也。刀喻本性，即生之主，率性而行，如以刀解牛也。言聖人學道妙悟性真，推其餘緒以治天下國家，如庖丁先學道而後用於解牛之技也。初未悟時，則見與世齟齬難行，如庖丁初則滿眼指見一牛耳；既而入道已深，性智日明，則看破世間之事，見見自有一定天然之理，如此則不見一事當前，如此則目無全牛矣。既看破世事，則一味順乎天理而行，則不見有一毫難處之事，所謂技經肯綮之未嘗也，以順理而行，則無奔競馳逐以傷性真，故如刀刃之十九年若新發於硎，全無一毫傷缺也，以聖人明利之智，以應有理之事物，則事小而智鉅，故如游刃其間，恢恢有餘地矣。……至人如此應世，又何役役疲勞以取殘生傷性之患哉。」⓰

參、材與不材之超越

〈人間世〉

孔子適楚，楚狂接輿遊其門曰：「鳳兮鳳兮，何如德之衰也！來世不可待，往世不可追也。天下有道，聖人成焉；天下無道，聖人生焉。方今之時，僅免刑焉。福輕乎羽，莫之

⓰　憨山釋德清，《莊子內篇注》，卷二，廣文書局，頁 8−11。

> 知載；禍重乎地，莫之知避。已乎已乎，臨人以德！殆乎殆
> 乎，畫地而趨！迷陽迷陽，無傷吾行！吾行郤曲，無傷吾
> 足！」山木自寇也，膏火自煎也。桂可食，故伐之；漆可
> 用，故割之。人皆知有用之用，而莫知無用之用也。

　　「人皆知有用之用，而莫知無用之用也」，這是一句洞察世故
的話，天生萬物皆有其用，故有用是物之必然，但世人誤解有用，
造成所謂有用只是用來爭強鬥勝之工具，「與接為構，日以心鬥」
（〈齊物論〉），只用來作傷生害性之追逐，「事若不成，則必有人
道之患；事若成，則必有陰陽之患。」（〈人間世〉）甚至是師心自
用強人從己之成見，顏回想要改變衛國國君，顏闔想要作衛靈公太
子的師傅，葉公想要出使齊國說服齊王，都屬於此類。或只是被人
利用而已，「桂可食，故伐之；漆可用，故割之」。〈人間世〉通
篇敘述幾個有用的人如何的想要一番作為，但是都造成身心俱疲，
危機四伏的情況。包括孔子大聖，亦不免想以「德」之用服人，此
莊子對世人追求「有用」之警語也。

　　憨山釋德清曰：「此〈人間世〉立意，初則以孔子為善於涉世
之聖，故託言以發其端，意謂雖顏子之仁智，亦非用世之具，不免
無事強行之過也，次則葉公乃處世之人，亦不能自全，況其他乎？
次則顏闔乃一隱士耳，爾乃妄意干時，乃不知量之人也。故以伯玉
以折之，斯皆恃才之過也，故不免於害，故以山木之不才以喻之，
又以支離疏曉之，是涉世之難也如此。故終篇以楚狂譏孔子，意謂
雖聖而不知止，以發己意，乃此老披肝露膽，真情發現，真見處世
之難如此。故超然物外，以道自全，以貧賤自處，故遯世無悶，著

書以見至，此立言之本意也。」❶
　「有用」不可行，然則無用可乎？

〈人間世〉

匠石之齊，至於曲轅，見櫟社樹。其大蔽數千牛，絜之百
圍，其高臨山十仞而後有枝，其可以為舟者旁十數。觀者如
市，匠伯不顧，遂行不輟。弟子厭觀之，走及匠石，曰：
「自吾執斧斤以隨夫子，未嘗見材如此其美也。先生不肯
視，行不輟，何邪？」曰：「已矣，勿言之矣！散木也。以
為舟則沉，以為棺槨則速腐，以為器則速毀，以為門戶則液
樠，以為柱則蠹，是不材之木也。無所可用，故能若是之
壽。」匠石歸，櫟社見夢曰：「女將惡乎比予哉？若將比予
於文木邪？夫楂梨橘柚，果蓏之屬，實熟則剝，剝則辱；大
枝折，小枝泄。此以其能苦其生者也。故不終其天年而中道
夭，自掊擊於世俗者也。物莫不若是。且予求無所可用久
矣，幾死，乃今得之，為予大用。使予也而有用，且得有此
大也邪？且也若與予也皆物也，奈何哉其相物也？而幾死之
散人，又烏知散木！」匠石覺而診其夢。弟子曰：「趣取無
用，則為社何邪？」曰：「密！若無言！彼亦直寄焉！以為
不知己者詬厲也。不為社者，且幾有翦乎！且也彼其所保與
眾異，而以義喻之，不亦遠乎！」

❶　憨山釋德清，《莊子內篇注》，卷三，廣文書局，頁 47—48。

「彼其所保與眾異」，以不材而保其天年。憨山釋德清曰：「此言
櫟社之樹，以不材而保其天年，全生遠害，乃無用之大用，返顯前
之恃才妄作，要君求譽，以自害者。實天壤矣。」⓲

〈人間世〉
南伯子綦游乎商之丘，見大木焉有異，結駟千乘，隱將芘其
所藾。子綦曰：「此何木也哉！此必有異材夫！」仰而視其
細枝，則拳曲而不可以為棟梁；俯而視其大根，則軸解而不
可以為棺槨；咶其葉，則口爛而為傷；嗅之，則使人狂醒，
三日而不已。子綦曰：「此果不材之木也，以至於此其大
也。嗟乎神人，以此不材！宋有荊氏者，宜楸柏桑。其拱把
而上者，求狙猴之杙者斬之；三圍四圍，求高名之麗者斬
之；七圍八圍，貴人富商之家求樿傍者斬之。故未終其天
年，而中道天於斧斤，此材之患也。」

憨山釋德清曰：「此極言不才之自全，甚明美才之自害也，為聖人
知其才之為患，故絕聖棄智，昏昏悶悶，而無意於人間者，此其所
以無用得以全身養生，以盡其天年也，此警世之意深矣。」⓳
　　然則處世之道當處「不材」而棄「材」乎？

⓲　憨山釋德清，《莊子內篇注》，卷三，廣文書局，頁40－41。
⓳　憨山釋德清，《莊子內篇注》，卷三，廣文書局，頁43。

〈山木〉

莊子行於山中，見大木，枝葉盛茂。伐木者止其旁而不取
也。問其故，曰：「無所可用。」莊子曰：「此木以不材得
終其天年。」夫子出於山，舍於故人之家。故人喜，命豎子
殺雁而烹之。豎子請曰：「其一能鳴，其一不能鳴，請奚
殺？」主人曰：「殺不能鳴者。」明日，弟子問於莊子曰：
「昨日山中之木，以不材得終其天年；今主人之雁，以不材
死。先生將何處？」莊子笑曰：「周將處夫材與不材之間。
材與不材之間，似之而非也，故未免乎累。若夫乘道德而浮
游則不然。無譽無訾，一龍一蛇，與時俱化，而無肯專為；
一上一下，以和為量，浮游乎萬物之祖；物物而不物於物，
則胡可得而累邪！此神農、黃帝之法則也。若夫萬物之情，
人倫之傳，則不然。合則離，成則毀；廉則挫，尊則議，有
為則虧，賢則謀，不肖則欺。胡可得而必乎哉！悲夫，弟子
志之，其唯道德之鄉乎！」

〈人間世〉中敘述「匠石之齊」與「南伯子綦游乎商之丘」兩段文
字極力讚揚「不材之用」，此篇文字再說明材與不材之大義，鍾泰
先生說：「材與不材因時為用，故〈人間世〉卒云『天下有道，聖
人成焉』，此取乎材也；又曰『天下無道，聖人生焉』，此取乎不
材者也。然則言者有言，當通其意，不材之說為遭亂世而發，若僅
執其辭以求之，則必有失乎作者之用心者矣。抑此篇末引陽子之言
云：『行賢而去自賢之行，安往而不愛哉！』以是又知所言不材者

非真不材之謂，特有材而不自見，以是同於不材耳。」⑳

　　然則何謂「處乎材與不材之間」？又何謂「似之而非也，故未免乎累」？陸西星說：「蓋吾有材而不自見，則人既不得以無才棄我，而又不得以有材忌我，以此混世而求自免，是亦似矣，雖然，非道也，故不免於累，何者？謂其有心也，無心則無累矣。」㉑陸西星以「有心」來論斷莊子的「處乎材與不材之間」的處世方法，不免於累。深得莊子之意。因為莊子底下的解釋就是「道化」的處世哲學。所謂「乘乎道德而浮游，……與時俱化而無肯專為」，「乘乎道德而浮游」就是與道為一，如〈逍遙游〉篇的「乘天地之正」，「與時俱化」就是隨時而變，如〈逍遙游〉之「御六氣之辯」。而「無肯專為」則是不主於一也，大道本無物我之分，世人妄作分別，同於道德則分別之意見不起，「浮游乎萬物之祖」，與大和等量，如此則「物物而不物於物」，則生命完全自由，何來疲累？

肆、存己無心

　　唐君毅先生說：「人間世之旨，則言人之未忘功名，即足以礙其事功之成。以言處人間世之不易。此不易，在根本上仍在吾人心知之用於處人間世時，恆未免乎成心之累，足以自恃，而居之不疑，更自得其名聞，……自以為善，而亦欲人之以為善，以感化此人間自任。世之儒墨，故皆志在化世，而或不知，……正皆足為其

---

⑳　鍾泰，《莊子發微》，上海古籍出版社，頁 436。

㉑　陸西星，《莊子南華真經副墨》，自由出版社，頁 700。

化世之礙。故欲處人間世，而求化世，故必當先變化其自己，而先有一善用其心知，形成其心志的工夫。此工夫則正在善去除其對己、對人之成心、與功名之心。無己無功亦無名，以自宅心之所安與所不得已，而不求奈何其所不能奈何者，以遊於人間世。」❷唐先生點出莊子處世的主題就是〈逍遙游〉篇的「至人無己，神人無功，聖人無名」，道化的世界本不應該有私人之成見，更不應該有因成見引申出之束縛人性之規範制度，若由此自己之成見而生功名之心，進而而欲人從我，此乃處世之大患也。〈人間世〉借孔子與顏回的對話，清楚的說明這個道理。

〈人間世〉

仲尼曰：「譆，若殆往而刑耳！夫道不欲雜，雜則多，多則擾，擾則憂，憂而不救。古之至人，先存諸己，而後存諸人。所存於己者未定，何暇至於暴人之所行！

顏回看到衛國國君暴虐無道，想要以自己的所學改變衛國的現狀，但孔子馬上點出顏回心思太雜亂，必須先存諸己，才能存諸人。所謂存己就是先安立自己，成玄英說：「不虛心以應物，而役思以犯難，故知其所存於己者未定也。」❷憨山釋德清曰：「古之至人涉世，先以道德存乎己，然後以己所存施諸人，即此二語，乃涉世之

❷ 唐君毅，《中國哲學原論・原道篇》，臺灣學生書局，頁 365。
❷ 郭慶藩輯，《莊子集釋》，華正書局，頁 134。

大經，非夫子不能到此。」❷

　　孔子接著說：「德蕩乎名，知出乎爭。名也者，相札也；知也者，爭之器也。二者凶器，非所以盡行也。」說出好名會傷德性，好知會起爭端，如果帶著好名、好知之心應世是招惹禍患的開始。成玄英說：「夫德之所以流蕩喪真，為矜名故也；智之所以橫出逾分者，爭善故也。夫唯善惡兩忘，名實雙遣者，故能德不蕩，而智不出者也。」❷

> 〈人間世〉
>
> 古之至人，先存諸己，而後存諸人。所存於己者未定，何暇至於暴人之所行！且若亦知夫德之所蕩，而知之所為出乎哉？德蕩乎名，知出乎爭。名也者，相札也；知也者，爭之器也。二者凶器，非所以盡行也。且德厚信矼，未達人氣，名聞不爭，未達人心。而彊以仁義繩墨之言術，暴人之前者，是以人惡有其美也，命之曰菑人。菑人者，人必反菑之。

孔子再從另外一個角度說明涉世之重點，即個人之德、信未獲別人之信任前，就不要想去改變別人的想法，因為互信不足而可能產生誤解，甚至別人會認為你是在炫耀你的美德。唐君毅先生說：「己自以其仁義繩墨之言為美，人亦必以為非美，而惡其美。則於此時

---

❷　憨山釋德清，《莊子內篇注》，卷三，廣文書局，頁4。

❷　郭慶藩輯，《莊子集釋》，華正書局，頁135。

人若欲對惡己美者，以目光射之，以色平之，以口更自經營其言，而以容更表現其言，而成心在後，必使人從我，則又無意以火救火，以水就水。人惡己之美，而己又必欲人從我。二者互相激蕩，以至無窮，則欲感化人者，必死於暴人之前矣。此即自彰其德以成名者，其禍之所必至也。是見人之所以自處其『內德與外彰之名』之不易。故曰『名實者，聖人之所不能勝也』，言有實德而能免於以名臨人之禍，聖人猶難為之也。」❷⑥

　　孔子接著說：「且苟為悅賢而惡不肖，惡用而求有以異？」意思是說衛國國君果真有求賢之心，他自會登門拜訪，何必你毛遂自薦呢？況且衛國果無賢人哉？需至外國而求賢。這是從對方的角度來思考處世方法的。

　　〈人間世〉

　　且昔者桀殺關龍逢，紂殺王子比干，是皆修其身以下傴拊人之民，以下拂其上者也，故其君因其修以擠之。是好名者也。且昔者堯攻叢枝、胥敖，禹攻有扈，國為虛厲，身為刑戮。其用兵不止，其求實無已。是皆求名實者也，而獨不聞之乎？名實者，聖人之所不能勝也，而況若乎！

關龍逢與比干之死，為名也；堯、禹攻三國，貪實利也。聖君賢臣尚且不能擺脫名實，可見其難。所以存己必須面對「名實」之修也。

---

❷⑥　唐君毅，《中國哲學原論·原道篇》，臺灣學生書局，頁366。

接下來顏回再提兩種處世之方，但皆被孔子認為不妥。一是
「端而虛，勉而一」，一是「內直而外曲」。前者之意思，成玄英
說：「端正其形，盡人臣之敬，虛豁心慮，竭匡諫之誠。……言行
忠謹，纔無差二。」❷但孔子認為面對一個殘暴之國君，小德尚不
能入，更何況大德，面對這樣的國君，以你的修為，大概只能表面
一致而內心不敢有意見吧！至於「內直而外曲」看似莊子〈天下〉
篇所說：「獨與天地精神往來，而不敖倪於萬物。不遣是非，以與
世俗處。」其實不然，孔子說：「惡！惡可！太多政，法而不諜，
雖固亦無罪。雖然，止是耳矣，夫胡可以及化！猶師心者也。」也
就是說顏回只是用自己的想法猜測可能的情況，而預設答案，所以
被孔子罵為想法太多且不通達，那是於事無補的。成玄英說：「夫
聖人虛己，應時無心，譬彼明鏡，方茲虛谷。今顏回預作言教，方
思慮可不，既非忘淡薄，故之師其有心也。」成玄英點出顏回的問
題就是「有心」。

最後孔子提出「心齋」的存己方法，總算百川歸海，直指根
源。若大鵬展翅，拋開一切糾纏。所謂心齋就是「虛而待物」，能
虛而待物，就能「不將不迎，應而不藏」，就能「勝物而不傷」
（〈應帝王〉）。「心齋」之意，乃是「通人己之隔，以化及於人」
之道，虛心一志，至乎其極，使其心之大量，足以待物而融攝天下
人，使人自止於其心之宅，而此心光之白，得自生於虛室。則人與
鬼神，皆將來心，而宅於心之舍。斯可以言化及人矣。換句話說，
以無我、無人之虛，以包容一切人之言與義，我之虛即是道之虛，

---

❷　郭慶藩輯，《莊子集釋》，華正書局，頁 141。

是一無所限制之境界，任何人都能接受此虛之包含，所以此時之虛不只是個人局部之「端而虛」，而是毫無邊界之無限之虛。

〈繕性〉

由是觀之，世喪道矣，道喪世矣，世與道交相喪也。道之人何由興乎世，世亦何由興乎道哉！道無以興乎世，世無以興乎道，雖聖人不在山林之中，其德隱矣。隱，故不自隱。古之所謂隱士者，非伏其身而弗見也，非閉其言而不出也，非藏其知而不發也，時命大謬也。當時命而大行乎天下，則反一無跡；不當時命而大窮乎天下，則深根寧極而待：此存身之道也。古之存身者，不以辯飾知，不以知窮天下，不以知窮德，危然處其所而反其性已，又何為哉！

這種用「與時俱化」的態度跳脫與世浮沉的糾纏，是建立在積極的自我修為之上的。只有積極的修為才能映照出世俗的無限糾結。〈山木〉篇又載：

莊周游於雕陵之樊，睹一異鵲自南方來者。翼廣七尺，目大運寸，感周之顙，而集於栗林。莊周曰：「此何鳥哉！翼殷不逝，目大不睹。」蹇裳躩步，執彈而留之。睹一蟬，方得美蔭而忘其身。螳螂執翳而搏之，見得而忘形；異鵲從而利之，見利而忘其真。莊周怵然曰：「噫！物固相累，二類相召也。」捐彈而反走，虞人逐而誶之。莊周反入，三日不庭。藺且從而問之，「夫子何為頃間甚不庭乎？」莊周曰：

> 「吾守形而忘身，觀於濁水而迷於清淵。且吾聞諸夫子曰：
> 『入其俗，從其俗。』今吾游於雕陵而忘吾身，異鵲感吾
> 顙，游於栗林而忘真。栗林虞人以吾為戮，吾所以不庭
> 也。」

莊子借螳螂捕蟬，異鵲在後的故事，說明世人容易「守形而忘身，觀於濁水而迷於清淵。」所以人要守「真」以擺脫人與人，人與物之間的關係之網，換句話說就是不要受外物之牽制干擾而忘記生命之真。

第二節　道化的政治論

莊子對政治的看法，仍是依循道化來思考的，首先他肯定一個道化的理想國，就是「至德之世」，一個道化的國君，就是「以天地為宗，以道德為主，以無為為常」。面對「僅免刑耳」的時代，莊子也提出了如何與國君相處的方法，但是最終目的仍在回歸道化，仍在無為。「材與不材之間」是莊子因時因地的權宜，是莊子不得已的處世哲學，但那是「似之而非」的，也就是說那是一個手段而已。最後仍將歸之於「與時俱化，而無肯專為」，也就是回歸道化流行而無為。

〈齊物論〉
故昔者堯問於舜曰：「我欲伐宗、膾、胥敖，南面而不釋然。其故何也？」舜曰：「夫三子者，猶存乎蓬艾之間。若

　　不釋然何哉！昔者十日並出，萬物皆照，而況德之進乎日者
　　乎！」

　　堯想要討伐三小國，卻是心神不寧，而向舜請教。舜以太陽為喻，
說出有心之做為，雖曰愛之適足以害之的道理。郭象注曰：「夫日
月雖無私於照，猶有所不及，德則無不得也。而今欲奪蓬艾之願而
伐使從己，於至道豈弘哉！故不釋然神解耳。若乃物暢其性，各安
其所安，無遠邇幽深，付之自若，皆得其極，則彼無不當而我無不
怡也。」㉘郭象認為主政者必須拋棄自己的主觀意見，萬物才能
「暢其性，各安其所安」，這是莊子政治思想的最核心觀念，〈齊
物論〉另一個「朝三暮四」的寓言，也是以強調「兩行」的基本觀
念，所謂兩行就是承認、尊重萬物自己本身的特質，而不是自以為
是。

　　太陽照物本無私焉，然過度照射的結果，反而傷害萬物，相同
的，德無私焉，然自以為是之德，欲強加之於他人，則他人反不能
發展其自己而受傷害。止庵先生說：「昔者十日並出，萬物皆照，
而況德之近乎日者乎，王闓運：日以照物，過照為災，所謂昭而不
道。進，甚也。日無心而德有心，故害甚於日，物無所容。」㉙王闓
運精準的說出「昭而不道」的觀念，正是莊子的用意。〈齊物論〉
篇說：「道昭而不道，言辯而不及，仁常而不成，廉清而不信，勇
忮而不成。五者圓而幾向方矣！」郭象注曰：「以此明彼，彼此俱

㉘　郭慶藩輯，《莊子集釋》，華正書局，頁 90。
㉙　止庵，《樗下讀莊》，東方出版社，頁 28。

失矣。」㉚主政者必須擺脫有心做為的想法，才能各安其所安。

壹、對政治的態度

政治的運作是必須依循道化而行的，半點不由人，這是莊子對政治本質的認知。這是莊子思想導出來的必然結果。當然我們必須再進一步探討莊子整個道化政治論的思想脈絡。這會讓我們更清楚他的想法與企圖。

首先我想先了解莊子對政治的態度，莊子對個人從事政治活動是持反對意見的。因為從政會被國君所束縛，而不能自由。司馬遷在〈老子韓非列傳〉中敘述莊子對楚威王的邀請為楚相這件事情的態度，他說：

> 千金，重利；卿相，尊位也。子獨不見郊祭之犧牛乎？養食
> 之數歲，衣以文繡，以入太廟。當是之時，雖欲為孤豚，豈
> 可得乎？子亟去，無汙我。我寧遊戲汙瀆之中以自快。無為
> 有國者所羈，終身不仕，以快無意焉。㉛

莊子以「犧牛」來比喻卿相的尊位，以「孤豚」來比喻不受政治束縛的自由人。「犧牛」與「孤豚」最大的區別就在自由。孤豚可以在野外泥濘地上遊戲，逍遙自快。反觀犧牛則是接受好的物質生活，卻是受人操縱，沒有自主權。可以看出莊子把從事政治當作是

㉚　郭慶藩輯，《莊子集釋》，華正書局，頁 87。
㉛　司馬遷，《史記·老子韓非列傳》，楊家駱主編，鼎文書局，頁 2145。

落入不自由的世界，所以選擇終身不仕。

　　其次，他認為政治活動是枝微末節的小事，所以當曹商向他炫耀獲得秦王贈送百輛馬車時，莊子毫不客氣地說：「秦王有病召醫，破癰潰痤者得車一乘，舐痔者得車五乘，所治愈下，得車愈多。子豈治其痔邪？何得車之多也？子行矣！」（〈列禦寇〉），這個諷刺是辛辣的。表面看起來是在挖苦曹商犧牲自己的人格而獲取爵祿，底子裡是在說明從事政治活動是一件沒有多大意義的事情。為了枝微末節的小事而洋洋得意，是一件可悲的事。就如郭象說的：「夫事下然後功高，功高然後祿重，故高遠恬淡者遺榮也。」❸❷王夫之也說：「此小夫之所以可悲也，豈特曹商哉？屑屑然為天下補救，皆治痔耳。」❸❸政治的活動說穿了就像治痔一樣。〈秋水〉篇當中也對惠施擔心其欲代其相位做了辛辣的批評。用「腐鼠」來比喻宰相的位置。其用意都是一樣的。

　　這或許是莊子喜好逍遙自在的個性，然而如果只做這樣的理解，那就可能忽略掉莊子內心最深層的意思。

　　〈山木〉
　　莊子衣大布而補之，正緳係履而過魏王。魏王曰：「何先生
　　之憊邪？」莊子曰：「貧也，非憊也。士有道德不能行，憊
　　也；衣弊履穿，貧也，非憊也，此所謂非遭時也。王獨不見
　　夫騰猿乎？其得柟梓豫章也，攬蔓其枝而王長其間，雖羿、

---

❸❷　郭慶藩輯，《莊子集釋》，華正書局，頁1050。
❸❸　王夫之，《莊子解》，里仁書局，頁273。

蓬蒙不能眄睨也。及其得柘棘枳枸之間也，危行側視，振動
悼慄，此筋骨非有加急而不柔也，處勢不便，未足以逞其能
也。今處昏上亂相之間，而欲無憊，奚可得邪？此比干之見
剖心徵也夫！

莊子以猿猴為例，說明一個有道的的讀書人不能行道德的困境在於
「時」，這個時的營造關鍵在國君，昏君亂相所造成的政治環境就
像「柘棘枳枸」，猿猴俐落的身手在有刺的「柘棘枳枸」之間，是
無能為力的，有識之士在昏君亂相之間更是疲憊不堪。莊子的重點
在期望國君要「無為」而治，提供一個好的環境，有好的環境每個
人也就能一展所長。莊子絕不是一個只會謾罵環境，而做自了漢的
自私者。他諷刺政治環境，嘲笑為官者，都只是一個目的，希望在
不能改變的君臣關係網中，執政者能體認「道」之自然無為，提供
一個好的環境，如此而已。莊子借天根與無名人的對話，說出這個
期盼。〈應帝王〉篇說：

天根游於殷陽，至蓼水之上，適遭無名人而問焉，曰：「請
問為天下。」無名人曰：「去！汝鄙人也，何問之不豫也！
予方將與造物者為人，厭，則又乘夫莽眇之鳥，以出六極之
外，而遊無何有之鄉，以處壙埌之野。汝又何帛以治天下感
予之心為？」又復問，無名人曰：「汝游心於淡，合氣於
漠，順物自然而無容私焉，而天下治矣。」

「天根」「無名」是莊子創造出來寄託其政治思想的人物，這段對

話可以看出莊子對有為的政治本身不認同，成玄英疏曰：「夫造物為人，素分各足，何勞作法，措意治之，既同於大通，故任而不助也。」莊子的世界是道的世界，道的世界是「素分各足」，不需「措意治之」的世界，有人說莊子是一個絕對的放任主義者，對自然人性充分的信任，所以反對有心為天下的行為，其實莊子的重點是在提醒執政者不要用私心，其興趣並不在人性內涵的分析。

莊子厭惡政治的原因，主要是政治以個人的意見加諸他人身上的一種強迫行為，這是「治外」，會造成人生之痛苦。

〈應帝王〉

肩吾見狂接輿。狂接輿曰：「日中始何以語女？」肩吾曰：「告我君人者，以己出經式義度，人孰敢不聽而化諸！」狂接輿曰：「是欺德也；其於治天下也，猶涉海鑿河而使蚊負山也。夫聖人之治也，治外乎？正而後行，確乎能其事者而已矣。且鳥高飛以避矰弋之害，鼷鼠深穴乎神丘之下以避熏鑿之患，而曾二蟲之無知！

「以己出經式義度」，就是指一切禮樂制度都由帝王制定，也就是以帝王一人之意見要天下人服從，但是莊子認為這是不自量力的做法，「猶涉海鑿河而使蚊負山也。」這不是正確的做法，這叫「欺德」，莊子心中的德是不外露的，如〈德充符〉篇講的「德不形」。這種形諸制度的「德」，是「欺誑之德非實道。」❸❹（〈成

---

❸❹ 郭慶藩輯，《莊子集釋》，華正書局，頁291。

玄英疏〉）是「以己制物，則物失其真。」❸❺（郭象注）

這種強迫人民聽從，「人孰敢不聽而化諸」的政治理念對莊子來說，那是「治外」，而不是治內。只有治內才能「全其性分。」❸❻（郭象注）「正而後行，確乎能其事者而已矣。」只要正己之行，順物之性，則天下事畢矣，又有何患？如果仍固執不通，不思由外反內，恐怕身遭刑戮而不自知，連鳥與鼷鼠避患之能力都不如。

尤有甚者，莊子認為政治常被操弄成恐怖的的環境，在〈人間世〉篇最後，莊子道出殘酷政治的可怕，「當今之世，僅免刑焉」，在這種政治環境下生活，生命是痛苦的，精神是苦悶的。

貳、理想國

莊子知道政治在現實社會是存在的，他承認它的存在，但他要解消政治所帶來的問題。首先他描述他心目中的理想國。

〈馬蹄〉

彼民有常性，織而衣，耕而食，是謂同德；一而不黨，命曰天放。故至德之世，其行填填，其視顛顛。當是時也，山無蹊隧，澤無舟梁；萬物群生，連屬其鄉；禽獸成群，草木遂長。是故禽獸可係羈而游，鳥鵲之巢可攀援而闚。夫至德之世，同與禽獸居，族與萬物並。惡乎知君子小人哉！同乎無知，其德不離；同乎無欲，是謂素樸。素樸而民性得矣。

---

❸❺　郭慶藩輯，《莊子集釋》，華正書局，頁291。
❸❻　郭慶藩輯，《莊子集釋》，華正書局，頁291。

這段文字強調幾個重點，一是「常性」、「同德」之描述，莊子把耕食織衣當作民之常性，這是自然之道的表述方式，莊子沒有抽理的敘述何謂常性，何謂同德？直接以日常之所需說之，有別把性與德當作對立之概念來理解者。直下說之，自然有之。二是「天放」之涵義，道生萬物，《老子·五十一章》：「長之育之，亭之毒之。」❸₇無有私覆，無有偏載。任其自然之本性而不出以己意，此謂「天放」。三是對至德之世的具體描述，人民知識未啟，沒有「物我之分」，所以禽獸與我同也，親近禽獸鳥鵲游之乎親近人類也，並無差別，這是「天地與我並生，萬物與我為一」（〈齊物論〉）的具體描寫。這個混化一同之境界是因為「無知」、「無欲」的「素樸」所造成，莊子借太古之世的描寫，勾勒至德之世的美好，後人知識大開，「道術為天下裂」（〈天下〉），「天地之純」（〈天下〉）不復見矣。

〈胠篋〉

子獨不知至德之世乎？昔者容成氏、大庭氏、伯皇氏、中央氏、栗陸氏、驪畜氏、軒轅氏、赫胥氏、尊盧氏、祝融氏、伏犧氏、神農氏，當是時也，民結繩而用之。甘其食，美其服，樂其俗，安其居，鄰國相望，雞狗之音相聞，民至老死而不相往來。若此之時，則至治已。

---

❸₇　余培林，《新譯老子讀本》，三民書局，頁86。

此段文字「結繩」以下皆用老子語❸，列舉上古聖人之治皆能無知無欲，安居樂俗，甘食美服，無外求也。郭象注曰：「無求之至」❸也。

〈繕性〉

古之人，在混芒之中，與一世而得澹漠焉。當是時也，陰陽和靜，鬼神不擾，四時得節，萬物不傷，群生不夭，人雖有知，無所用之，此之謂至一。當是時也，莫之為而常自然。

這三段文字有共同的特點，就是純樸敦厚，無私無我，無知無欲，與物為一，相忘於自然無為的環境中，如成玄英所言：「夫太上淳和之世，邃初至德之時，心既遣於是非，形亦忘乎物我，所以守真內足，填填而處無為，自不外求，巔巔而游於虛淡。……當是時，即至德之世也。」❹

顯然的莊子的理想國就是道化的世界，沒有人為的造作與有心作為。所以這三段文字的描述接著就是一個強烈的對比，莊子要告訴我們理想國是如何失去的，失去的理想國是一個怎樣的悲慘國度。

---

❸　《老子·八十章》：「小國寡民，使有十伯之器而不用，使民重死而不遠徙。雖有舟輿，無所乘之；雖有甲兵，無所陳之。使民復結繩而用之。甘其食，美其服，安其居，樂其俗。鄰國相望，雞犬之聲相聞，民至老死不相往來。」余培林，《新譯老子讀本》，三民書局，頁117。

❸　郭慶藩輯，《莊子集釋》，華正書局，頁358。

❹　郭慶藩輯，《莊子集釋》，華正書局，頁335。

〈馬蹄〉

及至聖人，蹩躠為仁，踶跂為義，而天下始疑矣。澶漫為樂，摘辟為禮，而天下始分矣。故純樸不殘，孰為犧尊！白玉不毀，孰為珪璋！道德不廢，安取仁義！性情不離，安用禮樂！五色不亂，孰為文采！五聲不亂，孰應六律！夫殘樸以為器，工匠之罪也；毀道德以為仁義，聖人之過也。

〈胠篋〉

今遂至使民延頸舉踵，曰「某所有賢者」，嬴糧而趣之，則內棄其親，而外去其主之事，足跡接乎諸侯之境，車軌結乎千里之外。則是上好知之過也。上誠好知而無道，則天下大亂矣。

〈繕性〉

逮德下衰，及燧人、伏羲始為天下，是故順而不一。德又下衰，及神農、黃帝始為天下，是故安而不順。德又下衰，及唐、虞始為天下，興治化之流，澆淳散朴，離道以善，險德以行，然後去性而從於心。心與心識知而不足以定天下，然後附之以文，益之以博。文滅質，博溺心，然後民始惑亂，無以反其性情而復其初。

把前面三段描述理想國的文章對照緊接著這三段，明顯的莊子把理想國的失去歸罪於有國者的有心作為，當聖人開始提倡仁義、禮樂時，百姓純樸、互信的本性就開始分別、互疑，有國者開始使用智

慧治國時，天下就大亂了。所以歸結說：「文滅質，博溺心，然後民始惑亂，無以反其性情而復其初。」「上誠好知而無道，則天下大亂矣。」「毀道德以為仁義，聖人之過也。」

有心作為就是對大道的不知不識，〈繕性〉篇接著說：「由是觀之，世喪道矣，道喪世矣，世與道交相喪也。道之人何由興乎世，世亦何由興乎道哉！」大道的淪喪讓淳和之世不復再現，澆浮有為之世讓大道越離越遠。

參、無爲而治

正如〈應帝王〉篇所載：「汝游心於淡，合氣於漠，順物自然而無容私焉，而天下治矣。」莊子對執政者的要求著重在「自然無為」。〈應帝王〉篇又載：

> 陽子居見老聃，曰：「有人於此，嚮疾彊梁，物徹疏明，學道不倦。如是者，可比明王乎？」老聃曰：「是於聖人也，胥易技係，勞形怵心者也。且也虎豹之文來田，蝯狙之便執狸之狗來藉。如是者，可比明王乎？」陽子居蹵然曰：「敢問明王之治。」老聃曰：「明王之治：功蓋天下而似不自己，化貸萬物而民弗恃；有莫舉名，使物自喜；立乎不測，而游於無有者也。」

此段重點在強調勤於外求者，雖為學道，然終不自見。執政者有心作為，自以為可以幫助天下蒼生者，殊不知調動天下人而歸之，造成百姓之依賴而失其自己之本性，此是「勞形怵心」，徒勞無功的

行為。王夫之說:「知而徹,為而勤,皆自為名,以致天下之來求。天下捨其確然之能而來求,則天下皆喪其真。故待人哺者不飽,待人教者不明。應帝王者,以帝王為跡,寓於不得已而應之,不招物之來,物將不來。物不來則反而自能其事,澹漠之德,功化莫尚矣。」❹萬物變化無已,無跡可尋,明王「立乎不測」,正是這種體悟,讓萬物成全其自己,而不知其功化也。

〈天道〉

　　天道運而無所積,故萬物成;帝道運而無所積,故天下歸;聖道運而無所積,故海內服。明於天,通於聖,六通四辟於帝王之德者,其自為也,昧然無不靜者矣!聖人之靜也,非曰靜也善,故靜也;萬物無足以鐃心者,故靜也。水靜則明燭鬚眉,平中準,大匠取法焉。水靜猶明,而況精神!聖人之心靜乎!天地之鑒也,萬物之鏡也。夫虛靜恬淡寂漠無為者,天地之平而道德之至也。故帝王聖人休焉。休則虛,虛則實,實則倫矣。虛則靜,靜則動,動則得矣。靜則無為,無為也,則任事者責矣。無為則俞俞。俞俞者,憂患不能處,年壽長矣。夫虛靜恬淡寂漠無為者,萬物之本也。明此以南鄉,堯之為君也;明此以北面,舜之為臣也。以此處上,帝王天子之德也;以此處下,玄聖素王之道也。以此退居而閒遊江海,山林之士服;以此進為而撫世,則功大名顯而天下一也。靜而聖,動而王,無為也而尊,樸素而天下莫

❹　王夫之,《莊子解》,里仁書局,頁72。

　　能與之爭美。夫明白於天地之德者，此之謂大本大宗，與天
　　和者也；所以均調天下，與人和者也。與人和者，謂之人
　　樂；與天和者，謂之天樂。

這段話首先對動、靜、虛、無的關係作個說明，最後歸結「夫虛靜
恬淡寂漠無為者，萬物之本也」。以此為基礎則之君臣之理。宣穎
曰：「前面要說無為，先託出靜字一層，要說靜字，先託出運而無
所積一層，夫靜之為無為，人所易知也。運而無所積，人所未易知
也，運而無所積，則純是動，何以言無不靜耶？此處須親見得運而
無所積之體，則劃然矣。運而無所積乃至一者為之也，倘有二則不
能運矣，則有所積矣。故道者其為物不貳也，不貳者一也，一則靜
也。可見運處即是靜，靜處正是運，動靜一機，非達天德者，其孰
能知之？既出靜字，上面又天一虛字者，靜之功所由入也。夫而後
從虛落靜，從靜落無為，虛靜無為，渾融一體，蓋其精微有如此
者。後面既說無為，卻又非掃卻有為，但無為者處上之道，有為者
任下之道，上所自處者，本也；下所分任者，末也。迤邐說去，只
要明得本末二字，除卻虛靜無為，凡一切有為之跡，都是末學，本
所當先，末所當後，蓋末非要有一物，可與本相對，是從本上一層
一層落下去的。愈到下面，愈落得粗了，道之次序如此，雖曰古人
不廢，奈何為帝王聖人者，可舍所先而逐其後哉，其明劃的確有如
此者。」❷

---

❷　宣穎，《莊子南華經解》，嚴靈峰輯，《無求備齋老列莊三子集成補編》，
　　成文出版社，頁 341－342。

〈天道〉

夫帝王之德，以天地為宗，以道德為主，以無為為常。無為
也，則用天下而有餘；有為也，則為天下用而不足。故古之
人貴夫無為也。上無為也，下亦無為也，是下與上同德。下
與上同德則不臣。下有為也，上亦有為也，是上與下同道。
上與下同道則不主。上必無為而用天下，下必有為為天下
用。此不易之道也。故古之王天下者，知雖落天地，不自慮
也；辯雖雕萬物，不自說也；能雖窮海內，不自為也。天不
產而萬物化，地不長而萬物育，帝王無為而天下功。故曰：
莫神於天，莫富於地，莫大於帝王。故曰：帝王之德配天
地。此乘天地，馳萬物，而用人群之道也。

此段乃論本末先後之理也。帝王知本而無為，臣道有為以任事。
「本在於上，末在於下；要在於主，詳在於臣。三軍五兵之運，德
在末也；賞罰利害，五刑之辟，教之末也；禮法度數，形名比詳，
治之末也；鐘鼓之音，羽旄之容，樂之末也；哭泣衰絰，隆殺之
服，哀之末也。此五末者，須精神之運，心術之動，然後從之者
也。」（〈天道〉）此無為而無不為之義也。王夫之認為這是莊子後
學之說也，妄作分別，不能齊而休乎天鈞。他說：「莊子之說，合
上下、隱顯、貴賤、小大、而通於一。此篇以無為為君道，有為為
臣道，則剖道為二，而不休於天鈞。」⑱王之說滯矣，蓋莊子論人
間世，多「材與不材」之權宜，然終歸諸於無為道化，必如是觀而

---

⑱　王夫之，《莊子解》，里仁書局，頁114。

後不黏滯矣。

〈天地〉

天地雖大，其化均也；萬物雖多，其治一也；人卒雖眾，其
主君也。君原天德而成於天。故曰：玄古之君天下，無為
也，天德而已矣。以道觀言而天下之君正，以道觀分而君臣
之義明，以道觀能而天下之官治，以道汎觀而萬物之應備。
故通於天地者，德也；行於萬物者，道也；上治人者，事
也；能有所藝者，技也。技兼於事，事兼於義，義兼於德，
德兼於道，道兼於天。故曰：古之畜天下者，無欲而天下
足，無為而萬物化，淵靜而百姓定。《記》曰：「通於一而
萬事畢，無心得而鬼神服。」

天地萬物都在大道循環中，此「天地與我並生，萬物與我為一」之
義也。國君知天地之間只此一理，則萬物雖眾，其治一也。國君知
此道化之理，所以治眾無為。此若「天德」之流行也。天德流行而
為萬物之眾，而有不同之形質，因不同之形質而有不同之任事，此
為人間世之百官眾技也。此從道之「分」而言也。國君治人無為，
因其本性，物各率其能，皆得其所適，若道化流行，萬物各暢其生
也。故曰「無欲而天下足，無為而萬物化，淵靜而百姓定」。

〈馬蹄〉

馬，蹄可以踐霜雪，毛可以御風寒。齕草飲水，翹足而陸，
此馬之真性也。雖有義臺路寢，無所用之。及至伯樂，曰：

「我善治馬。」燒之，剔之，刻之，雒之。連之以羈馽，編之以皁棧，馬之死者十二三矣；飢之，渴之，馳之，驟之，整之，齊之，前有橛飾之患，而後有鞭筴之威，而馬之死者已過半矣！陶者曰：「我善治埴。圓者中規，方者中矩。」匠人曰：「我善治木。」曲者中鉤，直者應繩。夫埴木之性，豈欲中規矩鉤繩哉？然且世世稱之曰：「伯樂善治馬，而陶匠善治埴木。」此亦治天下者之過也。

郭象注曰：「世以任自然而不加巧者為不善於治也，揉曲為直，屬駕習驥，能為規矩以矯拂其性，使死而後已，乃謂之善治也，不亦過乎！」❹陸西星說：「夫天下之物性有常然，自適其適者，可以養生，可以盡年，故以馬設譬，……然則治天下者，胡為貿貿焉以損天下之性為哉？」❺

〈馬蹄〉

吾意善治天下者不然。彼民有常性，織而衣，耕而食，是謂同德；一而不黨，命曰天放。故至德之世，其行填填，其視顛顛。當是時也，山無蹊隧，澤無舟梁；萬物群生，連屬其鄉；禽獸成群，草木遂長。是故禽獸可係羈而游，鳥鵲之巢可攀援而闚。夫至德之世，同與禽獸居，族與萬物並。惡乎知君子小人哉！同乎無知，其德不離；同乎無欲，是謂素

---

❹　郭慶藩輯，《莊子集釋》，華正書局，頁334。
❺　陸西星，《莊子南華真經副墨》，自由出版社，頁344。

樸。素樸而民性得矣。

郭象注曰：「以不治治之，乃善治也。夫民之德，小異而大同。故性之不可去者，衣食也；事之不可廢者，耕織也，此天下之所同而為本者也。守斯道者，無為之至也。」❹純樸之本性與社會，來自於百姓的「同乎無知，其德不離；同乎無欲，是謂素樸。素樸而民性得矣。」相反的當聖人開始強調有為之後，一切就改觀了。

〈天道〉

聖人之靜也，非曰靜也善，故靜也；萬物無足以鐃心者，故靜也。水靜則明燭鬚眉，平中準，大匠取法焉。水靜猶明，而況精神！聖人之心靜乎！天地之鑒也，萬物之鏡也。夫虛靜恬淡寂漠無為者，天地之平而道德之至也。故帝王聖人休焉。休則虛，虛則實，實則倫矣。虛則靜，靜則動，動則得矣。靜則無為，無為也，則任事者責矣。無為則俞俞。俞俞者，憂患不能處，年壽長矣。夫虛靜恬淡寂漠無為者，萬物之本也。明此以南鄉，堯之為君也；明此以北面，舜之為臣也。以此處上，帝王天子之德也；以此處下，玄聖素王之道也。以此退居而閒遊江海，山林之士服；以此進為而撫世，則功大名顯而天下一也。靜而聖，動而王，無為也而尊，樸素而天下莫能與之爭美。

---

❹　郭慶藩輯，《莊子集釋》，華正書局，頁334。

〈天運〉

天有六極五常，帝王順之則治，逆之則凶。

唐君毅先生說：「循莊子言心、言知、言道之思想之發展，其必歸於政治上之上放任無為，亦勢所不至。蓋莊子之問題，不自人民之具體之飲食男女之問題著眼，亦原不亟亟於治天下，而各以其所謂仁義是非，黥劓天下人之心，乃使人各失其性命之情。在莊子之時代，人以其私欲，與其言仁義是非之心，相夾雜而俱行；亦蓋實有愈言仁義，而愈陷於不仁不義，愈言是非，而是非愈淆亂者。故莊子天運篇言，古之治天下者曰：黃帝之治天下，使『民心一』，……堯之治天下，使『民心親』，……舜之治天下，使『民心競』，禹之治天下，使『民心變』。至今『而人有心而兵有順』，『天下大駭，儒墨皆起』。是則愈言治天下，而殺伐之兵愈起矣。故墨子之欲依同天下之義，強刮而不舍，以『上說下教』，固為莊子所笑。儒者之言仁義者，『若擊鼓而求亡子焉』者，自亦為莊子所視為多事。而『一心定而王天下，一心定而萬物服』，『游心於淡，合氣為漠，順物自然，無容私焉』，為應帝王之道之言。亦在所必出。莊子言心之論，既重在去心之桎梏，則其論政治重在解除人民之桎梏，而以不治天下治天下，以無為為無不為，固理之所必至。」❼

　徐復觀先生認為莊子對政治的態度也是無為。他說：「不是根本否定它，乃是繼承老子無為之旨，在積極方面，要成就每一個人的個性，在消極方面，否定一切干涉性的措施。……莊子所要成就

---

❼　唐君毅，《中國哲學原論・導論篇》，臺灣學生書局，頁110。

的，乃是向內展開的，向道與德上昇的個性，這在他，便稱之為
『安其性命之情』（〈在宥〉）。能安其性命之情，亦即是使人能從
政治壓迫中解放出來以得到自由。」**⑱**

肆、材與不材的權宜

包兆會先生說：「莊子這種情感上對政治徹底拒絕而理智上又
承認政治行為具有某種合法性的矛盾，在評介孔子其人行為時也有
所反映，它一方面借老子、田圃老人等口冷嘲熱諷孔子，譏笑他的
治國方針，認為他『身之不能治，而何暇治天下乎？』（〈天
地〉）；另一方面，他又在〈寓言〉篇莊子為惠子曰段中對『孔子
行年六十而六十化』的境界表示過欽佩。莊子曰：『孔子謝之矣，
而其未之嘗言也，孔子云：夫受才乎大本，復靈以生，鳴而當律，
言而當法。利義陳乎前，而好惡是非直服人之口而已矣。使人乃以
心服而不蘁，立定天下之定。已乎，已乎！吾且不得及彼乎！』他
所嚮往的是孔子在對待政治及一切人事上所達到的『從心所欲不逾
矩』的境界。」**⑲**

莊子羨慕孔子面對政治及人事上能「從心所欲不逾矩」，那是
莊子道化政治理論的理想境界，莊子認為政治制度的存在是一種命
的必然，君臣關係是無所逃於天地之間的。

---

⑱　徐復觀，《中國人性論史》，臺灣商務印書館，頁 409。
⑲　包兆會，《莊子生存論美學思想研究》，南京大學出版社，頁 75。

〈人間世〉

仲尼曰：「天下有大戒二：其一，命也；其一，義也。子之
愛親，命也。不可解於心；臣之事君，義也，無適而非君
也，無所逃於天地之間，是之謂大戒。是以夫事其親者，不
擇地而安之，孝之至也；夫事其君者，不擇事而安之，忠之
盛也。自事其心者，哀樂不易施乎前，知其不可奈何而安之
若命，德之至也。為人臣子者，固有所不得已。行事之情而
忘其身，何暇至於悅生而惡死！夫子其行可矣！」

因為「無適而非君也，無所逃於天地之間」，所以「事其君者，不
擇事而安之」。莊子認為宇宙間的萬事萬物，都是道化之流行，都
是「命」，在這個前提之下，君臣、父子的關係當然也是命之流
行。〈天地〉篇說：「天地雖大，其化均也；萬物雖多，其治一
也；人卒雖眾，其主君也。」人的世界，有君臣關係之形成也是一
種自然的現象，莊子並不認為這種關係有什麼對錯，重要的是國君
應該如道之化身，以化百姓，〈天地〉篇說：

君原天德而成於天。故曰：玄古之君天下，無為也，天德而
已矣。以道觀言而天下之君正，以道觀分而君臣之義明，以
道觀能而天下之官治，以道汎觀而萬物之應備。故通於天地
者，德也；行於萬物者，道也。

憨山釋德清對於這一點理解不清楚，以為莊子不反對忠孝，乃是通
達世故的證明。這是一個很大的誤解。他說：

　　莊子全書，皆以忠孝為要名譽，喪失天真之不可尚者，獨人
間世一篇則極盡其忠孝之實，一字不可易者，誰言其人不達
世故，而恣肆其志耶，且借重孔子之言者，何嘗侮聖人哉？
蓋學有方內方外之分，在方外必以放曠為高，特要歸大道
也。若方內，則於君臣父子之分，一毫不敢假借者，以世之
大經大法不可犯也，此所謂世出世間之道，無不包羅，無不
盡理，豈可以一概目之哉。❺⓿

　憨山釋德清的註解點出一個重點，是理解莊子很重要的觀念，所以
這裡特別拿出來討論、釐清。憨山認為〈人間世〉重視忠孝，和其
他篇章不同，這是莊子「通達世故」，不只是「恣肆其志」之證
明。把「通達世故」與「恣肆其志」當成莊子生命中兩個不同特
質，這是把莊子的生命型態平面化了，那是量化的世界，是可以二
分、三分甚至無窮分類的世界。平面化的生命就是只在「材與不
材」之間找出路的層次。那是權宜、是過程不是目的。憨山理解不
徹，所以底下又說出「方內」「方外」之分別。這是對莊子的誤
解。〈天下〉篇說莊子：「獨與天地精神往來，而不敖倪於萬物，
不譴是非，以與世俗處。」「獨與天地精神往來」是本是體，「不
敖倪於萬物，不譴是非，以與世俗處」是末是用。只有掌握莊子思
想的根本與開展，才能正確的掌握他所說的每一句話的涵義與定
位。

---

❺⓿　憨山釋德清，《莊子內篇注》，卷三，廣文書局，頁 25－26。

伍、君主與仁義

　　莊子看到社會的混亂來自於昏君亂相所造成，他們之所以敢於竊國柄，行暴虐，就在於他們打著仁義的招牌，行一己之私。儒家聖人們制定的仁義禮法成了他們竊國殘害天下的藉口，莊子犀利的撕開統治者的偽裝，使他們原形畢露。莊子透過歷史的表象探究事實的本質，從而發現問題的癥結，這是莊子能準確的掌握政治本質的原因。〈胠篋〉篇云：

> 　　將為胠篋探囊發匱之盜而為守備，則必攝緘縢，固扃鐍，此世俗之所謂知也。然而巨盜至，則負匱揭篋擔囊而趨，唯恐緘縢扃鐍之不固也。然則鄉之所謂知者，不乃為大盜積者也？故嘗試論之，世俗之所謂知者，有不為大盜積者乎？所謂聖者，有不為大盜守者乎？……何以知其然邪？昔者龍逢斬，比干剖，萇弘胣，子胥靡。故四子之賢而身不免乎戮。故跖之徒問跖曰：「盜亦有道乎？」跖曰：「何適而無有道邪？」夫妄意室中之藏，聖也；入先，勇也；出後，義也；知可否，知也；分均，仁也。五者不備而能成大盜者，天下未之有也。」由是觀之，善人不得聖人之道不立，跖不得聖人之道不行；天下之善人少而不善人多，則聖人之利天下也少而害天下也多。故曰：唇竭則齒寒，魯酒薄而邯鄲圍，聖人生而大盜起。掊擊聖人，縱舍盜賊，而天下始治矣。夫川竭而谷虛，丘夷而淵實。聖人已死，則大盜不起，天下平而無故矣！聖人不死，大盜不止。雖重聖人而治天下，則是重

> 利盜跖也。為之斗斛以量之，則并與斗斛而竊之；為之權衡
> 以稱之，則并與權衡而竊之；為之符璽以信之，則并與符璽
> 而竊之；為之仁義以矯之，則并與仁義而竊之。何以知其然
> 邪？彼竊鉤者誅，竊國者為諸侯，諸侯之門而仁義存焉。則
> 是非竊仁義聖知邪？

智者的所作所為往往成為政治人物利用的工具，所以莊子說：「聖
人生而大盜起」，甚至說出「聖人不死，大盜不止」的重話。「竊
國者為諸侯，諸侯之門而仁義存焉」更是一句流傳千古的名言了。
可見政治人物的修養更甚於制度，這也是中國幾千年來的政治特
色。〈應帝王〉篇載：

> 肩吾見狂接輿。狂接輿曰：「日中始何以語女？」肩吾曰：
> 「告我君人者，以己出經式義度，人孰敢不聽而化諸！」狂
> 接輿曰：「是欺德也；其於治天下也，猶涉海鑿河而使蚊負
> 山也。夫聖人之治也，治外乎？正而後行，確乎能其事者而
> 已矣。且鳥高飛以避矰弋之害，鼷鼠深穴乎神丘之下以避熏
> 鑿之患，而曾二蟲之無知！」

日中始告訴肩吾為君之道是「出經式義度」，就是制定典法，以仁
義法度治天下。狂接輿認為這是一個錯誤的指導，要治天下必須先
修其本性，這是大本大根，這叫「正而後行」，否則訂定仁義法
度，那是「治外」，那是捨本逐末。

陸、知天樂而後能爲政

〈天道〉

夫明白於天地之德者，此之謂大本大宗，與天和者也；所以
均調天下，與人和者也。與人和者，謂之人樂；與天和者，
謂之天樂。莊子曰：「吾師乎，吾師乎！韲萬物而不為戾，
澤及萬世而不為仁，長於上古而不為壽，覆載天地、刻雕眾
形而不為巧。」此之謂天樂。故曰：『知天樂者，其生也天
行，其死也物化。靜而與陰同德，動而與陽同波。』故知天
樂者，無天怨，無人非，無物累，無鬼責。故曰：『其動也
天，其靜也地，一心定而王天下；其鬼不祟，其魂不疲，一
心定而萬物服。』言以虛靜推於天地，通於萬物，此之謂天
樂。天樂者，聖人之心，以畜天下也。」

　　一個能夠明白大本大宗的天道和均平調和天下的人，即能得天
地之和與人群之和。也就能得天樂和人樂。這種修養的人來治理天
下，必能王天下而且萬物服。因謂他們的修養已到「心定」的境
界。心定虛靜之人必能了解百姓知心，也就能把天下治理得好。所
以說：「天樂者，聖人之心，以畜天下也。」蕭公權先生說：「老
莊思想均明『為我』之旨。老子以濡弱謙下之術保障個人之自存，
又立無為之術，以保障一適宜於個人自存之社會環境。然老子所求
個人『常保』『不殆』之目的，事實上殊不易達到，蓋人事錯綜繁
複，變化莫測。個人身處其中欲求千妥萬全之計，絕不可能。況厚
生貴己之情愈切，則安危存亡之念愈篤。個人縱得僥倖長保，亦不

免沉浮於憂患之中，雖有生而無足欣樂。莊子殆有見於老學之缺點，乃破除拘執之為我思想而發為齊物外生之說，於是『天樂』『逍遙』遂為人生之最高境界，而『常保』『不殆』降居次要之地位。」㉛

㉛ 蕭公權，《中國政治思想史》，中國文化大學出版部，1980年10月，頁175－176。

第五章　道化的理想人格

　　莊子在〈逍遙游〉篇中列舉了四種不同類型的人，比較說明了他心目中的理想人物內涵。他說：

> 夫知效一官，行比一鄉，德合一君，而徵一國者，其自視也亦若此矣。而宋榮子猶然笑之。且舉世而譽之而不加勸，舉世而非之而不加沮，定乎內外之分，辯乎榮辱之竟，斯已矣。彼其於世，未數數然也。雖然，猶有未樹也。夫列子御風而行，泠然善也，旬有五日而反。彼於致福者，未數數然也。此雖免乎行，猶有所待者也。若夫乘天地之正，而御六氣之辯，以遊無窮者，彼且惡乎待哉！故曰：至人無己，神人無功，聖人無名。

　　所謂「知效一官，行比一鄉，德合一君，而徵一國者」，其生命型態是著眼於社會價值的，他在乎的是社會的眼光，這是外在的。莊子給予的評價是「其自視也亦若此矣」，就好像蜩與學鳩對自己的要求一樣，這是生命的境界中的「小知」，宋榮子瞧不起這種人，其境界是「定乎內外之分，辯乎榮辱之境」，然定內外之分則猶有己也，辯榮辱之境尚有功、名在心也，在意人我之分與功名之別，

此仍是社會性的，此宋榮子尚未能達於逍遙之境的原因。至於列子
「御風而行」，泠然清妙，超越人世間的是非榮辱，擺脫社會價值
的束縛，卻仍有所不足，因為他還有一個「我」在，也就是說他的
生命與自然仍然有隔，所以還是有「待」，最後莊子提出一個「乘
天地之正，而御六氣之辯」的境界，這個境界是「無己」、「無
功」、「無名」的境界，也就是超越社會價值與自我限制的境界。
成玄英疏曰：「虛懷體道，故能乘兩儀之正理，順萬物之自然，御
六氣以逍遙，混群靈以變化。苟無物而不順，亦何往而不通哉！明
澈於無窮，將於何有而有待者也。」❶莊子的理想人格是一個能超
越形體之拘限與社會價值之上的人格，這種境界是渾然與天地萬物
合而為一的，與道化共流行而無隔。

　　憨山釋德清說：「逍遙者，廣大自在之意，即如佛經無礙解
脫，佛以斷盡煩惱為解脫，莊子以超脫形骸，泯絕知巧，不以生人
一身功名為累為解脫，蓋指虛無自然為大道之鄉，為逍遙之
境。……唯有真人能遊於此廣大自在之場者，即下所謂大宗師即其
人也。世人不得如此逍遙者，只被一個我字拘礙，故凡有所為，只
為自己一身上求功求名，自古及今，舉世之人，無不被此三件事苦
了一生，何曾有一息之快活哉？獨有大聖人，忘了此三件事，故得
無窮廣大自在逍遙快活。」❷支遁說：「夫逍遙者，明至人之心
也。」都說出了莊子期待的最高人生境界，就是「逍遙」。

---

❶　郭慶藩輯，《莊子集釋》，華正書局，頁20。
❷　憨山釋德清，《莊子內篇注》，卷一，廣文書局，頁1－2。

第一節　逍遙的境界

壹、逍遙的涵義

有關莊子逍遙之涵義，歷來見解分歧，劉義慶《世說新語》文學類云：「莊子逍遙篇舊是難處。諸名賢所可鑽味，而不能拔理於郭、向之外，支道林在白馬寺之中，將馮太常共語，因及逍遙。支卓然標新理於二家之表，立異議於重賢之外，皆是諸名賢尋味之所不得，後遂用支理。」❸劉孝標於此條下注云：

> 向子期，郭子玄曰：夫大鵬之上九萬，尺鷃之起榆枋，小大雖差，各任其性。苟當其份，逍遙一也。然物之芸芸，同資有待。得其所待，然後逍遙耳。唯聖人與物冥而循大變，為能無待而常通。豈獨自通而已？又從有待者，不失其所待。不失，則同於大通矣。

支遁逍遙論曰：

> 夫逍遙者，明至人之心也。莊生建言大道，而寄指鵬鷃，鵬以營生之路曠，故失適於體外，鷃以在近而笑遠，有矜伐於心內。至人乘天正而高興，遊無窮於放浪。物物而不物於物，則遙然不我得，玄感不為，不疾而速，則逍然靡不適，

---

❸　郭慶藩輯，《莊子集釋》，華正書局，頁 1。

　　此所以為逍遙也。若夫有欲當其所足，足於所足，快然有似
天真，猶飢者一飽，渴者一盈，豈忘烝嘗於糗糧，絕觴爵於
醪醴哉。苟非至足，豈所以逍遙乎！❹

郭、向、支遁處理莊子「逍遙」的涵義從四方面說：
　　一、萬物各任其性，皆可逍遙。
　　二、萬物得其所待，然後逍遙。
　　三、聖人能做修養工夫而得真正之逍遙。
　　四、聖人無為功化，保障萬物得其所待而逍遙。
　　首先郭、向認為萬物皆以自然為本性，「故大鵬之能高，斥鷃
之能下，椿木之能長，朝菌之能短，凡此皆自然之所能，非為之所
能也。」這都是不為而自能的，只要各任其性，則不分大小皆可逍
遙，「夫小大雖殊，而放於自得之場，則物任其性，事稱其能，各
當其分，逍遙一也。豈容勝負於其間哉？」❺「夫大鵬之上九萬
里，尺鷃之起榆枋，小大雖差，各任其性。苟當其分，逍遙一
也。」❻郭象於此有「理有至分，物有定極」之說，「夫質小者，
所資不待大，則質大者，所用不得小矣。故理有至分，物有定極。
各足稱事，其濟一也。若乃失乎忘生之主，而營生於至當之外，事
不任力，動不稱情，則雖垂天之翼，不能無窮，決起之飛，不能無

---

❹　郭慶藩輯，《莊子集釋》，華正書局，頁 1。
❺　郭慶藩輯，《莊子集釋》，華正書局，頁 1。
❻　劉義慶，《世說新語》（四部備要，臺北，中華書局），卷上，文學第四，
　　頁 14－15。劉孝標注。

困矣。」❼因有「至分」、「定極」之自然，故「小大雖殊，逍遙
一也」。

其次是有待、無待之問題，現實中萬物不論大小，皆有所待。
郭、向認為只要有待而不得滿足即不能逍遙，反之得其所待，或說
滿足其所待，即可得其逍遙。「苟有待焉，則雖列子之輕妙，猶不
能以無風而行，故必得其所待，然後逍遙耳，而況大鵬乎！」郭、
向又說：「苟足於其性，則雖大鵬無以自貴於小鳥，小鳥無羨於天
池，而榮願有餘矣。故小大雖殊，逍遙一也。」❽「足於其性」和
「必得其所待」都是指的滿足其所待之意思。但是支遁不做如此
解，他認為逍遙一定要真正的通透的至人才可能辦到，「夫逍遙
者，明至人之心也。」普通的有待的短暫滿足，不可能得到逍遙，
所謂「飢者一飽，渴者一盈，豈忘烝嘗於糗糧，絕觴爵於醪醴
哉。」所以它他認為一定要徹底的消解一切有待的束縛，才能得真
正的逍遙。「苟非至足，豈所以逍遙乎！」

牟宗三先生看法接近支遁。他說：「落於對待方式下觀萬物，
則一切皆在一比較串中。此為比較串中大小之依待，長短、夭壽、
高下串中之依待亦然，此為量的形式關係中之依待。在量的形式關
係中之依待所籠罩之『現實存在』又皆有其實際條件之依待。此為
質的實際關係中之依待。在此兩種依待方式下觀萬物，則無一是無
待而自足者。亦即無一能逍遙而自在。大鵬之上九萬，固是有待，

---

❼ 見郭象注〈逍遙游〉：「且夫水之積也不厚，則其負大舟也無力」一段注
　　文。郭慶藩輯，《莊子集釋》，華正書局，頁7。

❽ 郭慶藩輯，《莊子集釋》，華正書局，頁9。

即列子『御風而行，泠然善也』，亦還是有待。此蓋為實際存在所必有之限制。依莊子，逍遙必須是在超越或破除此兩種依待之限制中顯，此為逍遙之『形式定義』。郭注所謂『放於自得之場，……各當其分，逍遙一也』，此中所謂『自得』，所謂『當分』，亦是超越或破除此兩種依待之限制中的話。故亦是逍遙之形式的定義。」❾

　　牟先生引郭、向的話：「夫小大雖殊，而放於自得之場，則物任其性，事稱其能，各當其分，逍遙一也，豈容勝負於期間哉！」說明其「自得」與「當分」「亦是超越或破除此兩種依待之限制中的話」，這句話是支遁的意思，當然也是郭、向的意思。但是它並不認同郭、向的滿足有待而得逍遙之說，他說：「然物之芸芸，同資有待。得其所待，然後逍遙耳。」此實不可說逍遙，就像支遁所說的「猶飢者一飽，渴者一盈，豈忘烝嘗於糗糧，絕觴爵於醪醴哉。」❿

　　所以郭象接著說明只有聖人可以超越或破除這個限制，而真正逍遙。「唯聖人與物冥而循大變者，為能無待而常通，」牟宗三先生說：「此即明標『唯聖人』始能超越或破除此限制網，而至真正之逍遙。然則真正之逍遙絕不是限制網中現實存在上的事，而是修養境界上的事，此屬於精神生活之領域，不屬於現實物質生活之領域。此為逍遙之真實定義。」⓫

---

❾　牟宗三，《才性與玄理》，臺灣學生書局，頁 181－182。

❿　牟宗三，《才性與玄理》，臺灣學生書局，頁 182。

⓫　牟宗三，《才性與玄理》，臺灣學生書局，頁 182。

　　郭象言「豈獨自通而已哉，又順有待者，使不失其所待，所待不失，則同於大通矣。故有待無待，吾所不能齊也，至於各安其性，天機自張，受而不知，則吾所不能殊也。夫無待猶不足以殊有待，況有待者之巨細乎！」牟宗三先生說：

> 此言聖人（或至人）無為而治之功化，「聖人與物冥而循大變」，「絕聖而後聖功全，棄仁而後仁德厚」。（王弼「老子微旨略例」語）不以仁義名利好尚牽拽天下，則物物含生抱樸，各適其性，此即所謂「從有待者，不失其所待」。❷

劉光義先生說：「鳥飛戾天，魚遊入淵，物各有性，盡性皆樂。此成玄英疏逍遙游篇曰：『魚游於水，鳥棲於陸，各率其性，物皆逍遙』；亦同篇褚伯秀管見謂：『物我之性本同，以形間則不相知耳。會之以性，則其樂彼與此同』。此言是。靜觀萬物皆自得，喪我觀物，物之美盡現，自然世界，諧諧融融，各得其樂。不解此理，則如同王夫之解謂：『以己之有憐物之無，而人乃滅天』，則是『以己制物，則物失其真』。」❸

　　莊子的「逍遙」是透過聖人的修養而達成的，當聖人體會逍遙之境界時，即郭象所說的「聖人與物冥而循大變」，也就是莊子說的「乘天地之正，而御六氣之辯」，此時由我體會之「性」，與物會通，而通物我共同之「性」，而顯現萬物之美，則得萬物之樂與

---

❷　牟宗三，《才性與玄理》，臺灣學生書局，頁 183。
❸　劉光義，《莊子蠡測》，臺灣學生書局，頁 39。

我同。如莊子〈秋水〉篇記載一段與惠施的對話可知：

> 莊子與惠子遊於濠梁之上，莊子曰：「鯈出遊從容，是魚之
> 樂也。」惠子曰：「子非魚，安知魚之樂？」莊子曰：「子
> 非我，安知我不知魚之樂？」惠子曰：「我非子，固不知子
> 矣，子固非魚也，子之不知魚之樂，全矣。」莊子曰：「請
> 循其本，子曰：『汝安知魚樂？』云者，既已知吾之知而問
> 我，我知之濠上也。」❹

綜言之，透過生命的「調適上遂」，在道化的雙迴向當中，完成回
歸道化的生命旅程。莊子開篇借大鵬鳥之「化」而登頂，而至南
冥，就是這個生命的回歸歷程。如此得到身心絕對的自由，解脫知
識、名利與生死的束縛，使精神活動優遊自在。

宣穎有一段精闢之見解，他說：「今以天地之大而生我，以我
而遊處於天地之人之間，而且其蕃變而消息者無一不偉於我，亦惡
往而不得乎哉？乃無端而據為我，無端據為我久之而忘所為據，而
竟無往之非我，是故進而與天下爭功者我也，即退而與天下讓功者
亦我也，進而與天下爭名者我也，即退而與天下讓名者亦我也。再
名而凡一事之畔援，一念之欣羨者，無非我也。即鯈而人之畔援
者，弗畔援之人之欣羨之者，亦無非我也。總之我見未忘也。簞瓢
陋巷之子不改其樂，以為樂簞瓢陋巷是樂貧也，樂貧是見有我之處
貧也，非樂也。以為非樂簞瓢陋巷而樂道也，樂道是見有我之處道

---

❹　郭慶藩輯，《莊子集釋》，華正書局，頁 606－607。

也，亦非樂也。然則其樂不容言也。不容言而己始化矣。故曰顏氏之子坐忘也，此可以言逍遙游也。方舟於河，有虛舟來觸而不怒，何則？以其有舟而無有舟焉者也，夫我且不怒，彼於何有浸假而我為虛舟焉，溯遊而下可也，溯回而上可也；風恬波靜可也，驚飆怒濤可也，焉往而不得其徜徉而況於方舟之一觸乎。然則無幾之為逍遙游思過半矣。」**⑮**

貳、逍遙的各種描述

一、以逍遙或遊來描述逍遙游的境界

　　在《莊子》一書中，對逍遙的描述是多面向的。莊子描述的逍遙之用語，或言「逍遙」，或言「遊」，如〈逍遙游〉篇的「逍遙乎寢臥其下。」〈大宗師〉篇的「逍遙乎無為之業。」、「遊乎四海之外」。

二、以逍遙游的地方描述

　　莊子描述逍遙之境地有很多不同的名稱，如：「無何有之鄉」「無何有之宮」「四海之外」「塵垢之外」「萬物之祖」「物之初」「無朕」「無窮」「馮閎」「天地之一氣」「搖蕩恣睢轉徙之途」。「遊乎天地之一氣」之意，成玄英疏曰：「達陰陽之變化，與造物之為人，體萬物之混同，遊二儀之一氣也。」莊子的「氣」與「道」是流行與本體的關係，所以「遊乎天地之一氣」就是遊於「道」的意思。而成玄英疏曰「與造物之為人」之說，在〈應帝

---

⑮　宣穎，《莊子南華經解》，嚴靈峰輯，《無求備齋老列莊三子集成補編》，成文出版社，頁 51－53。

王〉中也有相同的句子，王引之說「人」是「偶」的意思，所以
「與造物之為人」，就是與道一體不分的意思。〈天運〉篇：「丘
不與化為人」，也是說孔子與道為一，體萬物之同而不我執，能任
物自化。

<h1>參、逍遙與品行之關係</h1>

莊子的逍遙是與修養工夫相表裡的，如：「無為之業」、「乘
道德以浮游」、「游乎德之和」、「遊心於淡」、「乘物以遊
心」、「游於無有者」、「遊於物之所不得遯而皆存」。

一、逍遙乎無為之業

〈大宗師〉

彼何人者邪？修行無有，而外其形骸，臨尸而歌，顏色不
變，無以命之。彼何人者邪？」孔子曰：「彼，遊方之外者
也，而丘，遊方之內者也。外內不相及，而丘使女往弔之，
丘則陋矣！彼方且與造物者為人，而遊乎天地之一氣。彼以
生為附贅縣疣，以死為決疣潰癰。夫若然者，又惡知死生先
后之所在！假於異物，託於同體；忘其肝膽，遺其耳目；反
覆終始，不知端倪；芒然徬徨乎塵垢之外，逍遙乎無為之
業。彼又惡能憒憒然為世俗之禮，以觀眾人之耳目哉！

郭象注曰：「夫理有至極，外內相冥，未有極遊外之致而不冥於內
者也，未有能冥於內而不遊於外者也。故聖人常遊外以冥內，無心
以順有，故雖終日見形而神氣無變，俯仰萬機而澹然自若。夫見形

而不及神者，天下之常累也。是故睹其與群物並行，則莫能謂之遺物而離人矣；睹其體化而應物，則莫能謂之坐忘而自得矣。豈直謂聖人不然哉？乃必謂至理之無此。」❶郭象之意乃以道一為述說之主旨，道只是一故無所謂內外之分，形與神統一而不分矣，外內相冥合而不分矣，聖人體道，「游乎天地之一氣」，則無有內外之分，所以孔子所言雖分內外，其實重點不在內外，而在能否「遺」與「忘」而已。能遺能忘，則能超脫塵俗之累，而逍遙於無心無為之快樂境地。

二、遊於物之所不得遯而皆存

〈大宗師〉

夫藏舟於壑，藏山於澤，謂之固矣！然而夜半有力者負之而走，昧者不知也。藏小大有宜，猶有所遯。若夫藏天下於天下而不得所遯，是恆物之大情也。特犯人之形而猶喜之。若人之形者，萬化而未始有極也，其為樂可勝計邪！故聖人將遊於物之所不得遯而皆存。善夭善老，善始善終，人猶效之，而況萬物之所係，而一化之所待乎！

　　本段文字說明人之生也乃「萬化之一遇耳」❶，浩瀚之宇宙中，所欲皆若人耳，何必只有人形為可喜而其他萬物皆無可樂呢？

---

❶　郭慶藩輯，《莊子集釋》，華正書局，頁268。
❶　郭慶藩輯，《莊子集釋》，華正書局，頁245。

所以「所遇而樂，樂豈有極乎！」⓲反之，「不知與化為體，而思
藏之使不化，則雖至深至固，各得其所宜，而無以禁其日變也。」⓳
既然知其不可不變而任其自化，始能逍遙。郭象注曰：「聖人遊於
變化之塗，放於日新之流，萬物萬化，亦與之萬化，化者無極，亦
與之無極，誰得遯之哉！夫以生為亡以死為存，則何時而非存
哉！」⓴所以莊子這裡的「遊」是生命能融入萬有之中而不有自己
的豁達。

三、乘道德以浮游

〈山木〉
周將處夫材與不材之間。材與不材之間，似之而非也，故未
免乎累。若夫乘道德而浮游則不然。無譽無訾，一龍一蛇，
與時俱化，而無肯專為；一上一下，以和為量，浮游乎萬物
之祖；物物而不物於物，則胡可得而累邪！

所謂「乘道德而浮游」的意思，指的是超越兩端，又不執中的
和諧境界。世俗人常執著於某一個觀念，或有用或無用，這都是物
之不同面向，不可執也，或者能不理兩端而執中，但莊子認為此又
落入執中之困境，只有「既遣二偏，又忘中一，遣之又遣，玄之又
玄」㉑，忘毀忘譽，恣意龍蛇，不肯偏執一物也。這是道德之本

⓲ 郭慶藩輯，《莊子集釋》，華正書局，頁 245。
⓳ 郭慶藩輯，《莊子集釋》，華正書局，頁 245。
⓴ 郭慶藩輯，《莊子集釋》，華正書局，頁 246。
㉑ 郭慶藩輯，《莊子集釋》，華正書局，頁 669。

原，造化之初也。

〈知北遊〉

周遍咸三者，異名同實，其指一也。嘗相與游乎無有之宮，
同合而論，無所終窮乎！嘗相與無為乎！澹而靜乎！漠而清
乎！調而閒乎！寥已吾志，無往焉而不知其所至，去而不知
其所止，吾已往來焉而不知其所終，彷徨乎馮閎，大知入焉
而不知其所窮。

這段文字可以看到莊子所描述的逍遙游的全貌，李日章先生說：
「游乎無何有之宮，同合而論，無所終窮」，指復歸於渾沌，與萬
物合而為一，不加以區分，也見不到其極限。「相與無為」、「澹
而靜」、「漠而清」、「調而閒」，則指心情之調和閒逸。「寥已
吾志」，寥表無形，志為意志。「寥已吾志」意謂主體之意志已消
失無遺。蓋在渾沌中，既無「自我」意識，自無主觀之願望、趣向
等等。「無往焉而不知其所至，去而來不知其所止，吾已往來焉而
不知其所終」，「無往」，似衍「無」字，故「無往焉而不知其所
至」，似應作「往焉而不知其所至」，正與「去而不知其所止」對
應。這三句表明在渾沌中，不但無心無意，而且不識不知；行為舉
止，一概出於不自覺，猶如雲行水流，日出花開。這也正是〈馬
蹄〉篇「民居不知所為，行不知所之，含哺而熙，鼓腹而遊」之
意。……這段話幾乎把「逍遙」的幾個基本要旨都指示出來了，他
告訴我們：一、逍遙發生在渾沌之中。二、渾沌為物我不分，萬物
不形的狀態，無邊無際，始無無終。三、渾沌中，無知無識，無心

無意。四、渾沌中行為舉止，一概出於自然，行於所當行，止於所
當止，而無自覺。五、渾沌中，內在澄明寧定，通體平衡和諧，整
個生命處於最佳狀態。㉒

　　宣穎曰：「逍遙游主意，只在至人無己，無己所以為逍遙游
也，然說與天下人皆不信，非其故意不信，是他見識只到這個地
步，譬如九層之臺，身只得到這一層，便不知上面一層，是何氣
象，然則非其信之不及，乃其知之不及耳。」㉓

第二節　理想人格的類型

〈天下〉

天下之治方術者多矣，皆以其有為不可加矣。古之所謂道術
者，果惡乎在？曰：「無乎不在。」曰：「神何由降？明何
由出？」「聖有所生，王有所成，皆原於一。」不離於宗，
謂之天人；不離於精，謂之神人；不離於真，謂之至人。以
天為宗，以德為本，以道為門，兆於變化，謂之聖人。

　　「一」就是「道」，就是一切的根源，人與道合，就是「天
人」、「神人」、「至人」、「聖人」，這是莊子心目中的理想人
格。葉海煙先生說：「莊子開顯了老子『道』的真理，並運用生命

㉒　李日章，《莊子逍遙境的裡與外》，麗文文化事業，頁101－102。

㉓　宣穎，《莊子南華經解》，嚴靈峰輯，《無求備齋老列莊三子集成補編》，
　　成文出版社，頁37－38。

精神來處理存有之有限與無限、相對與絕對等辯證的問題，而在真理與真人之間，莊子發現了足以建立起生命形上學的篤實與緊密的關係。」❷⁴

　　在莊子的稱謂中，能免除內外之刑，或超脫生死、時命、情欲之限制的理想人格，名號甚多，有真人、至人、神人、聖人、德人、大人、天人、全人等。但不管是哪一種稱號，其內涵都是體道者，只是功用不同罷了。郭象在〈天下〉篇「不離於宗，謂之天人；不離於精，謂之神人；不離於真，謂之至人。以天為宗，以德為本，以道為門，兆於變化，謂之聖人」注曰：「凡此四名，一人耳，所自言之異。」❷⁵成玄英疏曰：「冥宗契本，謂之自然。淳粹不雜，謂之神妙。嶷然不假，謂之至極。以自然為宗，上德為本，玄道為門，觀於機兆，隨物變化者，謂之聖人，以上四人，只是一耳，隨其功用，故有四名耳。」❷⁶又在〈逍遙游〉篇「至人無己，神人無功，聖人無名」一段文字下疏曰：「至言其體，神言其用，聖言其名。故就體語至，就用語神，就名語聖，其實一也。詣於靈極，故謂之至；陰陽不測，故謂之神；正名百物，故謂之聖也。一人之上，其有此三，欲顯功用名殊，故有三人之別。此三人者，則是前文乘天地之正，御六氣之辯也。欲結此人無待之德，彰其體用，乃言故曰耳。」❷⁷郭象、成玄英都認為四種人其實無高下之分，從體道者角度看是正確的。但是成玄英再畫蛇添足的從「體」

---

❷⁴　葉海煙，《莊子的生命哲學》，東大圖書公司，頁 13。
❷⁵　郭慶藩輯，《莊子集釋》，華正書局，頁 1066。
❷⁶　郭慶藩輯，《莊子集釋》，華正書局，頁 1066。
❷⁷　郭慶藩輯，《莊子集釋》，華正書局，頁 22。

「用」「名」去分別至人、神人、聖人之不同,是明顯的多餘且不恰當。道是完整一體,豈容分割。

　　了解莊子對此三種類型人物的敘述,可以用互文足義來理解,所謂互文,是各分句的文義彼此呼應,映襯整合、互補的手法。所以互文不能各自拘泥於分句的文義。莊子擅長運用此法,如〈刻意〉篇:「悲樂者,德之邪;喜怒者,道之過;好惡者,心之失。」「德」「道」「心」雖分言,但「悲樂」「喜怒」「好惡」卻是三者共同的缺失,〈逍遙游〉篇的「至人無己,神人無功,聖人無名」,也是一樣的用法。即「無己」「無功」「無名」都是至人、神人、聖人的內涵。憨山釋德清曰:「至人、神人、聖人,只是一個聖人,不必作三樣看。」㉘

壹、眞人

〈大宗師〉

知天之所為,知人之所為者,至矣!知天之所為者,天而生也;知人之所為者,以其知之所知,以養其知之所不知,終其天年而不中道夭者,是知之盛也。雖然,有患。夫知有所待而後當,其所待者特未定也。庸詎知吾所謂天之非人乎?所謂人之非天乎?且有真人而後有真知。

　　〈大宗師〉開宗明義說出「有真人而後有真知」,什麼叫「真知」呢?知天人之所為也,天人之所為乃自然之所為也。郭象注

㉘　憨山釋德清,《莊子內篇注》,卷一,廣文書局,頁 20。

曰：「知天人之所為者，皆自然也。則內放其身而外冥於物，與眾玄同，任之而無不至者也。」成玄英疏曰：「天之所為者，謂三景晦明，四時生殺，風雲舒卷，雷雨寒溫也。人之所為者，謂手捉腳行，目視耳聽，心知工拙，凡所施為也。知天之所為，悉皆自爾，非關修造，豈由知力，是以內放其身，外冥於物，浩然大觀，與眾玄同，窮理盡性，故稱為至也。」❷❾

夫天人看似對舉，其實一也，天是自然，人何嘗不是自然。陸西星說：「何謂知天之所為？知天之自然也，何謂知人之所為？知人亦未使不為天也。」❸⓿

人之「知」乃出於大化之「不知」也，所以知其所不知乃是真知，然而世人皆自以為知，並恃知以妄作，造成無窮的禍患。憨山釋德清曰：「此一節乃一篇立言之主意，以一知字為眼目，古人所云，知之一字，眾妙之門，知之一字，眾禍之門，蓋妙悟後，方是真知，有真知者乃稱真人，即可宗而師之也，然知天知人，即眾妙之門也。雖然有患即知之一字眾禍之門也，謂強不知以為知，恃強知而妄作，則反以之為害矣。此舉世聰明之通病也。」❸❶

儘管如此，看似知天人者為上乘之境界，然莊子忽然一句「雖然，有患」，頓時峰迴路轉，宣穎曰：「忽然轉筆，將知字打落，見得是後來安排的，殊不足據，又加庸詎知三字，將上面數知字，

---

❷❾　郭慶藩輯，《莊子集釋》，華正書局，頁 224。

❸⓿　陸西星，《莊子南華真經副墨》，自由出版社，頁 242。

❸❶　憨山釋德清，《莊子內篇注》，卷四，廣文書局，頁 7–8。

便一齊掃卻。」❸這是莊子辯證的語言，隨立隨掃，毫不黏滯。知天人皆為自然，比不知天人合一者勝，然而能「以其知之所知，以養其知之所不知」又勝之，最後以不知有知為最高境界。

〈大宗師〉

且有真人而後有真知。何謂真人？古之真人，不逆寡，不雄成，不謀士。若然者，過而弗悔，當而不自得也。若然者，登高不慄，入水不濡，入火不熱。是知之能登假於道者也若此。古之真人，其寢不夢，其覺無憂，其食不甘，其息深深。真人之息以踵，眾人之息以喉。屈服者，其嗌言若哇。其者欲深者，其天機淺。古之真人，不知說生，不知惡死；其出不訢，其入不距；翛然而往，翛然而來而已矣。不忘其所始，不求其所終；受而喜之，忘而復之，是之謂不以心損道，不以人助天，是之謂真人。若然者，其心志，其容寂，其顙頯；淒然似秋，煖然似春，喜怒通四時，與物有宜而莫知其極。……

古之真人，其狀義而不朋，若不足而不承；與乎其觚而不堅也，張乎其虛而不華也；邴邴乎其似喜乎！崔乎其不得已乎！滀乎進我色也，與乎止我德也，厲乎其似世乎！警乎其未可制也；連乎其似好閉也，悗乎忘其言也。以刑為體，以禮為翼，以知為時，以德為循。以刑為體者，綽乎其殺也；

---

❸ 宣穎，《莊子南華經解》，嚴靈峰輯，《無求備齋老列莊三子集成補編》，成文出版社，頁 195。

以禮為翼者，所以行於世也；以知為時者，不得已於事也；
以德為循者，言其與有足者至於丘也，而人真以為勤行者
也。故其好之也一，其弗好之也一。其一也一，其不一也
一。其一與天為徒，其不一與人為徒，天與人不相勝也，是
之謂真人。

鍾泰先生說古之真人有三個特點：「其一遺得失，其二一夢覺，其
三齊生死。人至混同得失，夢覺一如，生死無變，則與化為一，可
謂真人也已。」「不逆寡」是不預知事物之演變，而自以為智。
〈秋水〉篇云：「小而不寡，大而不多，知量無窮。」鍾泰先生
說：「當事之未兆，其機甚小，不逆之以為智。」㉝「不雄成」，
成玄英疏曰：「為而不恃，長而不宰，豈雄據成績，欲處物先
耶？」「不謀士」，士，事也。成敗有數，此天之所為，非人之可
參與期間，能如此者，則得自然之道矣，則萬物不足以累之，故
「登高不慄，入水不濡，入火不熱。」「其心志，其容寂，其顙
頯；淒然似秋，煖然似春，喜怒通四時，與物有宜而莫知其極。」
宣穎說：「喜怒皆無心，如四時之運。」這是真人超越我執而能
「與物有宜」的心境。「狀義而不朋」是形於色而無矜奮之容。
「與乎其觚而不堅也」是指不執己見之謂也。「張乎其虛而不華
也」，不浮華而真實，〈齊物論〉「言隱於榮華」，正是此意。
「邴邴乎其似喜」指內心有所得之喜悅，「崔乎其不得已」，順萬
化自然而動，不由己也。「與乎止我德也」，意即能修至「知止」

㉝　鍾泰，《莊子發微》，上海古籍出版社，頁131。

之境界，如〈德充符〉之「為止能止眾止」之義也。「厲乎其似世乎」，成玄英疏曰：「厲，危也，真人一於安危，冥於禍福，而和光同世，亦似厲乎。」「謷乎其未可制也」成玄英疏曰：「聖德廣大，謷然高遠，超於世表，故不可禁制也。」「悗乎忘其言也」，至於「以刑為體，……而人真以為勤行者也。」這一段，仍不脫順世而行之大意。

王夫之曰：「『踵息』者，始教也，而至人之道盡矣。『寥天一』，無可入也。自踵而上，無非天也，無非一也，然而以寥矣。『逆寡』、『雄成』、『謨士』，皆『喉息』也，『悅生』、『惡死』、『出訢』、『入距』，皆『喉息』也。『樂通物』、『有親』、『天時』皆『喉息』也。『刑』、『禮』、『知』、『德』皆『喉息』也。『好惡』皆『喉息』也。引而至於踵，寡亦逆，成亦雄，士亦謨，生亦說，死亦惡，出亦訢，入亦距，通物亦樂，親亦有，時亦天，刑亦體，禮亦翼，知亦時，德亦循，好亦好，惡亦惡，以死殉數者而特不以喉。於是而寥矣，不可度矣，不可竭矣，不可以功功，不可以名名，參萬歲，蘁萬物，非天非一，其孰足以勝此哉？天下好深，而獨淺其天機，於是淫刑而侈禮，陽慕德而數用知，喜怒好惡，以義為朋，而皆以深其嗜欲。自喉以下，嗜欲據之，而僅餘其喉以受天，而即出之，此古今之通患，言道者莫之能舍也。」❸

王夫之以「踵息」和「喉息」來區分體道與否，踵息者深，喉息者淺，深者與天為一，故心定而不亂；淺者心浮氣燥，心馳妄

---

❸　王夫之，《莊子通》，里仁書局，頁8。

動，逐物不反。深者無分別也，故入於「寥天一」；淺者分多寡、成敗、生死、親疏、好惡，甚至是一切德性之分別。

真人息深，入於無分別之「寥天一」，「故其好之也一，其弗好之也一。其一也一，其不一也一。其一與天為徒，其不一與人為徒，天與人不相勝也，是之謂真人。」（〈大宗師〉）真人知其一，所以不分別，知其一則不以人助天，不以心捐道。這一段話又是辯證的語言，分析完天人深淺之後，又一併打散，而至「天與人不相勝」的一體境界。

貳、聖人

一、聖人無名

　　〈逍遙游〉
　　至人無己，神人無功，聖人無名。

憨山釋德清曰：「莊子立言本意，謂古今世人，無一得逍遙者，但被一箇血肉之軀為我所累，顧汲汲求功求名，苦了一生，曾無一息之快活，且只執著形骸，此外更無別事，何曾知有大道哉？唯大而化之之聖人，忘我忘功忘名，超脫生死而遊大道之鄉，故得廣大逍遙自在，快樂無窮，此豈世之拘拘小知可能知哉？」❸❺

---

❸❺　憨山釋德清，《莊子內篇注》，卷一，廣文書局，頁21。

二、照之以天、以明、因是

〈齊物論〉

> 物無非彼，物無非是。自彼則不見，自知則知之。故曰：彼
> 出於是，是亦因彼。彼是方生之說也。雖然，方生方死，方
> 死方生；方可方不可，方不可方可；因是因非，因非因是。
> 是以聖人不由，而照之於天，亦因是也。」

聖人不順著世俗的是非之路走，而以「天道」來看萬物，所謂「以
道觀物」（〈秋水〉）之意。憨山釋德清曰：「世人之是非，乃迷執
之妄見，故彼此是非而不休，唯聖人不隨眾人之見，乃真知獨照於
天然大道，了然明見其真是，故曰，亦因是也。⋯⋯前云與其儒墨
互相是非，莫若以明，明即照破之義，故此以聖人照之以天，以實
以明之明，此為齊物之工夫。」**❸❻**

三、兩行

> 道通為一。其分也，成也；其成也，毀也。凡物無成與毀，
> 復通為一。唯達者知通為一⋯⋯勞神明為一而不知其同也，
> 謂之「朝三」。何謂「朝三？」曰：「狙公賦芧，曰：『朝
> 三而暮四。』眾狙皆怒。曰：『然則朝四而暮三。』眾狙皆
> 悅。」名實未虧而喜怒為用，亦因是也。是以聖人和之以是
> 非而休乎天鈞，是之謂兩行。

---

❸❻ 憨山釋德清，《莊子內篇注》，卷二，廣文書局，頁 31－32。

　　前文講「照之以天」以泯除是非，接著再談休乎天均、「道通為一」以得兩行，所謂道通為一，成玄英疏曰：「理雖萬殊而性同得。」❸⑦所謂天均者（均者，陶均也）道化之流行也。由一而分、而成、而毀、復通為一，皆道化之流行，世人從時間空間之斷面，妄作分別，唯有通達之人才知道萬物本通為一，而無分別。唯有通達者知物不必齊而形不必同，故能放任彼此行其所當行，此謂之兩行。

　　莊子論及此，道理已明，唯恐世人又再執著「道通為一」，故在示之以「勞神明而為一」之謬誤。此莊子慣用之手法──隨立隨掃也。宣穎說：「直須連知通為一的心，都歸渾化，如佛家纔以一言掃有，隨以一言掃空，方是一絲不掛，不然，與紛紜者一間耳。然要去此心，不須別法也，只消因是已。妙妙，不特因物，而因物之道，亦出於因，此聖人所謂兩在自然，至矣至矣。」❸⑧

四、懷道不言

〈齊物論〉

六合之外，聖人存而不論；六合之內，聖人論而不議；春秋經世先王之志，聖人議而不辯。故分也者，有不分也辯也者，有不辯也。曰：何也？聖人懷之，眾人辯之以相示也。故曰：辯也者，有不見也。

❸⑦　郭慶藩輯，《莊子集釋》，華正書局，頁71。

❸⑧　宣穎，《莊子南華經解》，嚴靈峰輯，《無求備齋老列莊三子集成補編》，成文出版社，頁91。

此處講的「聖人懷之」，即老子「聖人抱一」之謂，說明聖人清虛自守，不妄作分別，異於眾人之好辯求分。憨山釋德清曰：「此一節釋滑疑之聖人，與道為一，以至無適焉，因是已。意謂聖人心同太虛，即六合內外之事，未嘗不知，但懷之而不辯，已顯好辯者其實未明大道也。」❸❾

五、參萬歲而一成純

〈齊物論〉

> 瞿鵲子問乎長梧子曰：「吾聞諸夫子，聖人不從事於務，不就利，不違害，不喜求，不緣道；無謂有謂，有謂無謂，而遊乎塵垢之外。夫子以為孟浪之言，而我以為妙道之行也。吾子以為奚若？」長梧子曰：「是黃帝之所聽熒也，而丘也何足以知之！且女亦大早計，見卵而求時夜，見彈而求鴞炙。予嘗為女妄言之，女以妄聽之。奚旁日月，挾宇宙？為其吻合，置其滑涽，以隸相尊。眾人役役，聖人愚芚，參萬歲而一成純。萬物盡然，而以是相蘊。」

聖人超越自己主觀的成見、分別，懷抱宇宙，任由現象之參差不齊。「無謂有謂，有謂無謂」，而悠遊於世俗之外，因為萬物之間互涵而不分，萬物皆有真性，所以聖人體道而能通古今、合物我，與宇宙萬物成為一體。郭慶藩引其家世父之言曰：「眾人役役，較量今日，又較量明日。今日見為是，明日又見為非，今日見為非

---

❸❾　憨山釋德清，《莊子內篇注》，卷二，廣文書局，頁60。

非，明日又見為非是。聖人愚芚，為是不用而寓諸庸，參萬歲以極其量。一者，渾然無彼此之別；成者，怡然無然可之差；純者，泊然無是非之辯。聖人以此應萬物之變而相蘊於無窮，斯為參萬歲而一成純。」❹

六、忘形釋智

〈德充符〉

魯有兀者王駘，從之游者，與仲尼相若。常季問於仲尼曰：「王駘，兀者也，從之游者與夫子中分魯。立不教，坐不議。虛而往，實而歸。固有不言之教，無形而心成者邪？是何人也？」仲尼曰：「夫子，聖人也，丘也直后而未往耳！丘將以為師，而況不若丘者乎！奚假魯國，丘將引天下而與從之。」常季曰：「彼兀者也，而王先生，其與庸亦遠矣。若然者，其用心也獨若之何？」仲尼曰：「死生亦大矣，而不得與之變；雖天地覆墜，亦將不與之遺。審乎無假而不與物遷，命物之化而守其宗也。」常季曰：「何謂也？」仲尼曰：「自其異者視之，肝膽楚越也；自其同者視之，萬物皆一也。夫若然者，且不知耳目之所宜，而遊心乎德之和；物視其所一而不見其所喪，視喪其足猶遺土也。」常季曰：「彼為己以其知，得其心以其心，得其常心。物何為最之哉？」仲尼曰：「人莫鑒於流水而鑒於止水。唯止能止眾止。受命於地，唯松柏獨也正，在冬夏青青；受命於天，唯

---

❹　郭慶藩輯，《莊子集釋》，華正書局，頁 102。

堯、舜獨也正，在萬物之首。幸能正生，以正眾生。夫保始
之徵，不懼之實，勇士一人，雄入於九軍。將求名而能自要
者，而猶若是，而況官天地，府萬物，直寓六骸，象耳目，
一知之所知，而心未嘗死者乎！彼且擇日而登假，人則從是
也。彼且何肯以物為事乎！」

　　莊子借孔子的話說「王駘」是一個「聖人」，並說明聖人的特
質是「死生亦大矣，而不得與之變；雖天地覆墜，亦將不與之遺。
審乎無假而不與物遷，命物之化而守其宗也。」不論死生的變化或
是天地的變化，對聖人來說都是外在的變化，聖人能切實了解宇宙
人生的真實，所以不為外物的變化所影響。為什麼聖人能做到這個
地步呢？因為聖人能守住道體，而且能順萬物之變化的緣故。

　　其次談聖人重視內心的和諧，而能優遊自在，從萬物共同的精
神來看，超越耳目感官之分別，也能跳脫形體之殘全。

　　聖人修養到寧靜的心境，就像靜止的水一樣，所以能使萬物歸
於靜止，就像堯舜也是一樣的人格，「唯堯、舜獨也正，在萬物之
首。幸能正生，以正眾生。」 所以像王駘這樣的人，能以通貫一
切的智慧來看萬物，胸中灑灑，掌握天地間之一切，於物之大小，
貴賤，得失，存亡，即一切所知者，皆通為一。所以其達到最高境
界是指日可待的。

七、有人之形，無人之情

〈德充符〉

　　闉跂支離無脹說衛靈公，靈公說之；而視全人，其脰肩肩。

甕瓷大癭說齊桓公，桓公說之；而視全人：其脰肩肩。故德
有所長而形有所忘。人不忘其所忘而忘其所不忘，此所謂誠
忘。故聖人有所遊，而知為孼，約為膠，德為接，工為商。
聖人不謀，惡用知？不斲，惡用膠？無喪，惡用德？不貨，
惡用商？四者，天鬻也，天鬻者，天食也。既受食於天，又
惡用人！有人之形，無人之情。有人之形，故群於人，無人
之情，故是非不得於身。眇乎小哉，所以屬於人也！警乎大
哉，獨成其天！

　　本段是寫聖人是「形有所忘」，而「德有所長」的人，德有所
長則人將忘其形。世人反其道而行，形所當忘而不忘，德所不當忘
而人反忘之，這就叫「誠忘」，也就是忘其真實者。聖人則不然，
深知「知」如樹木旁生之孼，如「駢拇枝指」，乃是多餘；「約」
是小信如以膠膠物，不能固也；託「德」之名，非其固有，若外鑠
我也；以「工」巧炫異，如商賈。聖人動之以誠，固不必施權謀；
信守根本，沒有分別，固不必黏合；保其太合，不失其本，則不用
德矣；巧出自然，循道而形，非求售也，若梓慶削木為鐻，「其巧
專而外骨消」（〈達生〉）是也。這就是天然。這就是〈大宗師〉篇
所說的「不以人助天」，不以人為之枝節巧偽，奪得之於天之和
也。

　　然則聖人與人同者，「有人之形也」；與人異者，「無人之
情」也。有人之形而「和光混跡」（成玄英疏）[41]，「不敖倪於萬

_____

[41]　郭慶藩輯，《莊子集釋》，華正書局，頁 219。

物，不遣是非，以與世俗處」（〈天下〉）。故「群於人」。無人之情，則是非不上其身，蓋無好惡之情，故無是非之生也。

屬於人者，為形所拘，非天性之屬也。如〈駢拇〉篇所云：「且夫屬其性乎仁義者，雖通如曾、史，非吾所謂臧也；屬其性於五味，雖通如俞兒，非吾所謂臧也；屬其性乎五聲，雖通如師曠，非吾所謂聰也；屬其性乎五色，雖通如離朱，非吾所謂明也。吾所謂臧者，非所謂仁義之謂也，臧於其德而已矣；吾所謂臧者，非所謂仁義之謂也，任其性命之情而已矣；吾所謂聰者，非謂其聞彼也，自聞而已矣；吾所謂明者，非謂其見彼也，自見而已矣。」聖人任之天性，放任性命之情，自聞自見而不外馳。故雖有人之形而不受限於形。

八、攖寧

〈大宗師〉

南伯子葵問乎女偊曰：「子之年長矣，而色若孺子，何也？」曰：「吾聞道矣。」南伯子葵曰：「道可得學邪？」曰：「惡！惡可！子非其人也。夫卜梁倚有聖人之才而無聖人之道，我有聖人之道而無聖人之才。吾欲以教之，庶幾其果為聖人乎？不然，以聖人之道告聖人之才，亦易矣。吾猶守而告之。吾守之三日，而後能外天下；已外天下矣，吾又守之，七日而後能外物；已外物矣，吾又守之，九日而後能外生；已外生矣，而后能朝徹；朝徹，而後能見獨；見獨，而後能無古今；無古今，而後能入於不死不生。殺生者不死，生生者不生。其為物，無不將也，無不迎也；無不毀

也，無不成也。其名為攖寧。攖寧也者，攖而後成者也。」

　　此段文字首先述說道須學而後成，並陳述學道之方。學道之方須是循序漸進，由易而難，由遠而近，由外而內，直探道之本源，清明瑩澈，如旭日清光而後可。聖人之道透過這個回歸的過程，「外天下」「外物」「外生」，回歸道化之世界，而後能「攖寧」。攖寧的涵義是指聖人體道而應萬物，萬物雖擾擾不安，而聖人心不為所動。成玄英疏曰：「夫聖人慈惠，道濟蒼生，妙本無名，隨物立稱，動而常寂，雖攖而寧者也。既能和光同塵，動而常寂，然後隨物攖擾，善貸生成也。」❷

九、貴一

〈知北遊〉

生也死之徒，死也生之始，孰知其紀！人之生，氣之聚也。聚則為生，散則為死。若死生為徒，吾又何患！故萬物一也。是其所美者為神奇，其所惡者為臭腐。臭腐復化為神奇，神奇復化為臭腐。故曰：「通天下一氣耳。」聖人故貴一。

　　此段言「聖人貴一」，所謂一是從「通天下一氣」的角度入手的，既然通天下是一氣所化，則死生皆是此大化之一環，神奇腐朽只是大化流行過程中之不同形式罷了。

---

❷　郭慶藩輯，《莊子集釋》，華正書局，頁 255。

十、回歸道化

〈知北遊〉

夫知者不言，言者不知，故聖人行不言之教。道不可致，德
不可至。仁可為也，義可虧也，禮相偽也。故曰：「失道而
後德，失德而後仁，失仁而後義，失義而後禮。禮者，道之
華而亂之首也。」故曰：「為道者日損，損之又損之，以至
於無為。無為而無不為也。」今已為物也，欲復歸根，不亦
難乎！其易也，其唯大人乎！

　　歸根復命是人生必經之路，但人受制形軀，往往迷途而不知
返。所以莊子要說：「今已為物也，欲復歸根，不亦難乎！」郭慶
藩引其世父之言曰：「人所受以生者，氣也。既得之以為生，則氣
日流行大化之中，而吾塊然受其成形，無由反氣而合諸漠。道之華
為禮，與氣之流行而為人，皆非其所固然者也。通死生為徒，一聽
其氣之聚散而吾無與焉，則無為矣。道至於無為，而仁義之名可以
不立，是之謂歸根。」❹大人與道化流行，故歸根不難也。

十一、虛靜恬淡，寂寞無為

〈天道〉

天道運而無所積，故萬物成；帝道運而無所積，故天下歸；
聖道運而無所積，故海內服。明於天，通於聖，六通四辟於

---

❹　郭慶藩輯，《莊子集釋》，華正書局，頁732。

帝王之德者，其自為也，昧然無不靜者矣！聖人之靜也，非
曰靜也善，故靜也；萬物無足以鐃心者，故靜也。水靜則明
燭鬚眉，平中準，大匠取法焉。水靜猶明，而況精神！聖人
之心靜乎！天地之鑒也，萬物之鏡也。夫虛靜恬淡寂漠無為
者，天地之平而道德之至也。故帝王聖人休焉。休則虛，虛
則實，實則倫矣。虛則靜，靜則動，動則得矣。靜則無為，
無為也，則任事者責矣。無為則俞俞。俞俞者，憂患不能
處，年壽長矣。夫虛靜恬淡寂漠無為者，萬物之本也。

　　莊子一開始談天道流行，未曾一刻停留，無所積滯，看似活活
潑潑之萬化流動，話鋒一轉卻說「昧然無不靜者矣」，然後展開聖
人「虛靜恬淡，寂寞無為」之論述。此莊子之所以為莊子也。執兩
用中，隨立隨掃。宣穎曰：「道在天地，無瞬息停留，故能貫穿古
今，遍徹萬類，苟有所積，便堆在這裡，而行不去，著在一物，而
氣不周矣，故運而無所積一句，便道盡化體也。天道帝道聖道總是
一道，總是一初，帝配天者也，聖法天者也。運而無所積，則是動
猶不止，卻以靜字接之，妙妙，試思動靜是一是二，可與言道
也。」❹
　　依莊子所言，聖人之靜也，非一味的主靜也，而是萬物不能撓
其心者之靜。聖人之靜充滿活活潑潑之生機，是虛則能靜，靜則能
動，動而有所得之靜，故能應物無方，燭照萬物，顯其功用。所以

❹　宣穎，《莊子南華經解》，嚴靈峰輯，《無求備齋老列莊三子集成補編》，
　　成文出版社，頁344。

說聖人虛靜恬淡，寂寞無為是天地萬物之根本，是道德之極至。成玄英疏曰：「妙體二儀非有，萬境皆空，是以參變同塵而無喧撓，非由飭勵而得靜也。」❹〈天下〉篇說：「聖人者，以天為宗，以德為本，以道為門，兆於變化，謂之聖人。」其有體有用，體用不二者，正是聖人之本懷。

　　這段話，連續提到兩次「虛靜恬淡，寂漠無為」，並贊之曰「天地之本（據馬敘倫改）而道德之至」及「萬物之本也」，其重要性可知矣。「虛」「靜」「無為」三者一體也，皆體道聖人之心境也。宣穎說：「要說無為先託出靜字一層，要說靜字先託出運而無所積一層，夫靜之為無為，人所易知也，運而無所積之為靜，人所未知也。運而無所積則純是動，何以言無不靜耶？此處須親見得運而無所積之體，則劃然矣，運而無所積，乃至一者為之也，倘有貳則不能運矣，則有所積矣，故道者其為物不貳也，不貳者一也，一則靜也，可見運處即是靜，靜處正是運，動靜一機，非達天德者，其孰能知之？既出靜字，上面又添一虛字者，靜之功所由入也，夫而後從虛落靜，從靜落無為，虛靜無為，渾融一體，蓋其精微有如此者。」❹〈天道〉又云：

　　　靜而聖，動而王，無為也而尊，樸素而天下莫能與之爭美。
　　夫明白於天地之德者，此之謂大本大宗，與天和者也；所以

---

❹　郭慶藩輯，《莊子集釋》，華正書局，頁459。

❹　宣穎，《莊子南華經解》，嚴靈峰輯，《無求備齋老列莊三子集成補編》，成文出版社，頁341-342。

均調天下，與人和者也。與人和者，謂之人樂；與天和者，謂之天樂。莊子曰：「吾師乎，吾師乎！䪠萬物而不為戾，澤及萬世而不為仁，長於上古而不為壽，覆載天地、刻雕眾形而不為巧。此之謂天樂。故曰：『知天樂者，其生也天行，其死也物化。靜而與陰同德，動而與陽同波。』故知天樂者，無天怨，無人非，無物累，無鬼責。故曰：『其動也天，其靜也地，一心定而王天下；其鬼不祟，其魂不疲，一心定而萬物服。』言以虛靜推於天地，通於萬物，此之謂天樂。天樂者，聖人之心，以畜天下也。」

這段文字以「靜而聖，動而王」提示聖人內聖外王之道也。聖人動靜一如，體用合一，有內聖必有外王也。「無為也而尊」，指天道自然為萬物所尊也，聖人體天道自然，亦為人民所尊也。〈在宥〉篇云：「無為而尊者，天道也。」又天道樸素自然，不言而美，如〈知北遊〉篇所言：「天地有大美而不言。」聖人則是深體天地之美者，〈知北遊〉篇說：「聖人者，原天地之美，而達萬物之理。」

聖人能知此大本大宗之德，又能均調此德於天下萬物，混跡同塵與人和諧則得人樂，知天道自然無為與道為一則得天樂。知天樂者其順始卒若環之道化而行，並能循物之大變而無所拘執，此是聖人之境界也。說穿了就是「虛靜恬淡，寂漠無為」而已。

參、至人

〈齊物論〉

齧缺問乎王倪曰:「子知物之所同是乎?」曰:「吾惡乎知之!」「子知子之所不知邪?」曰:「吾惡乎知之!」「然則物無知邪?」曰:「吾惡乎知之!」雖然,嘗試言之。庸詎知吾所謂知之非不知邪?庸詎知吾所謂不知之非知邪?且吾嘗試問乎女:民濕寢則腰疾偏死,鰌然乎哉?木處則惴慄恂懼,猿猴然乎哉?三者孰知正處?民食芻豢,麋鹿食薦,蝍且甘帶,鴟鴉耆鼠,四者孰知正味?猿猵狙以為雌,麋與鹿交,鰌與魚游。毛嬙麗姬,人之所美也;魚見之深入,鳥見之高飛,麋鹿見之決驟,四者孰知天下之正色哉?自我觀之,仁義之端,是非之塗,樊然殽亂,吾惡能知其辯!」齧缺曰:「子不知利害,則至人固不知利害乎?」王倪曰:「至人神矣!大澤焚而不能熱,河漢沍而不能寒,疾雷破山、飄風振海而不能驚。若然者,乘雲氣,騎日月,而游乎四海之外,死生無變於己,而況利害之端乎!」

本段文字歸結一個「不知」乃為真知。至人虛己應物,與變為體,死生若一,〈齊物論〉通篇總歸一句就是「知止其所不知」,此段文字借平常日用之不同,來說明萬物各安其所安,各適其所適的道理,此不容個人一己之見加諸於萬物也。所以齧缺問王倪,一問而三不知。蓋齧缺以世俗人之我見妄作分別,王倪深知其根源處已然錯誤,故以不知應對,若禪宗公案以「答非所問」來點化一

樣。所以宣穎曰：「昔張公無盡舉事法界，理法界，至理事無礙法界，曰正好說禪。圓悟笑曰：不然，正在法界裡。蓋法界量未滅，若到理事無礙法界量滅，始好說禪。張公嘆曰：美哉之論，豈易聞乎，今讀此一節，則已先道破也。物之所同是，是事法界也。子知物之所同是乎？曰吾惡乎知之？是理法界也。子知子之所不知邪？曰吾惡乎知之？是理事無礙法界也。然則物無知邪？曰吾惡乎知之，是理事無礙法界量滅也，其微妙乃不容言。」❼

　　莊子借神話之寓言來描寫至人之境界，誇大其不受外在環境之改變而改變，此與變為體之義也。生死之變尚不足以攖擾其心，況世俗之妄作分別，計較利害乎？

〈德充符〉

魯有兀者叔山無趾，踵見仲尼。仲尼曰：「子不謹，前既犯患若是矣。雖今來，何及矣！」無趾曰：「吾唯不知務而輕用吾身，吾是以無足。今吾來也，猶有尊足者存，吾是以務全之也。夫天無不覆，地無不載，吾以夫子為天地，安知夫子之猶若是也！」孔子曰：「丘則陋矣！夫子胡不入乎，請講以所聞！」無趾出。孔子曰：「弟子勉之！夫無趾，兀者也，猶務學以復補前行之惡，而況全德之人乎！」無趾語老聃曰：「孔丘之於至人，其未邪？彼何賓賓以學子為？彼且以蘄以諔詭幻怪之名聞，不知至人之以是為己桎梏邪？」老

---

❼　宣穎，《莊子南華經解》，嚴靈峰輯，《無求備齋老列莊三子集成補編》，
　　成文出版社，頁103。

> 聃曰：「胡不直使彼以死生為一條，以可不可為一貫者，解
> 其桎梏，其可乎？」無趾曰：「天刑之，安可解！」

叔山無趾與孔子的對話，突出至人之特質就是「忘名」。憨山釋德
清曰：「此章發揮聖人忘名，故以孔子為務虛名而不尚實德之人，
故取人於規規是非善惡之間。殊不知至人超乎生死之外，而是世之
浮名為桎梏，蓋未能忘死生，一是非，故未免落於世之常情耳。」❹
　　忘死生則能忘名，知「天無不覆，地無不載」，則知死生為一
條，可不可為一貫，如此則桎梏可解。孔子不能擺脫「形名」之糾
纏，故仍受此桎梏也。所以叔山無趾知其離至人遠矣。

　　〈列禦寇〉
　　莊子曰：「知道易，勿言難。知而不言，所以之天也；知而
　　言之，所以之人也；古之人，天而不人。」朱泙漫學屠龍於
　　支離益，單千金之家，三年技成而無所用其巧。聖人以必不
　　必，故無兵；眾人以不必必之，故多兵。順於兵，故行有
　　求。兵，恃之則亡。小夫之知，不離苞苴竿牘，敝精神乎蹇
　　淺，而欲兼濟道物，太一形虛。若是者，迷惑於宇宙，形累
　　不知太初。彼至人者，歸精神乎無始，而甘冥乎無何有之
　　鄉。水流乎無形，發泄乎太清。悲哉乎！汝為知在毫毛，而
　　不知大寧！

---

❹　憨山釋德清，《莊子內篇注》，卷三，廣文書局，頁14。

此段言至人之特質在無心自然，知而不言。「天地有大美而不言」（〈知北遊〉），天道之秘須默而識之，默而成之，不可學而得之。朱泙漫學屠龍術，龍象徵道，道不可學，猶龍不可屠，惜哉今之學屠龍術者多矣。朱泙漫散盡家財學屠龍，比喻世人耗盡一生精力學道，而終究徒勞無功。固執學道謂之「必」，必則有我執也。我執則對立，則爭端生矣。

　　莊子以屠龍之寓言，說明至人與世人之差別在對道的看法不同，至人回歸太初原始，虛空其形，拋開世俗之一切有為與對立，與物冥而循大變，世俗之人反其道而行，南轅北轍，終不能至也。

〈田子方〉

　　孔子見老聃，老聃新沐，方將被髮而乾，慹然似非人。孔子便而待之。少焉見，曰：「丘也眩與？其信然與？向者先生形體掘若槁木，似遺物離人而立於獨也。」老聃曰：「吾游心於物之初。」孔子曰：「何謂邪？」曰：「心困焉而不能知，口辟焉而不能言。嘗為女議乎其將。至陰肅肅，至陽赫赫。肅肅出乎天，赫赫發乎地。兩者交通成和而物生焉，或為之紀而莫見其形。消息滿虛，一晦一明，日改月化，日有所為，而莫見其功。生有所乎萌，死有所乎歸，始終相反乎無端，而莫知乎其所窮。非是也，且孰為之宗！」孔子曰：「請問游是。」老聃曰：「夫得是，至美至樂也。得至美而游乎至樂，謂之至人。孔子曰：「願聞其方。」曰：「草食之獸，不疾易藪；水生之蟲，不疾易水。行小變而不失其大常也，喜怒哀樂不入於胸次。夫天下也者，萬物之所一也。

得其所一而同焉，則四支百體將為塵垢，而死生終始將為晝夜，而莫之能滑，而況得喪禍福之所介乎！棄隸者若棄泥塗，知身貴於隸也。貴在於我而不失於變。且萬化而未始有極也，夫孰足以患心！已為道者解乎此。」

此段文字談至人優游於「物之初」之境界，也就是〈列禦寇〉篇所言之「歸精神乎無始」，至人遊乎物之初則能得「至美至樂」，猶之乎〈列禦寇〉篇所言之「甘冥乎無何有之鄉」。

莊子借老子的形象替代至人的形象，猶如借女偊寫聖人之形象，此莊子形象語言之性格，老子展示的是「形體掘若槁木，似遺物離人而立於獨也」，此若南郭子綦所展示的形如槁木，心如死灰的「吾喪我」（〈齊物論〉）的境界。此境界難言也，所以老子說：「心困焉而不能知，口辟焉而不能言。」但是老子還是勉為其難的描述了，〈知北遊〉篇也有一段描寫孔子問道於老聃，老聃也是一樣的態度，「夫道，窅然難言哉！將為女言其崖略。」莊子了解世人總是落入「知」性的方式理解道，所以想要透過語言的傳遞方式來獲得，這是錯誤的，所以莊子在用非寓言形式的描述道時，必先設一道關卡，讓想藉此語言而得道者知所警惕。

接著老子描述道化的世界，是一個萬物生長，四時交錯運行，秩序井然的世界，但是作為四時萬物之綱紀者卻是「莫見其形」、「莫見其功」、「莫知其所窮」，這就是萬物的根本，至人遊心於這種境界中。

這種境界的獲得基於「小變」與「大常」的認識。小變是「死生終始」、「得喪禍福」；大常是「天下也者，萬物之所一也」。

至人能立其大，則「喜怒哀樂不入於胸次」，猶〈德充符〉篇所云：「死生存亡、窮達貧富、賢與不肖、毀譽、飢渴寒暑，是事之變，命之行也，日夜相代乎前，而知不能規乎其始者也，故不足以滑和，不可入於靈符。」至人能「得其所一」，則體認天地萬物皆道之所化，物我無隔，「一」是真實的世界，「是恆物之大情」（〈大宗師〉），是「藏天下於天下而不得所遯」（〈大宗師〉）。

論及此，理已至明，然莊子猶掛心於執著語言文字之迷障，故再借孔子之問題點醒至人用心無為，非學以知之。

> 孔子曰：「夫子德配天地，而猶假至言以修心。古之君子，孰能脫焉！」老聃曰：「不然。夫水之於汋也，無為而才自然矣。至人之於德也，不修而物不能離焉。若天之自高，地之自厚，日月之自明，夫何修焉！」孔子出，以告顏回曰：「丘之於道也，其猶醯雞與！微夫子之發吾覆也，吾不知天地之大全也。」

陸西星說：「此種學問，無脩無證，假以言語補助，皆落荃蹄，故復發此一段，蓋天地之德，無為自然而已，天自高，地自厚，日月自照臨，川澤汋知而自潤，是何假於脩習而能之哉，故至人之於德也，不脩而物不能離。」❹宣穎曰：「物初則無物也，無物之際，宗主在焉，即真是也。遊之方在小變而不失大常。夫變也者，物態不啻有萬也，常也者，天下不出於一也，知萬物為一而得一，則目

---

❹　陸西星，《莊子南華真經副墨》，自由出版社，頁 746－747。

不以變失常矣,即葆真是也。末後并用功之跡都掃去,所以為真人。」⑤陸西星從不落言荃提示莊子至人之道,宣穎更進一步點出至人體大常然而不離小變,混融為一,縱說橫說皆莊子至人大義。

〈德充符〉
哀公曰:「何謂才全?」仲尼曰:「死生、存亡、窮達、貧富、賢與不肖、毀譽、飢渴、寒暑,是事之變,命之行也。日夜相代乎前,而知不能規乎其始者也。故不足以滑和,不可入於靈府。使之和豫,通而不失於兌。使日夜無郤,而與物為春,是接而生時於心者也。是之謂才全。」「何謂德不形?」曰:「平者,水停之盛也。其可以為法也,內保之而外不蕩也。德者,成和之修也。德不形者,物不能離也。」哀公異日以告閔子,曰:「始也,吾以南面而君天下,執民之紀而憂其死,吾自以為至通矣。今吾聞至人之言,恐吾無其實,輕用吾身,而亡其國。吾與孔丘,非君臣也,德友而已矣!」

此段文字,孔子化身為至人,說出「才全」與「德不形」之涵義,至人體道而守其宗,面對「死生、存亡、窮達、貧富、賢與不肖、毀譽、飢渴、寒暑」等人事之變遷,隨所遇而任之,此之謂才全。成玄英疏曰:「夫二儀雖大,萬物雖多,人生所遇,適在於是。故

---

⑤　宣穎,《莊子南華經解》,嚴靈峰輯,《無求備齋老列莊三子集成補編》,成文出版社,頁 496-497。

前之八對，並是事物之變化，天命之流行，而流之不停，推之不去，安排任化，所遇斯適，自非德充之士，其孰能然！」⑤

「德不形」是指至人含德內斂而不流蕩，若水之平也。水平則能照物，含德內斂則物不能離也。憨山釋德清曰：「不能離者，謂與物混一而不分，故人但見其物之變，而不知性之真，故其德不易形著於外。」⑤此老子「挫其銳，解其紛，和其光，同其塵」⑤之意也。亦〈齊物論〉「注焉而不滿，酌焉而不竭，而不知其所由來，此之謂葆光」之意也。

〈達生〉

子列子問關尹曰：「至人潛行不窒，蹈火不熱，行乎萬物之上而不慄。請問何以至於此？」關尹曰：「是純氣之守也，非知巧果敢之列。居，予語女！凡有貌象聲色者，皆物也，物與物何以相遠？夫奚足以至乎先？是色而已。則物之造乎不形，而止乎無所化。夫得是而窮之者，物焉得而止焉！彼將處乎不淫之度，而藏乎無端之紀，游乎萬物之所終始。壹其性，養其氣，合其德，以通乎物之所造。夫若是者，其天守全，其神無郤，物奚自入焉！夫醉者之墜車，雖疾不死。骨節與人同而犯害與人異，其神全也。乘亦不知也，墜亦不知也，死生驚懼不入乎其胸中，是故逆物而不慴。彼得全於

---

⑤　郭慶藩輯，《莊子集釋》，華正書局，頁213。

⑤　憨山釋德清，《莊子內篇注》，卷三，廣文書局，頁21。

⑤　余培林，《新譯老子讀本》，三民書局，頁23。

> 酒而猶若是，而況全於天乎？聖人藏於天，故莫之能傷也。
> 復讎者，不折鏌干；雖有忮心者，不怨飄瓦，是以天下平
> 均。故無攻戰之亂，無殺戮之刑者，由此道也。不開人之
> 天，而開天之天。開天者德生，開人者賊生。不厭其天，不
> 忽於人，民幾乎以其真。」

有關莊子用神話式的語言描寫體道之至人、神人、真人，其形貌類
似。如此段文字寫至人是「潛行不窒，蹈火不熱，行乎萬物之上而
不慄。」，〈齊物論〉篇寫至人是「至人神矣！大澤焚而不能熱，
河漢沍而不能寒，疾雷破山、飄風振海而不能驚。若然者，乘雲
氣，騎日月，而游乎四海之外，死生無變於己，而況利害之端
乎！」〈逍遙游〉篇寫神人是「肌膚若冰雪，淖約若處子。不食五
穀，吸風飲露。乘雲氣，御飛龍，而遊乎四海之外。其神凝，使物
不疵癘而年穀熟。」〈大宗師〉篇寫真人是「登高不慄，入水不
濡，入火不熱。」可見莊子心目中並沒有至人、神人、真人之分，
只是名稱不同而已。這種體道之人其神全形具，而且能與物冥合，
體物化流變無始無終，所以雖遭至變而未始非我也，也因此能「死
生驚懼不入於胸中」。

此段借關尹子回答列子有關至人的神話式描寫，異於其他篇章
把神話式之描寫當作結語來看，並不作分析的特質。如〈齊物論〉
篇至人神話式的描寫，是王倪回答齧缺諸多問題皆以「不知」應
之，齧缺不得答案，所以逼問王倪至人亦是「不知」乎？王倪才用
神話式的語言來描寫至人的境界作結，而其對話也作了結束，齧缺
並沒有對這個神話式的描寫再作追問。反觀這一段文字，列子劈頭

就對這個神話式的描寫提問，顯得很不一樣，《莊子》篇章多相互發明，故能合而觀之，有助對莊子思想之了解。

關尹子首先破除至人的表現不是「知巧果敢」的誤解。至人潛行不窒，是虛己不礙的意思，蹈火不熱，乃「冥於寒暑，故火不能災」❺❹（成玄英疏）。而行乎萬物之上而不慄，乃「一高卑，故心不恐懼」❺❺（成玄英疏）這些神話式的描寫旨在突顯至人體道之境界，不是一般世俗人之知巧果敢也。

接著關尹子敘述至人的境界是萬物之始的境界，非糾纏於物交物之間，因為萬物是道之所化，如成玄英說：「夫不色不形，故能造形色者也；無變無化，故能變化於萬物者也。是以群有從造化而受形，任變化之妙本。」❺❻至人體道，遊於無為境界，遊於泯然無跡之無何有之鄉，自本自根，自我做主，獨往獨來，無有所待，物亦不得干預之。至人有此境界，根源在其專一其本性，善養其元氣，合其德於天，以與道合。所以能神全而物不得傷害之。

〈天道〉

> 夫子曰：「夫道，於大不終，於小不遺，故萬物備。廣廣乎其無不容也，淵淵乎其不可測也。形德仁義，神之末也，非至人孰能定之！夫至人有世，不亦大乎，而不足以為之累。天下奮柄而不與之偕；審乎無假而不與利遷，極物之真，能

---

❺❹　郭慶藩輯，《莊子集釋》，華正書局，頁634。
❺❺　郭慶藩輯，《莊子集釋》，華正書局，頁634。
❺❻　郭慶藩輯，《莊子集釋》，華正書局，頁635。

守其本。故外天地，遺萬物，而神未嘗有所困也。通乎道，合乎德，通仁義，賓禮樂，至人之心有所定矣！」

此段論至人能定「道」為精神之根本，而「形德仁義」是枝微末節。至人忘物我，無死生，外天地，定於道也。所以能不為物累，所以能不隨利害遷動。成玄英疏曰：「淡泊之心，通乎至道，虛忘之智，合乎上德，斯乃境智相會，能冥符也。退仁義之澆薄，進道德之淳和，擯禮樂之浮華，主無為之虛淡。」(57)

〈天運〉

古之至人，假道於仁，託宿於義，以游逍遙之墟，食於苟簡之田，立於不貸之圃。逍遙，無為也；苟簡，易養也；不貸，無出也。古者謂是采真之遊。

此段論至人對仁義與逍遙無為之定位，蓋至人無為逍遙，仁義乃權宜之計也。成玄英疏曰：「古之真人，和光降跡，逗機而行博愛，應物而用人群，何異乎假借塗路，寄託宿止，暫時遊寓，蓋非真實。而動不傷寂，應不離真，故恆逍遙乎自得之場，徬徨乎無為之境。」(58)

---

(57) 郭慶藩輯，《莊子集釋》，華正書局，頁488。

(58) 郭慶藩輯，《莊子集釋》，華正書局，頁520。

〈應帝王〉

無為名尸，無為謀府；無為事任，無為知主。體盡無窮，而
游無朕；盡其所受乎天，而無見得，亦虛而已！至人之用心
若鏡，不將不迎，應而不藏，故能勝物而不傷。

此段言至人虛己無為之大意，先論人若有為則有窮，無為則無窮之
旨。不為名之主，蓋名者實之賓也；不用智設謀，無思無慮始知
道；不有心任事，無為而後能無不為；不為萬物之知主，任物自
化。至人體道無窮，虛己應物，若明鏡然。成玄英疏曰：「將，送
也。夫物有去來而鏡無迎送，來者即照，必不隱藏。亦猶聖智虛
凝，無幽不燭，物感斯應，應不以心，既無將迎，豈有情於隱匿
哉！夫物有生滅，而鏡無隱顯，故常能照物而物不能傷。亦猶聖人
德合二儀，名齊三景，鑒照逾廣，覆載無偏。用心不勞，故無損
害，為其勝物，是以不傷。」⑲

肆、神人

〈逍遙游〉

「藐姑射之山，有神人居焉，肌膚若冰雪，淖約若處子。不
食五穀，吸風飲露。乘雲氣，御飛龍，而遊乎四海之外。其
神凝，使物不疵癘而年穀熟。吾以是狂而不信也。」連叔
曰：「然，瞽者無以與乎文章之觀，聾者無以與乎鐘鼓之
聲。豈唯形骸有聾盲哉？夫知亦有之。是其言也，猶時女

---

⑲　郭慶藩輯，《莊子集釋》，華正書局，頁308。

也。之人也，之德也，將旁礴萬物以為一世蘄乎亂，孰弊弊焉以天下為事！之人也，物莫之傷，大浸稽天而不溺，大旱金石流土山焦而不熱。是其塵垢秕糠，將猶陶鑄堯舜者也，孰肯以物為事！」

　　莊子以神話式的寓言描述神人的風姿，首論「藐姑射之山，有神人居焉」，先打開時空之限制，預為神人與宇宙合流之氣象做準備，次論神人表現出清瑩美好的容貌，「純白備」（〈天地〉）也，及道德內守不為外物所傷，「守靜篤」⑥也。「不食五穀，吸風飲露」，寫神人超越自我形軀之限制也。「乘雲氣，御飛龍，遊乎四海之外」，寫神人無心順物，物我為一，變化無常，逍遙無待之境界。到這裡是描寫神人內聖之境界。接下來寫神人之外王，神人無心應物而物無不應，所謂無為而無不為也，所以天地萬物能各遂其生，《中庸》所謂「致中和天地位焉，萬物育焉」是也。憨山釋德清曰：「若此等人，迫而應世，必為聖帝明王，無心御世，無為而化。其土苴緒餘，以為天下國家，絕不肯似堯舜弊弊焉以治天下為事。極言其無為而化世者，必是此等人物也。」⑥

第三節　形象化之理想人格

　　莊子理想化之人格抽理出來，一言以蔽之曰「逍遙」；分而言

---

⑥　余培林，《新譯老子讀本》，三民書局，頁40。
⑥　憨山釋德清，《莊子內篇注》，卷一，廣文書局，頁28。

之，有真人、聖人、至人、神人等之區別，然則此種分別只就理想人格之多種面向說，其實並無分別。

〈天下〉篇說：

> 古之所謂道術者，果惡乎在？曰：「無乎不在。」曰：「神何由降？明何由出？」「聖有所生，王有所成，皆原於一。不離於宗，謂之天人；不離於精，謂之神人；不離於真，謂之至人。以天為宗，以德為本，以道為門，兆於變化，謂之聖人。」

這幾種理想的人格，道術皆源於一，只是功用不同而已。成玄英疏曰：「冥宗契本，謂之自然。淳粹不雜，謂之神妙。嶷然不假，謂之至極。以自然為宗，上德為本，玄道為門，觀於機兆，隨物變化者，謂之聖人。以上四人，只是一耳，隨其功用，故有四名也。」(62)所以莊子只是透過不同角度的描寫，讓我們更清楚理想化的人格之特質而已，實不必再畫蛇添足，多作分別。

其次莊子有一項重要的語言風格，就是形象化的語言，此在「緒論」章已有詳細之說明，就是莊子喜歡用形象化的語言來闡述其思想，讓我們從其所描繪之形象去感受其背後之涵義。在理想化的人格這方面莊子也發揮他這方面的長才，形象化了很多精采的人物。

---

(62) 郭慶藩輯，《莊子集釋》，華正書局，頁1066。

壹、聞天籟的南郭子綦

〈齊物論〉

南郭子綦隱机而坐，仰天而噓，荅焉似喪其耦。顏成子游立
侍乎前，曰：「何居乎？形固可使如槁木，而心固可使如死
灰乎？今之隱机者，非昔之隱机者也？」子綦曰：「偃，不
亦善乎，而問之也！今者吾喪我，汝知之乎？女聞人籟而未
聞地籟，女聞地籟而未聞天籟夫！」

　　南郭子綦因為能「喪我」，故能與聞天籟，此乃生命之至美至
樂之境界。宇宙萬象如地籟人籟，吹萬不同，然發自天機本源，皆
天籟也。為萬物受限形軀，而發偏頗之聲，故世人喋喋不休，皆是
不定之語言，皆是擾人之聒噪聲耳。

貳、物化的莊子

〈齊物論〉

昔者莊周夢為胡蝶，栩栩然胡蝶也。自喻適志與！不知周
也。俄然覺，則蘧蘧然周也。不知周之夢為胡蝶與，胡蝶之
夢為周與？周與胡蝶，則必有分矣。此之謂物化。

　　天地萬物乃一氣之所化，天地一大爐，造化為大冶，「通天下
一氣耳」，所以死生之變化，乃自然變化之過程而已，世人難知，
好生惡死，喜怒哀樂藏於胸次，此弱喪而不知歸者也。莊子現身說
法，以夢點化，歸結「物化」，形象清新鮮明，讓人不知不覺而心

嚮往之。

參、順物自然的庖丁

〈養生主〉

庖丁為文惠君解牛，手之所觸，肩之所倚，足之所履，膝之所踦，砉然嚮然，奏刀騞然，莫不中音，合於桑林之舞，乃中經首之會。文惠君曰：「譆，善哉！技蓋至此乎？」庖丁釋刀對曰：「臣之所好者，道也，進乎技矣。始臣之解牛之時，所見無非全牛者。三年之後，未嘗見全牛也。方今之時，臣以神遇，而不以目視，官知止而神欲行。依乎天理，批大郤，導大窾，因其固然。技經肯綮之未嘗，而況大軱乎！」

莊子借一個屠夫庖丁精采的解牛過程，描述一個體道之人的生活美學。在生命不斷的淬鍊過程中，讓生命回歸道的軌道上，那種與大化同流的生活是從容自在的，而且是藝術化的。王夫之說：「大名之所在，大刑之所嬰，大善大惡之爭，大險大阻存焉，皆大軱也。而非彼有必觸之險阻也，其中必有間矣。所患者，厚其情，厚其才，厚其識，以強求入耳。」(63)

---

(63)　王夫之，《莊子解》，里仁書局，頁32。

肆、安時處順的秦失

〈養生主〉

老聃死，秦失弔之，三號而出。弟子曰：「非夫子之友
邪？」曰：「然。」「然則弔焉若此，可乎？」曰：「然。
始也吾以為其人也，而今非也。向吾入而弔焉，有老者哭
之，如哭其子；少者哭之，如哭其母。彼其所以會之，必有
不蘄言而言，不蘄哭而哭者。是遁天倍情，忘其所受，古者
謂之遁天之刑。適來，夫子時也；適去，夫子順也。安時而
處順，哀樂不能入也，古者謂是帝之縣解。」

秦失是一個「以死生為一條，可不可為一貫」的人，所以面對自己
的好友老聃之死，能不受凡情牽繫，「三號而出」，瀟灑而不失
「物感斯應」 [64] 的真性情。莊子透過喪禮場景的描述，突顯體道之
人與世俗人的區別，鮮活發人深省。此類例子在〈大宗師〉篇中莊
子又描述了一群與秦失同類型的人，如子桑戶、孟子反、子琴張，
三人，他們面對朋友的死去，一反常情，「或編曲，或鼓琴，相和
而歌」。子祀、子輿、子犁、子來四人則是認為「大塊載我以形，
勞我以生，佚我以老，息我以死。故善吾生者，乃所以善吾死
也」。所以也是能「安時處順」的體道者。孟孫才是「其母死，哭
泣無涕，中心不慼，居喪不哀」，但卻是一個「造適不及笑，獻笑
不及排，安排而去化，乃入於寥天一」的體道者。

---

[64] 成玄英疏曰：「聖人虛懷，物感斯應。」見郭慶藩輯，《莊子集釋》，華正
書局，頁 128。

伍、忘形釋智的王駘

〈德充符〉

魯有兀者王駘，從之游者，與仲尼相若。常季問於仲尼曰：
「王駘，兀者也，從之游者與夫子中分魯。立不教，坐不
議。虛而往，實而歸。固有不言之教，無形而心成者邪？是
何人也？」仲尼曰：「夫子，聖人也，丘也直后而未往耳！
丘將以為師，而況不若丘者乎！奚假魯國，丘將引天下而與
從之。」

王駘的形象是缺一隻腳的殘缺之人，但是其「不言之教，無形而心
成」的教化卻不亞於以教化聞名的孔子。孔子說他是一個聖人，是
一個「死生亦大矣，而不得與之變；雖天地覆墜，亦將不與之遺。
審乎無假而不與物遷，命物之化而守其宗也」的人，所以他是一個
遊心於道化和諧的體道者。因此他就像一面鏡子，就像止水，能照
出萬物之自己，莊子藉王駘的形象說明體道者與形體之殘全無關。
〈德充符〉篇裡的人物如申徒嘉、叔山無趾、哀駘它、闉跂支離無
脤、甕瓷大癭等人的形象皆若王駘，都是莊子形塑出來的體道人
物。

陸、與道變化的壺子

〈應帝王〉篇裡記載了壺子四相的寓言，壺子宛若魔術的變
化，讓人目不暇給，展現了莊子形象語言的功力，壺子為了讓神巫
季咸了解道之變化無窮，不可拘泥外在形象的觀念，連續展示了四

種形象，第一次是展示了安靜的地文，「吾示之以地文，萌乎不震不正，是殆見吾杜德機也。」第二次展示高明寬廣之天壤，「吾示之以天壤，名實不入，而機發於踵。是殆見吾善者機也。」第三次展示了動靜不二的太沖莫勝，「吾鄉示之以太沖莫勝，是殆見吾衡氣機也。」最後一次壺子展示了「未始出吾宗」的境界，讓季咸嚇得逃之夭夭。整段故事像一部有劇情的連續劇，但莊子巧妙的讓大家了解體道者的世界。

憨山釋德清說：「莊子恐世人不知不測是何等境界，為何等人物，故特撰出箇壺子，乃其人也，即所示於神巫者，乃不測之境界也，如此等人，安心如此，乃可應世，可稱明王，方能無為而化也。」⑥

柒、無機心的丈人

〈天地〉

子貢南游於楚，反於晉，過漢陰，見一丈人方將為圃畦，鑿隧而入井，抱甕而出灌，搰搰然用力甚多而見功寡。子貢曰：「有械於此，一日浸百畦，用力甚寡而見功多，夫子不欲乎？」為圃者卬而視之曰：「奈何？」曰：「鑿木為機，後重前輕，挈水若抽，數如泆湯，其名為槔。」為圃者忿然作色而笑曰：「吾聞之吾師，有機械者必有機事，有機事者必有機心。機心存於胸中，則純白不備；純白不備，則神生不定，神生不定者，道之所不載也。吾非不知，羞而不為

---

⑥　憨山釋德清，《莊子內篇注》，卷四，廣文書局，頁 17－18。

也。」

　　莊子人生哲學強調自然，反對偏離道化軌道之人為，尤其文明過度的進展都是為了人類軀殼之安逸享受，這是一條不歸路。但是世人很難抵擋這樣的誘惑，就像子貢所說的：「有械於此，一日浸百畦，用力甚寡而見功多，夫子不欲乎？」這句話道出了世人的心聲。但是體道的丈人思考的重點卻不在方便與否，他知道因為會想使用機械就會有機變之心，而機變之心會讓純粹潔白的道心失去，這是道化所不容者。所以丈人不肯為也。

捌、重實踐的輪扁

〈天道〉

桓公讀書於堂上，輪扁斲輪於堂下，釋椎鑿而上，問桓公曰：「敢問：「公之所讀者，何言邪？」公曰：「聖人之言也。」曰：「聖人在乎？」公曰：「已死矣。」曰：「然則君之所讀者，古人之糟魄已夫！」桓公曰：「寡人讀書，輪人安得議乎！有說則可，無說則死！」輪扁曰：「臣也以臣之事觀之。斲輪，徐則甘而不固，疾則苦而不入，不徐不疾，得之於手而應於心，口不能言，有數存焉於其間。臣不能以喻臣之子，臣之子亦不能受之於臣，是以行年七十而老斲輪。古之人與其不可傳也死矣，然則君之所讀者，古人之糟魄已夫！」

　　道不可說，儘管輪扁體會斲輪之道，已經「得之於手而應於

心」，但是不能透過言語告訴別人，聖人之教誨亦然，只能透過親身之體驗而後有得。成玄英疏曰：「聖人制法，利物隨時，時既不停，法亦隨變。」❻❻莊子借輪扁斲輪道盡多少體道心事。王夫之曰：「極有為者之所為，仁義而已。乃其所為仁義者，豈果有以自信而審其無假哉？讀書而聞有仁，則以為仁；讀書而聞有義，則以為義。不知古之為此言者，適乎時，因乎化，而非其必然之情也。竊其所言以自貴，而撓萬物之情，此儒墨之所以多為多敗，而攖人之心也。」

玖、變化無恆之老聃

〈天運〉

孔子見老聃歸，三日不談。弟子問曰：「夫子見老聃，亦得將何規哉？」孔子曰：「吾乃今於是乎見龍！龍，合而成體，散而成章，乘乎雲氣而養乎陰陽。予口張而不能嚼，予又何規老聃哉？」子貢曰：「然則人固有尸居而龍見，雷聲而淵默，發動如天地者乎？」❻❼

孔子見老聃，本欲有所問，奈何老聃變化無常，不可測量，孔子遂不知從何入手也？莊子這段寓言以龍喻體道者，蓋龍德變化無恆，體道者亦變化無恆也。成玄英疏曰：「夫龍之德，變化不恆，以況至人隱顯無定，故本合而成妙體，妙體窈冥，跡散而起文

---

❻❻　郭慶藩輯，《莊子集釋》，華正書局，頁 492。

❻❼　王夫之，《莊子解》，里仁書局，頁 121。

章。」⑱

拾、知命通達的孔子

〈秋水〉

孔子游於匡,宋人圍之數匝,而弦歌不輟。子路入見,曰:
「何夫子之娛也?」孔子曰:「來,吾語女。我諱窮久矣,
而不免,命也;求通久矣,而不得,時也。當堯、舜而天下
無窮人,非知得也;當桀、紂而天下無通人,非知失也:時
勢適然。夫水行不避蛟龍者,漁父之勇也;陸行不避兕虎
者,獵夫之勇也;白刃交於前,視死若生者,烈士之勇也;
知窮之有命,知通之有時,臨大難而不懼者,聖人之勇也。
由處矣!吾命有所制矣!」無幾何,將甲者進,辭曰:「以
為陽虎也,故圍之;今非也,請辭而退。」

孔子面對宋人包圍,仍絃歌不輟,這是對「命」之通透,這是
聖人「察乎安危,寧於禍福,謹於去就,而莫之能害」之特質。聖
人知命通達,故能安命而心安,無處不自在逍遙也。王夫之曰:
「知時勢之適然,則無求勝之心。大小、貴賤、然否,乃至成乎禍
福,皆動之必變,時之必移,無有恆也。」⑲

---

⑱ 郭慶藩輯,《莊子集釋》,華正書局,頁525。
⑲ 王夫之,《莊子解》,里仁書局,頁146。

拾壹、用志不分的佝僂丈人

〈達生〉

仲尼適楚，出於林中，見佝僂者承蜩，猶掇之也。仲尼曰：
「子巧乎，有道邪？」曰：「我有道也。五六月累丸二而不
墜，則失者錙銖；累三而不墜，則失者十一；累五而不墜，
猶掇之也。吾處身也，若厥株拘；吾執臂也，若槁木之枝。
雖天地之大，萬物之多，而唯蜩翼之知。吾不反不側，不以
萬物易蜩之翼，何為而不得！」孔子顧謂弟子曰：「用志不
分，乃凝於神。其佝僂丈人之謂乎！」

　　佝僂丈人透過修養功夫，不斷的超越自己，直至「外息攀緣，
內心寧靜」❼⓿，「不以萬物易蜩之翼」，至此則順手應心，無不可
得之蜩矣。王夫之論之曰：「此言守純氣之功也，立人之命者，氣
本純也，奚待於人之澄之始純哉？然必守之嚴者，物入而蕩之，則
失守而雜於物也。夫物豈能閒無之純氣乎？形不靜而淫於物，乃倚
於物而止，目止於色，耳止於聲，四支止於動作，心止於好惡，而
不至於其受命之初；所先處之宅，要非物之能淫之也。目動而之於
色，耳動而之於聲，四支動而之於動作，心動而之於好惡，皆自造
於所本無，而求棲止焉。唯形若槫株拘，背若槁木之枝，則天地萬
物群炫其色，而棄之若亡，然後氣不隨形以淫而可守。雖然，猶未
易也，物眾，而我之受物者不一其牖，各效其守而不相浹洽，則靜

---

❼⓿　郭慶藩輯，《莊子集釋》，華正書局，頁641。

於目者動於耳，靜於耳目者動於支體，靜於耳目支體者動於心知，一方靜而一又搖，此累丸之勢也。唯以專持志，以志凝神，攝官骸於一靜，而盡出絀其機，以閉人之天，則任物之至，累之累之，不安而又累之，審之於微芒承受之地，使協一於正平而不傾，此密用之功，至專至靜，而後形可得全，精可得復也。」❼

拾貳、忘物輕外的津人

〈達生〉

顏淵問仲尼曰：「吾嘗濟乎觴深之淵，津人操舟若神。吾問焉，曰：『操舟可學邪？』曰：『可。善游者數能。若乃夫沒人，則未嘗見舟而便操之也。』吾問焉而不吾告，敢問何謂也？」仲尼曰：「善游者數能，忘水也。若乃夫沒人之未嘗見舟而便操之也，彼視淵若陵，視舟之覆，猶其車卻也。覆卻萬方陳乎前而不得入其舍，惡往而不暇！以瓦注者巧，以鉤注者憚，以黃金注者殙。其巧一也，而有所矜，則重外也。凡外重者內拙。」

津人操舟若神的秘訣就在忘物輕外，成玄英疏曰：「率性操舟，任真游水，心無矜係，何往不閒！豈唯操舟，學道亦爾，但能忘遺，即是達生。」❼津人操舟如神，心神定也，心神定來自水之熟習也。身體與水冥合為一，則操舟自在如神矣。此重於內而輕於

---

❼　王夫之，《莊子解》，里仁書局，頁158。
❼　郭慶藩輯，《莊子集釋》，華正書局，頁643。

外也。王夫之曰：「此致知之功，審於重輕之分，而後志可定以凝神也。其要，忘物而已。舟猶車也，淵猶陵也，金猶瓦也，均之無可重者也。無重無輕，而但外皆輕，然後吾之重者存，斯以志不分而形嘗靜。形靜則大用出，未見舟而便操之，無不可勝之物矣。」❼

　　莊子以形象之寓言描述理想之人物性格，生動深刻而真實貼切，讓人觀之如在目前，此真實生命之體悟者方能為之，歷來論人生哲學者多抽象之論述，少具體之描繪，抽象之論述深邃卻乾枯，容易流於知性之理解，而終至與真實之人生漸行漸遠，莊子別開生面，歷久彌新，此其彌足珍貴也。

---

❼　王夫之，《莊子解》，里仁書局，頁 159。

第六章　結　論

　　《莊子・知北游》篇云：「夫體道者，天下之君子所繫焉。」
從《莊子》一書所所呈顯的生命境界看，莊子毫無疑問是一個體道
者，其人格特質更為天下君子所推崇與嚮往。吳光明先生說：「美
國哲學家懷特黑（A.N. Whitehead）曾大膽地說歐美哲學的傳統皆不外
乎柏拉圖（Plato）一連串的注釋，他不說柏氏全部的思想體系被後
代的哲學家毫無更改的承受，他是說柏氏豐富廣泛的概念及意象，
啟發了很多哲學系統的發展。相似地，我們也可以大膽地說全部的
中國思潮結晶於莊書哲思，全部的中國哲學傳統，皆不外乎莊子一
連串的注解。這不是說莊子的話句意象完全被程朱陸王毫無變更地
承受下來，乃是說莊子的方法論、情緒、思考路徑、隱藏的系統及
精銳具體的洞察，都代表前代賢哲的結晶，都在不斷地啟發後代哲
思及文章。」❶吳先生給予這麼高的評價，一點都不偶然，因為莊
子提供的不只是一個體道者的身影，他卓越的表達方式與思考角
度，讓當時的學者與後學無窮的啟發，他可以說是一件從任何角度
都能切入而有收穫的藝術品。
　　本論文《莊子道化的人生哲學》儘量客觀的把莊子這種獨特性

---

❶　吳光明，《莊子》，東大圖書公司，頁 5。

展示出來，希望能給這個價值混亂，對立衝突不斷的人類，提供一個根源式的思維，並藉此找到生命的出口。

壹、生命的安頓

教育部在二十一世紀初成立了生命教育委員會，並將西元2001 年訂為生命教育年，此舉突顯了一個很重要的問題，我們的教育已經注意到人生價值面的關懷，已經從制度面開始深入生命的底層，執政者已經注意到社會亂象的背後其實就是生命找尋出路的問題。幾年前高曼先生的《EQ》一書大為風行，也透露了強調知識競爭的偏頗，造成人們情緒管理與社會適應能力的不足。高曼先生強調實踐的智慧超越邏輯的思維，成為注目的焦點。其實這些問題在莊子時代都碰到了，莊子也提出了解決方法，但是人類總是健忘，總是不停的犯錯。

長久以來不斷移植西方制度的臺灣社會，過度重視科技、經濟文明的結果，就是人文教育的失落，倫理觀念的模糊。公平正義不彰，是非不清。賴以維繫社會的力量不見了，自私貪婪破壞了人的生活品質，破壞了社會秩序，破壞了生態環境，破壞了人與人之間的信任。這一切問題已不是局部的問題，需要從根本改變，就像莊子所面對的時代一樣，他也採取徹底的，翻天覆地的改變，重新開始。

莊子採取的方式是「回歸」，當人生之路已然偏離，回頭就是唯一的路。回歸生命的源頭，回歸自然的軌道。莊子認為造成人類偏離的元兇其實就是一個「我」執，這個我是由形軀所產生的，所以擺脫假「我」形軀之糾纏，「墮肢體，黜聰明」，徹底的擺脫物

欲、知識之偏執與誤用，就能讓生命獨立自主，自由逍遙，重新回復正常。

其次，莊子道化的人生哲學，是一個以道為主的整體觀，是把個人、他人及萬物通通納進來的整體，「天地與我並生，而萬物與我為一」，沒有對立與分別。但是對立與分別卻是現代社會最嚴重的問題。所以有些有識之士回過頭來，又開始強調全人教育，全人教育就是整體教育。談整體教育如果能以莊子為師，徹底掌握道的本質，一步一步做起，一定能日起有功。

整體觀的首要是尊重每個個體的差異性，宇宙萬物個個不同，之間沒有唯一的標準，如〈駢拇〉篇所言：「鳧脛雖短，續之則憂；鶴脛雖長，斷之則悲。故性長非所斷，性短非所續，無所去憂也。」這也就是〈齊物論〉篇中「朝三暮四」的「兩行」觀。Fritz Wallner 先生說：「今日我們正經歷著文化上的逆轉，在數十年後，甚至可能不到二十年或三十年後，這樣的逆轉將已完全嶄新的面貌呈現於歐洲以及世界之前。……歐洲科學的凱旋已把多元世界的文化差異減至令人驚駭的地步，其他文化的智識建構被污衊為非科學，因而純屬迷信，這不僅造成人類知識貧乏，同時也產生更為嚴重的後果。……中國算是並不多見的反抗成功案例之一，在那兒西醫和中醫和樂並存，……可說是中國文化所具有的同化力，而此乃是歐洲思維模式相當陌生的，這也正是我們歐洲人無法做到，然而又必須學習的東西。」❷ Fritz Wallner 先生看到世界正在朝向一

---

❷　Fritz Wallner，〈文化逆轉：急需知識概念之更新〉，《哲學雜誌》，第二十二期，頁 4，1997 年 11 月。

元化逆轉，如果不注意的話，那將會有嚴重之後果，而他也強調良方就在中國的整體和諧文化中。莊子正是一個典範。

貳、個人與社會

莊子對當時個人與社會政治的關係是失望的，主要原因有二，一是用以維繫人群的社會規範是僵化的，只剩下形式與偏見，因此倫理規範變成殘生害性的緊箍籮，更糟糕的是倫理規範被為政者利用了。是以個人與所處的社會環境是緊張的，為了生存與避禍，人性也跟著扭曲了。

〈盜跖〉篇說：「比干剖心，子胥抉眼，忠之禍也，直躬證父，尾生溺死，信之患也；鮑子立乾，申子不自理，廉之害也；孔子不見母，匡子不見父，義之失也。」這些儒家的美德，變成了殘生害性的禍害。〈胠篋〉篇說：「竊鉤者誅，竊國者侯，諸侯之門而仁義存焉。」儒家這套禮樂制度被政治人物盜取了。莊子非常痛心的用反諷的筆法，把人人喊打的大盜抓出來訓斥孔子一頓。〈盜跖〉篇說：

> 盜跖聞之大怒，目如明星，髮上指冠，曰：「此夫魯國之巧偽人孔丘非邪？為我告之：『爾作言造語，妄稱文、武，冠枝木之冠，帶死牛之脅，多辭繆說，不耕而食，不織而衣，搖唇鼓舌，擅生是非，以迷天下之主，使天下學士不反其本，妄作孝弟，而徼倖於封侯富貴者也。子之罪大極重，疾走歸！不然，我將以子肝益晝舖之膳。』」

莊子一方面把僵化的禮樂制度的虛偽面相赤裸裸的顯示出來；一方面卻也痛心的指陳這是一個是非顛倒的社會。莊子很清楚這些問題的產生都因為人類偏離了大道。個人偏離大道所以追逐感官物質的慾望，不顧一切的追名逐利，以致傷生害性；為政者偏離大道變得為所欲為，專權獨斷。這是造成社會緊張的原因。

解決這樣的困境，莊子把重點放在「道」化的人群關係上，也就是〈天下〉篇所說的：「獨與天地精神往來，而不敖倪於萬物。不譴是非，以與世俗處。」「獨與天地精神相往來」，是強調個體與道為一的精神自由，「不敖倪於萬物，不譴是非，以與世俗處」，是強調個體任物隨化，與物和諧，不與物對立的大道觀。

莊子這種處世論，是從道的角度出發，他認為每個人都應該回歸道化的世界，才能找到自由與和諧。他拋開既成的社會禮樂規範，拋開一切固定的形式與想法，重新回歸「道」的根源，重新建立新的秩序觀，這個道的秩序觀就是一體而非對立思維的世界觀，這是一個釜底抽薪的治本辦法。這個做法對應現代這個一切以法為依歸的時代，充滿了啟發的意義。因為「法」基本上還是建立在對立的關係上，常此以往，人類的疏離感與不信任感會逐漸產生；更糟糕的是，禮法被執政者或大盜所利用的現象又會再度重演，的確值得現代人深思。

參、個人與自然

莊子講「齊物」，就是尊重萬物。讓地籟、人籟各自表現，就是一首和諧的天籟。唯人類自我為中心的觀念導致大自然受到嚴重的傷害，但是人類猶不停的創造科技文明，創造「進步」，或許要

到這些與人類共生共存的萬物消失殆盡時，人類才會警醒吧！葉舒憲先生說：「長久以來，道家創始者老子和莊子的社會理想被視為某種反文化的虛構，或貶為反對進步、逆歷史潮流而動的精神鴉片。毫無疑問，在一個把永恆的進步奉為不可質疑的普遍真理而信奉的時代；在『人定勝天』的自大狂陶醉和無限制地劫取、控制自然，使宇宙變為漫無邊際的狩獵曲的妄想支配下，老莊的清淨無為說自然顯得落後、保守、愚蠢，甚至反動。只有當永恆進步的信念發生動搖，增長的極限和生產發展的負面效應開始向人類敲響警鐘的時候，道家始祖的社會理想才有可能獲得全新的理解和評估。」❸

　　莊子認為萬物皆源於道，萬物平等，生命都應當受到相同的尊重。人不能貴己賤物，〈秋水〉篇說：「以道觀之，物無貴賤。」人類妄自尊大，常以自己的立場來征服自然，掠奪自然，危害自然，甚至破壞自然的規律。但這種行為最後傷害的就是自己。〈在宥〉篇記載一則發人深省的寓言：

　　　黃帝立為天子十九年，令行天下，聞廣成子在於空同之山，故往見之，曰：「我聞吾子達於至道，敢問至道之精。吾欲取天地之精，以佐五穀，以養民人。吾又欲官陰陽，以遂群生，為之奈何？」廣成子曰：「而所欲問者，物之質也；而所欲官者，物之殘也。自而治天下，雲氣不待族而雨，草木不待黃而落，日月之光益以荒矣。而佞人之心翦翦者，又奚

---

❸　葉舒憲，《莊子的文化解析》，湖北人民出版社，頁608。

足以語至道？」

在莊子的眼裡，黃帝是一個不遵從天地之道，甚至想要違背自然規律的妄自尊大者。因為他的做法，讓大自然變了調，讓宇宙萬物失去了秩序，揆諸今世，人類不正是走上了這條路嗎？

　　以上就這三個方向簡述莊子道化的人生思想在今天的價值，人類應當停下來思考，一味的往前衝是正確的人生大道？還是一條不歸路？

參考書目

壹、莊學專著

郭慶藩輯，《莊子集釋》，華正書局

憨山釋德清，《莊子內篇注》，廣文書局

陸西星，《莊子南華真經副墨》，自由出版社

王夫之，《莊子解》，里仁書局

王夫之，《莊子通》，里仁書局

王先謙，《莊子集解》，世界書局

宣穎，《莊子南華經解》，嚴靈峰輯，《無求備齋老列莊三子集成補編》，成文出版社

林雲銘，《莊子因》，無求備齋莊子集成初編 18，因四、五，藝文印書館

褚伯秀，《南海真經義海纂微》，卷二十二第八第九，民國五十一年，藝文圖書館，道藏本

司馬遷，《史記》，鼎文書局

黃師錦鋐，《新譯莊子讀本》，三民書局

王叔岷，《莊學管窺》，臺北藝文印書館

王叔岷，《莊子校詮》，中央研究院歷史語言研究所

鍾泰，《莊子發微》，上海古籍出版社

張默生，《莊子新釋》，漢京文化公司

唐君毅，《中國哲學原論·導論篇》，臺灣學生書局

牟宗三，《才性與玄理》，臺灣學生書局

徐復觀，《中國人性論史》，臺灣商務印書館

東美先生《原始儒家道家哲學》，黎明文化公司

成中英，《知識與價值——和諧、真理與正義的探索》，臺北聯經

王邦雄，《儒道之間》，臺北漢光

楊儒賓，《莊周風貌》，黎明文化

陳德和，《從老莊思想詮詁莊疏外雜篇的生命哲學》，文史哲出
　　版社

劉坤生，《莊子哲學本旨論稿》，汕頭大學出版社

李日章，《莊子逍遙境的裡與外》，麗文文化事業

葉舒憲，《莊子的文化解析》，湖北人民出版社

鄔昆如，《莊子與古希臘哲學中的道》，臺北中華書局

吳光明，《莊子》，東大圖書公司

葉海煙，《莊子的生命哲學》，東大圖書公司

劉光義，《莊子蠡測》，臺灣學生書局

葉維廉，《比較詩學》，東大圖書

止庵，《樗下讀莊》，東方出版社

蔣錫昌，《莊子哲學·齊物論校釋》，商務印書館

余培林，《新譯老子讀本》，三民書局

蒙培元，《中國心性論》，臺灣學生書局

鄔昆如，《莊子與古希臘哲學中的道》，臺北，中華書局

包兆會，《莊子生存論美學思想研究》，南京大學出版社

蕭公權，《中國政治思想史》，中國文化大學出版部

貳、期刊論文

婁師良樂，〈莊子明道過程之剖視〉一文，《中山學術文化集刊》，第四集，民國五十八年

王邦雄，〈走進莊子之學的門徑〉，《鵝湖月刊》，第 136 期，臺北鵝湖，1986 年 10 月

鄭廣智、魏崇新，〈超越外物，超越生命〉，《江蘇廣播電視大學學報》，總第 20 期

劉澤民，〈莊子的語言觀〉，《蘭州大學學報》，1995 年

刁生虎，〈隱喻與莊子哲學〉，《商丘師範學院學報》，第 21 卷第 1 期，2005 年 1 月

苗潤田，〈論莊子的思維方式〉，《天津師大學報》，1995 年第一期

賴偉衞，〈莊子寓言的審美特徵〉，《湖南教育學院學報》

王邦雄，〈老莊道家論齊物兩行之道〉，《鵝湖學誌》，第 30 期

蔡明田，〈莊子思想的重心──道〉，《中山學術文化集刊》，第四集，民國五十八年

潘朝陽，〈莊子逍遙游的空間論〉，《當代中國學》，創刊號，1991 年

張亨，〈莊子哲學與神話思想──道家思想溯源〉，《東方文化》，第 21 卷第 2 期，1983 年

鄭廣智、魏崇新，〈超越外物，超越生命〉，《江蘇廣播電視大學學報》，總第 20 期

陳少明，〈通往想像的世界——讀《莊子》〉，臺灣大學東亞文明
研究中心演講稿，2004.9.8

國家圖書館出版品預行編目資料

莊子道化的人生哲學

吳順令著. － 初版. － 臺北市：臺灣學生，
2005[民 94]
面；公分

ISBN 957-15-1284-2(精裝)
ISBN 957-15-1285-0(平裝)

1. 莊子 －　研究與考訂

121.337　　　　　　　　　　　　　　94021130

莊子道化的人生哲學 (全一冊)

著　作　者：吳　　　　順　　　　令
出　版　者：臺 灣 學 生 書 局 有 限 公 司
發　行　人：盧　　　　保　　　　宏
發　行　所：臺 灣 學 生 書 局 有 限 公 司
　　　　　　臺 北 市 和 平 東 路 一 段 一 九 八 號
　　　　　　郵 政 劃 撥 帳 號：00024668
　　　　　　電　話：(02)23634156
　　　　　　傳　眞：(02)23636334
　　　　　　E-mail：student.book@msa.hinet.net
　　　　　　http：//www.studentbooks.com.tw
本書局登
記證字號：行政院新聞局局版北市業字第玖捌壹號
印　刷　所：長 欣 彩 色 印 刷 公 司
　　　　　　中 和 市 永 和 路 三 六 三 巷 四 二 號
　　　　　　電　話：(02)22268853

定價：精裝新臺幣四四○元
　　　平裝新臺幣三六○元

西 元 二 ○ ○ 五 年 十 一 月 初 版

12147

有著作權·侵害必究
ISBN 957-15-1284-2(精裝)
ISBN 957-15-1285-0(平裝)